本书的研究和出版得到复旦大学政治学
上海市高峰学科二期建设项目经费资助

政说春秋系列·第二部

救世

子产的为政之道

刘勋——著

中华书局

图书在版编目(CIP)数据

救世:子产的为政之道/刘勋著. —北京:中华书局,2021.4
ISBN 978-7-101-13915-0

Ⅰ.救… Ⅱ.刘… Ⅲ.中国历史–研究–春秋时代
Ⅳ.K225.07

中国版本图书馆 CIP 数据核字(2019)第 106535 号

书　　名	救世:子产的为政之道	
著　　者	刘　勋	
责任编辑	但　诚　贾雪飞	
封面设计	毛　淳	
出版发行	中华书局	
	(北京市丰台区太平桥西里 38 号　100073)	
	http://www.zhbc.com.cn	
	E-mail:zhbc@zhbc.com.cn	
印　　刷	北京瑞古冠中印刷厂	
版　　次	2021 年 4 月北京第 1 版	
	2021 年 4 月北京第 1 次印刷	
规　　格	开本/880×1230 毫米　1/32	
	印张 13　插页 6　字数 278 千字	
印　　数	1-6000 册	
国际书号	ISBN 978-7-101-13915-0	
定　　价	48.00 元	

出 版 说 明

　　本书是春秋时期郑国执政大夫子产的评传。子产是孔子最推崇的同时代的两位政治家之一,他提出的"仁爱""中庸"的理念深得孔子认同,他的务实为政之道也是孔子效仿的对象。

　　本书分四章全面介绍子产成长、参政、执政的人生历程,深入探究他带领郑国重朔形象、锐意改革、迈向中兴的政治事功和"仁爱中庸以救世"的为政之道。

　　由于春秋历史离今天较为久远,为了便于读者了解当时的历史文化,本书特设附录,集中介绍书中提到的春秋列国、人物、制度、地理等知识;并在书后附《郑国公室及穆族世系》图和本书涉及的列国示意图,以利读者参考。

　　同时,为了方便阅读,对书中人名、地名及文献中出现的生僻字,我们分节进行了读音夹注。特此说明。

中华书局编辑部

二〇二一年二月

侨不才，不能及子孙，吾以救世也。

——子产（公孙侨）

子产相郑，专国之政。三年，善者服其化，恶者畏其禁，郑国以治，诸侯惮之。

——《列子·杨朱》

目 录

子产：孔子的义兄（前言）

孔子说："天下有道，则礼乐征伐自天子出；天下无道，则礼乐征伐自诸侯出。"本书的时代背景，就是"礼乐征伐自诸侯出"的春秋时期。当时的"天下"由名存实亡的周王室，晋、楚、齐、秦四大国，郑、宋、鲁、卫、曹、陈、蔡等主要诸侯国，以及大量小国组成。如果用一场大戏来比拟春秋史的话，那么四大国就是主角，各主要诸侯国就是配角，而大量的小国则是群演。

西周分封形成的这些国家构成了一个国际社会，而这个国际社会的政治秩序是由称为"霸主"的负责任大国来构建和维护的。当时天下有两个霸主——晋国和楚国，他们分别管控北方和南方的国际秩序，并且在南北方向上展开了将近一个世纪的政治军事斗争，史称"晋楚争霸"。

晋楚争霸最常见的斗争形式并不是直接交战，而是争夺中间地带诸侯国的归属，而这两个超级大国撕扯得最激烈的一个国家，就是本书详细讲述的郑国。然而，就是这个长期深陷地缘政治困局的郑国，在晋楚停战后却奇迹般地迅速扭转局面、走向中兴，它对外与大国巧妙周旋、不断提升自身的国际地位,对内稳步推进改革、不断提升自身的综合实力,一跃成为主要诸侯国中最受尊重的"模范国家"。而郑国中兴奇迹背后的头号功臣,就是本书的主人公——执政卿子产。

子产: 孔子最为推崇的义兄

春秋时代的人物中,最受后人推崇的是谁? 对这个问题,我想从汉朝开始,绝大多数人的回答都会是:孔子。那么,孔子自己最推崇的同时代人物又是谁? 我认为,这个人非子产莫属。

首先,按照《史记·仲尼弟子列传》的说法,孔子严谨事奉的六位同时代的君子:在周王室是老子,在卫国是蘧伯玉,在齐国是晏子,在楚国是老莱子,在郑国是子产,在鲁国是孟公绰。这条记载给我们提供了一个"六君子"短名单。

那么,在这六君子之中,孔子最看重谁呢? 我们知道,孔子贯穿其一生的身份,就是一个兴办私学培养政治人才的教育家。孔子在他的教学过程中讲了很多春秋时期的历史人物,其中孔子最为推崇,最鼓励学生效仿的应该是子产。这个判断是基于如下三方面的证据:

第一,孔子晚年"作《春秋》"以寄托自己的政治理念,而《左传》是根据孔子向七十子传授《春秋》的课堂讲义编辑而成的传记。任何一位通读过《左传》的人都很清楚,子产是《左传》中记载得最为详细的春秋时期卿大夫(其次是晏子),而且都是从正面角度记载他的嘉言善行。

第二,子产也是《左传》中得到孔子评语最多的一位春秋时期卿大夫。通观《左传》中孔子对春秋时期政治人物的评价，其他人物均为一人一条，评价有正面有负面；而子产一人独占五条，而且都是正面评价，可以说是"一骑绝尘"。

第三，众所周知，《论语》的主要内容是孔子的教学语录。子产是《论语》中得到孔子评语第二多的春秋时期卿大夫（三条），仅次于辅佐齐桓公成就霸业的管仲（四条）。重要的是，孔子对与他同时代的子产的评论全是正面的，而对春秋早期的管仲的评论则是三条正面、一条负面。

孔子之所以大讲特讲子产，而且鼓励弟子学习效仿他，与他的人才培养目标有关。从孔子弟子的就业情况来看，他的弟子学有所成后，要么是去鲁国或其他中小诸侯国担任卿大夫，要么是去卿大夫家族担任家臣辅佐卿大夫。非常对路的是，子产正是郑国这个中等诸侯国的卿大夫，而且是孔子同时代最成功的卿大夫：他以"救世"为总目标，以"崇礼与改革并重"为总策略，通过实施积极稳妥的内政改革，开展刚柔并济的新型外交，带领郑国抓住晋楚停止争霸后出现的"战略机遇期"，摆脱困境，实现中兴，成为最受晋楚两大国尊重的中等诸侯国。特别重要的是，子产在为政过程中始终坚持遵循"德仁爱"的核心价值观和"道中庸"的基本方法论，而仁爱、中庸正是孔子所推崇的核心理念。也就是说，子产的成功证明孔子的这套学说不是中看不中用的摆设，而是真能产生实效。

总而言之，一方面，子产是与孔子政治理念最合拍的同时代成功政治家（不过他们仍然"和而不同"有政见分歧，详见下文"铸刑鼎"）；另一方面，子产恐怕也是弟子最想听想学的明星政治家，因此孔子在《春秋》课上大讲、特讲、正面讲子产，也就不奇怪了。孔子讲唐尧、虞舜、夏禹、文王、武王、周公，是想要在弟子心目中塑造一批让他们终生仰慕和追寻的完美圣人；而孔子讲子产、晏子、管仲、狐偃、子文、华元等人，是想要在弟子心目中塑造一批可信、可学、可及的同时代榜样，其中的"头牌"自然是子产。可以这么说，孔子心目中的理想为政之道是尧舜之道，而孔子心目中的务实为政之道就是子产之道。

实际上，推崇和学习子产，可能不是孔子的个人癖好，而是春秋战国时期的一个有一定普遍性的政治文化现象。2010年，清华简团队公布了一篇名为《良臣》的战国楚地出土文献，里面记载了上古到春秋时期辅佐天子、诸侯、卿大夫的诸多贤良之臣。和我们在《左传》《论语》等传世文献里看到的情形完全一致，子产可以说是《良臣》全篇的重点。其他人——比如周公、管仲、狐偃等——作为良臣都是出现一次，露个名字；而子产则出现三次；简文不仅说子产是郑定公的良臣，还详细列举了子产的"师"——也就是顾问团队，和子产的"辅"——也就是执行团队。由此可见，在写作和传抄这篇简文的战国学者和政治人物心目中，子产是不仅"单打"出众，还带出了一个顶级团队的稀世良臣，是他们重点学习和仿效的对象。

孔子崇敬子产，可不只是在课堂上将其树立为弟子学习的榜样那么简单。据《孔子家语·辩政》记载，子贡问孔子说："您对子产和晏子，可以说是推崇到极点了。请问两位大夫的所作所为，以及您之所以赞赏他们的原因。"孔子说："那子产在治理民众方面是善施恩惠的领导人，在学问方面是博学多知的君子；晏子在治理民众方面是尽心尽力的大臣,在行为方面是恭敬机敏的君子。因此我都以对待兄长的态度来事奉他们,而且比对待血缘兄长还更加爱慕和尊敬。"《史记·郑世家》也记载说,"孔子曾经路过郑国,和子产像兄弟那样相处(子产为兄,孔子为弟)"。根据上面这两条记载,我们可以很有把握地说,孔子是把子产当作自己的义兄来看待和事奉的,而且"比对待血缘兄长还更加爱慕和尊敬"。下面,我们就来探讨一下孔子最为推崇的这位义兄的为政之道。

德仁爱:子产为政的核心价值观

子产为政的核心价值观是"德仁爱",就是践行以"爱民"为宗旨的仁德。孔子称赞子产是"古代遗留下来的仁爱之人",是"能给民众带来实惠的人",为子产辩护说"别人说子产没有仁德,我是不信的";司马迁也说,子产"是一个有仁爱美德的人",这些都是对子产为政核心价值观的准确把握。

在本书的"评说"部分,笔者总结了子产的仁爱思想和实践,主要有这样三个方面:

第一,"人之爱人,求利之也"。

子产爱民,就是要给民众带来实惠,这是他每一次改革的根本宗旨,所以孔子说子产是一位"惠人"。比如说,子产执政后第一轮改革的核心内容是田制和税制改革,改革田制的主要内容是将大量新增私田纳入到国家税收体系中来,从而能够征收更多田税;改革税制的主要内

5

容是增加了以前没有的资产税，总而言之就是大幅度地增加中央财政的税收。大幅度增加税负必然是不得人心的，因此改革开始后的第一年，利益受损的公邑庶人在来到国都服劳役时，唱起这样一支歌谣来发泄他们对于贪官子产的怨恨："清点我的衣冠收财产税，丈量我的田地收田税，谁想杀了子产，我就支持谁！"

然而，子产增加税收的目的，不是为了横征暴敛满足贵族的私欲，而是"取之于民，用之于民"，是为了给民众带来教育、农田水利等方面的实惠，因此，第一年号称要杀了子产的庶人，到了改革惠民成效开始显现的第三年，又开始唱起这样一首歌谣，赞颂贤相子产给他们带来的实惠："我有子弟，子产教他学文化。我有田地，子产让它长庄稼。子产要是死了，谁能接替他？"

第二，"侨不才，不能及子孙，吾以救世也"。

子产爱民，促使他作出了一些超越自己政治信仰和阶级立场的举动。比如说，前五三六年，子产启动了中国法治史上划时代的"铸刑鼎"改革，就是把先前一直掌握在各级卿大夫贵族手中、秘而不宣的刑律铸在一系列铜鼎上，向全社会常年公开。这项改革举措让全国民众可以清楚地知道哪些行为是触犯刑律的罪行，每种罪行将受到怎样的惩罚，要求各级刑狱官吏依据同一部刑律断案，并允许民众援引刑律条文进行抗辩诉讼。

子产的这一石破天惊的改革举措立刻引来了晋国贤大夫叔向的激烈批评。由于先前子产一直致力于在高层政治生活中重振周礼权威，同样推崇礼治的叔向曾经在子产身上寄予了非常大的希望。如今，叔向认为子产已经背弃了"崇礼"的初心,他在写给子产的信中痛陈自己对子产的失望,声称公开刑律将激发民众"争心",引发各种狱讼乱象,导致本来已经摇摇欲坠的礼治体系加速崩坏,并且预言郑国将在子产去世后迅速陷入混乱。

子产在回信中就说了小标题里的那段话:"道理的确像您说的这样。我没有才能,管不了子孙后代,我这样做只是为了挽救当下的乱世。"子产的思路很直截了当:我仍然像以前那样,认为最理想的状态是"公开的礼治+不公开的刑罚"的先王之治,然而,公布刑律是民众渴求已久的东西,因为这样做能够有效削弱官与民之间的"信息不对称",使得处于社会大转型期"乱世"中的民众能够更好地维护自身权益,同时促使官府更加公平公正地处理民众刑狱案件,达到"约束"政府、"赋能"民众的效果。民众既然渴求,那我就给他们什么,先拯救了我治下这批民众再说。

也许是出于对子产"爱民"本心的体谅,孔子只是平实地陈述了叔向和子产的这次思想交锋,却并没有公开指责子产的"铸刑书"改革。然而,孔子对二十三年后的晋国效仿子产推行的"铸刑鼎"改革进行了激烈批判,表明了他在这个问题上的立场。孔子认为,公开刑律会剥夺贵族在司法领域的自由裁量权,让贵族世代保守的政治权威失效,从而破坏贵族被民众敬畏的威权基础,造成"民在鼎矣,不必尊贵""贵无业可守""贵贱无序"。因此,包括晋国在内的各国贵族绝不能因为短期现实需要去"铸刑鼎"、推行"刑治",因为这样做最终会反过来革了贵族自己的命,最终导致封建制国家的崩溃。

从叔向、孔子的角度看，子产的做法"欲速""欲见小利"，不仅背叛了自己的阶级，而且后患无穷。然而，从民众的角度看，子产的做法自然是真心爱民、务实惠民，这也就是为什么子产在去世之后，民众表现出来的哀痛比自己亲生父母去世还更加强烈。

第三，"苟利社稷，死生以之"。

子产爱民，使得他在推进利国利民的改革时表现出极大的决心和勇气，这也就是孔子所说的"仁者必有勇"。比如说，前五三八年，子产启动"作丘赋"改革，其核心内容是直接向居住在郊野地区贵族私邑里的野人征收军需物资和兵员，用于增强郑国的国防能力，从而保障全体国民的福祉。这一政策损害了私邑所有者——国人贵族的利益，因此国都内又开始出现当年推行第一轮改革时类似的威胁性言论："子产他父亲当年横死在路上，现在他自己又要做那蝎子尾巴，在国都内发号施令，国都里的人该拿他怎么办？"

然而，这一政策将使得郑国能更好地保护郑国全体民众的安全和利益，是对民众真正负责任的政治家在战略机遇期应该去啃的硬骨头，因此子产全然不顾国人贵族的"民意"，以"杀身以成仁"的决心和勇气推进改革。当国人贵族的"民意代表"浑罕向子产转达国都内针对他的死亡威胁时，子产说出了上面小标题里写的那句话："只要对国家有利，死生都由它去！"

对于这样一位真心爱民的执政卿，民众对他的爱戴自然也是情真意切的。据《史记·循吏列传》《孔丛子·杂训》等书记载，民众得知子产去世的消息后，青壮年放声号哭，老人像孩童那样啜泣，男女都取下身上的佩饰,各种娱乐活动销声匿迹,街巷里的哭声三月不绝。民众发出这样的悲叹:"子产扔下我们走了啊!我们今后该依靠谁啊?"

道中庸:子产为政的基本方法论

子产为政的基本方法论是"道中庸",也就是践行中庸之道。实际上,在《左传》叙述子产故事的末尾,记录了孔子对子产为政风格的一段点评:"子产说得好啊!政策宽大,民众就轻慢,轻慢就要用猛酷的政策来纠正。政策猛酷,民众就凋残,凋残就要用宽大的政策来施惠。用宽大来调剂猛酷,用猛酷来调剂宽大,政治就能够达到'和'的境界。"这段评价非常清楚地表明,子产的执政风格是"宽猛相济以致中和",这是典型的中庸之道。

在本书的"评说"部分,我总结了子产为政理念的八个特点,从每一个特点中我们都可以深刻体会到子产对于中庸之道的精准理解和纯熟运用。限于篇幅,这里仅摘取两条为例:

1. 子产既能虚心听取民意,又能坚定推进改革。

一方面,改革往往没有先例可循,政策制定者的设想和实际执行的效果之间肯定会有差异,各种细节问题也会在实施过程中暴露出来。因此,畅通的意见反馈机制对于改革取得预期成效非常重要。子产上任执政卿之后,前五四二年开始推动第一轮综合改革。在此期间,他吸取郑国先祖周厉王拒绝听取民意而导致改革失败、客死彘地的历史教训,非常注重广开言路听取意见和建议。面对下属然明提出的拆毁乡校建议,子产表示:"那些人早晚在乡校游玩聊天,议论我这个执政做得好还是不好。他们称赞的,我就继续坚持;他们厌恶的,我就想法改正。乡校里的议政民众是我的老师,为什么要毁掉它?"

另一方面,有实质性内容的改革必然会涉及利益的重大调整,必然会引起既得利益受损害者的反对,如果舆论中一有反对声浪就顺从,改革就很容易半途而废。实际上,对于设计改革政策时就能够预料到的、来自既得利益集团的"舆论",子产采取的是和对待乡校舆论完全不同的态度。当前五三八年"作丘赋"改革引发既得利益集团对子产发出死亡威胁时,子产强硬地回应:"我听说做正确事情的人不改变自己的法度,这样才能取得成功。民众的意见不能一味顺从,既定的法度不能随便改变。《诗》上说:'礼义上没有过错,为什么要担忧别人的议论?'我是不会改变的。"

对于"民众"的反对意见,哪些应该听从,哪些应该挡回去?这个"中道"尺度要把握好非常不容易,然而从子产改革所取得的成绩来看,他在这方面做得相当出色。

2. 子产既敢于打破成规,又善于汲取经验。

子产是一个非常敢于打破成规、开拓创新的人。墨守成规是容易的、也是安全的,但是子产是一个追求卓越的政治家,因此他坚持"做正确的事,而不是容易的事",经常不按常理出牌、出奇制胜。仅以外交领域为例:前五四七年,他为了不破坏晋楚即将和谈的大局,建议首卿子展对楚康王讨伐郑国的军事行动采取"不抵抗"政策;前五四五年,他为了确保郑简公在晋楚停战后首次朝见楚王能达到讨好楚国的目的,不惜违背先君之制,在帷宫里不除草、不起土坛;前五四二年,他为了逼晋平公尽快接见郑国使团,拆毁了下榻宾馆的院墙;前五四一年,他为了扼杀王子围和伯石勾结发动叛乱的可能性,把王子围这个不可一世的楚国头号权臣挡在城外住宿,还不允许他带亲兵进城迎亲。在这些"出奇制胜"的行为背后,是他所坚信的外交正道,那就是符合周礼原则的,以坦诚、双向、公平、可持续为原则的新型国家关系。

子产治理内政、推进改革之所以很少有失败的时候,一个很重要的原因是,他的重要政策、谋略都不是"无本之木",而是建立在对前人经验教训的继承和反思上。他在执政后启动的"作封洫"改革,有鲁国"初税亩"改革的案例指路;他顶着巨大压力推动的"作丘赋"改革,有晋国"作州兵"、鲁国"作丘甲"改革的案例指路;即使是他所首创的"铸刑书"改革,那刑鼎上所铸的刑律也是在组织有关部门深入梳理夏、商、周三代已有刑律、并参照郑国长期邢狱实践经验的基础上制定出来的。他在推进第一轮改革期间不毁乡校虚心听取民众意见,是汲取了周厉王推行改革期间钳制言论导致贵族暴动的历史教训;他采取"养成其恶而后诛之"的谋略除掉恶臣子晳,更是直接沿用了先君郑桓公、郑庄公的"祖传秘方"。

治国理政时,如何处理好打破成规和汲取经验的关系,这个"中道"尺度很不好掌握,然而从子产改革所取得的成绩来看,他在这方面也做得相当出色。

实际上,儒家典籍中对中庸之道的经典描述,比如说"君子之中庸也,君子而时中"(《中庸》)"和而不流,中立而不倚"(《中庸》)"执其两端,用其中于民"(《中庸》)"礼所以制中也"(《礼记·仲尼燕居》)"君子之于天下也,无适也,无莫也,义之与比"(《论语·里仁》)"言不必信,行不必果,惟义所在"(《孟子·离娄下》)等,在子产事迹中都可以找到精确对应,这里限于篇幅无法再一一展开,具体可以参见本书的相关章节。

按照《中庸》的说法,践行中庸之道的人,"其为物不贰,则其生物不测"。也就是说,由于这种人一心一意恪守中道而不是根据常人的刻板教条,所以他做出来的事是常人难以预测的。子产就是这样的一个人,他一心一意"道中庸",对中庸之道的体认和践行已经达到了非常高的境界,所以他在处理政事时的做法才会经常出人意料、不落俗套,而又总是能够正中要害、收到很好的效果。不过,由于子产的水平高出常人太多,因此在谋划阶段经常会遭到其他卿大夫的质疑甚至反对,即使是最了解和支持他的副手子太叔也不例外,这就是所谓的"高处不胜寒"吧!

结语

总而言之,心怀爱民仁德,使得子产没有沦落为被动应付时势变化的"等死"的庸劣政客,而是主动出击探索救世济民的方法和路径;而践行中庸正道,使得子产没有成为"找死"的悲情人物,而是在政治、经济、军事、外交等各方面取得了卓著的功绩,并且寿终正寝,成为春秋时期"救世能臣"的杰出代表。

本书是孔子义兄、郑国执政卿子产的评传。全书分四章:

第一章《序幕》，讲述子产出场前的郑国政局，以及春秋时期"君弱臣强"的整体历史背景。

第二章《参政》，讲述子产执政前郑国内政外交的发展脉络，以及子产历练、成长、上位的过程。

第三章《执政》，讲述子产执掌郑国政事之后，在管控卿族势力、推进务实改革、开展新型外交方面所做出的努力，以及所取得的成就。

第四章《评说》，总结子产"崇礼与改革并重"的为政策略，以及"德仁爱""道中庸"的为政理念，并探讨子产在孔子心目中的形象。

通过本书的陈述和分析，我希望帮助各位读者朋友像孔子身边的弟子那样，从成长历程、嘉言善行和策略理念等层面，细致体会子产这位稳健改革派能臣的为政之道，并从中得到启迪和指引。预祝阅读愉快！

序幕

社稷无常奉，君臣无常位，自古以然。

——晋太史墨

僖公在外暴毙，穆族把持国政

前五六六年十二月，由中原霸主晋国召集的诸侯大会在郑国鄬（wéi）地举行，大会的主要议题是谋划如何救援此时正被南方霸主楚国军队围困的陈国。① 十六日，与会各国接到东道主郑国发来的讣告，说前来参会的郑僖公②（名髡［kūn］顽）在到达鄬地过夜时突发暴疾，不幸去世。

这是一次粉饰成"因病去世"的弑君政变。在春秋中晚期的郑国，卿大夫群体中最有权势的是六位称为"卿"的高级官员。就郑僖公的情况而言，此时他朝堂上的六卿（详见页5分析）全都是他曾祖父郑穆公的后代，可以被称为"穆族诸卿"，其中子驷、子国、子孔是郑穆公的儿子，也就是郑僖公的爷爷辈；子耳、子蟜（jiǎo）、子展是郑穆公的孙子，也就是郑僖公的叔叔辈。③ 按常理来说，穆族诸卿应该是郑僖公最为礼敬和倚重的大臣。然而令人费解的是，郑僖公对待穆族诸卿就好像对待仇人一样，经常在礼节和言语上侮辱和刺激他们。

---

① 晋国、郑国、楚国、陈国，参见书末附录及地图一。
② 郑僖公，参见书末附录及郑世系图。春秋时期贵族姓、氏、名、字、谥概述，参见书末附录。
③ 郑穆公、子驷、子国、子孔、子耳、子蟜、子展，参见图1及书末附录、郑世系图。

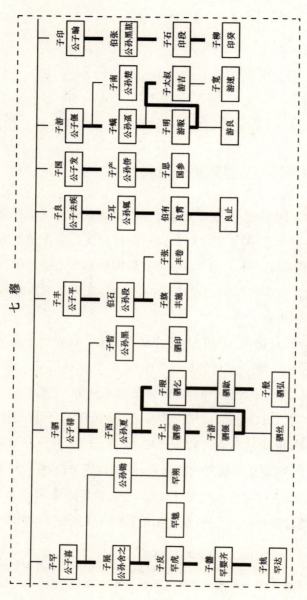

图 1 郑七穆世系图（节取自书末郑世系图）

郑穆公是郑国历史上的"英雄父亲"。他至少有十三个儿子，其中以子罕（公子喜）、子驷（公子騑）、子良（公子去疾）、子国（公子发）、子游（公子偃）、子印（公子䏺［gùn］）、子丰①（公子平）为始祖的罕氏、驷氏、良氏、国氏、游氏、印氏、丰氏发展成为长期把持郑国政事的七个大家族，统称为"七穆"。现在的六卿全部都是穆族后代，其中"七穆"已经占了五席。剩下的一个席位由子孔占据，子孔虽然也是郑穆公的儿子，但他后来获罪被杀，其宗族孔氏家道中落，没有成为"七穆"之一。

实际上，郑僖公在公开场合对穆族诸卿无礼由来已久，从他还是太子（髡顽）的时候就开始了。比如说，前五七五年，太子髡顽与比他高两辈的首卿子罕一起前往晋国访问，一路上就对子罕非常无礼。后来他与另外一位卿子丰前往楚国，也是态度恶劣。

穆族诸卿清楚地预料到，髡顽即位之后将不会是一个温顺谦退的"有道之君"，于是抓住前五七一年郑成公②去世的时机，推出一个新的治理结构来进一步控制国家政权、架空刚即位的郑僖公：首卿子罕"当国"，也就是担任摄政卿，代行君权；次卿子驷"为政"，也就是在"当国"之下担任执政卿，全面主持政府各项具体工作；三卿子国任"司马"，执掌军事。此时郑国六卿领导班子的排位顺序为：

一、子罕（公子喜，罕氏），当国

二、子驷（公子騑，驷氏），执政

---

① 子罕、子良、子游、子印、子丰，参见本节图1、书末附录及郑世系图。

② 郑成公，参见书末附录及郑世系图。

三、子国(公子发,国氏),司马

四、子孔(公子嘉,孔氏),司徒

五、子耳(公孙辄,良氏)司空

六、子蟜(公孙虿[chài],游氏)

"执政"是包括郑国在内的各诸侯国卿官体系中都有的常规设置,一般由首卿担任,相当于后来的宰相。然而,在"执政"之上设立"当国",将首卿从宰相提升至摄政卿,这是重大的治理结构调整,在国内国际一定要有说得过去的理由。虽然史书没有明文记载,最合乎情理的无非是:国事艰难,新君无道,首卿必须"暂时"代行君权,保证政局稳定。然而,这个本应是临时安排的"当国"职位在后来相当长一段时间成为了常态化的最高卿官,从本年到本书叙事结束的前五二二年,不间断地由六卿中的首卿担任,国君一直未能夺回权力。①

前五七〇年,太子髡顽正式即位,就是郑僖公。虽然在现有的治理结构中,郑僖公刚一上台就"被摄政",已经成了一个傀儡,但穆族诸卿和他之间的敌意并没有因此而减少。同年,子丰陪同僖公到晋国朝见,准备借此机会控诉僖公无道,请求霸主出面废掉僖公。子丰的动议虽然被同行的首卿子罕制止,但事情到了这种地步,郑国君臣之间已经是水火不容,公开冲突一触即发。

到了本节开头所说的前五六六年,子罕已去世,继任首卿子驷陪同僖公前往鄤地,僖公又对子驷态度恶劣。侍者好心劝僖公收敛

---

① 关于"当国"的性质,参见徐杰令:《"当国"考释》,《古籍整理研究学刊》,1999 年第 4 期;赵晓斌:《春秋官制研究》,浙江大学 2009 年博士论文。

些,僖公不听。侍者再次劝谏,他就干脆把侍者杀了。等到在郲
(cáo)地宿营时,子驷安排厨人在食物里下毒,在晚上杀了僖公,然
后捏造了一份僖公暴病身亡的讣告发给在鄢地开会的诸侯。

弑君事件发生后,内幕消息传到了郑国国内。与郑僖公一样对
六卿心怀不满的群公子们想要抓住这个时机向子驷发难。子驷得
知了消息,决定先下手为强,在前五六五年四月十二日主动出击,以
国家的名义,罗织罪名杀了公子狐、公子熙、公子侯、公子丁。公子
狐的两个儿子公孙击、公孙恶出奔到卫国。①

子驷弑僖公、杀群公子的断然行动进一步削弱了公室地位,巩
固了穆族诸卿的权威。此时继任国君郑简公②只有五岁,国家政权
因此在很长一段时间内完全被穆族诸卿把持。在表面上,子驷是接
替已去世的子罕任首卿当国,但是次卿子国的职务还是司马、并不是
执政,这表明子驷实际上是当国兼执政,真正的大权独揽。在子驷之
下,次卿子国任司马;三卿子孔任司徒,职掌民众徒役之事;四卿子耳
任司空,职掌土木工程之事。此时郑国六卿领导班子的排位顺序为:

一、子驷(公子骓,驷氏),当国兼执政

二、子国(公子发,国氏),司马

三、子孔(公子嘉,孔氏),司徒

四、子耳(公孙辄,良氏),司空

五、子蟜(公孙虿,游氏)

六、子展(公孙舍之,罕氏)

---

①　卫国,参见书末附录及地图一。
②　郑简公,参见书末附录及郑世系图。

深挖僖公—穆族诸卿交恶根源

在阅读以上段落时,读者可能会产生一个很大的疑问,那就是,太子髡顽/郑僖公为什么要这样公开地、持续地侮辱掌握实权的穆族诸卿,毫无意义地挑起事端、恶化关系,最终惹来杀身之祸?笔者认为,太子髡顽/郑僖公对于穆族诸卿的恶劣态度根本就不是出于理性的算计,而是一个新仇旧恨不断累积、又不能控制自己情绪的年轻人在不计后果地发泄心中的愤懑。

要想探究郑僖公和穆族诸卿之间深刻敌意的根源,我们要深挖他先前的经历。实际上,这并不是髡顽第一次被立为傀儡国君。前五八二年秋,髡顽的父亲郑成公到晋国朝见。在此之前,郑成公先参加了晋国主持的中原诸侯会盟,后来又接受楚人重礼,与楚大夫王子成晤。晋人抓到了郑成公在晋、楚之间首鼠两端的"罪证",于是以惩戒郑国有二心的名义扣留了郑成公,实际上希望能"以小博大",也就是不劳师动众讨伐郑国,就迫使郑国服从晋国。

扣留事件发生后,郑国高层紧急商议,郑卿公孙申①提出一个大胆的"欲救故弃"策略:"我国出兵围攻我国一直想吞并的许国②,显示出国内政局稳定,不急于营救君主,而且假装要放弃现任君主改立新君,并且暂时不派使者去晋国请求放人。晋国见扣留我国君主起不到要挟我国的效果,必然会放他回来。"

---

① 公孙申,参见书末附录。
② 许国,参见书末附录及地图三"许1"。

这个颇为强硬的应对策略有两层考虑，一方面促使晋人释放郑成公，另一方面在晋国并没有大兵压境的情况下不轻易向晋国示弱求和。郑国高层决定照此计策行事，于是在同年冬天出兵包围许国，并打算放出"郑国将立太子髡顽为新君"的假消息，期待着郑国还没有真立新君，晋国就把郑成公放回来了。

不料，假消息还没放出来，就出了严重事故。在郑国群公子里有一个叫公子班①的大夫，本来就对郑成公很不满，听闻了公孙申"假立新君"的谋划后，决定"浑水摸鱼"，在前五八一年三月立了郑成公庶兄公子𬙊（xū）为新君。郑国高层当然不认可公子班立的这位新君，他们在四月杀了公子𬙊。然而公孙申也意识到，这种"另立新君"的主意的确会刺激郑国其他乱臣贼子作出与公子班类似的事，不能"假立新君"了，而是要"真立新君"，以断绝其他人的觊觎之心。六卿领导班子的其他成员也同意了他的看法，于是郑国高层立了太子髡顽为君，公子班出奔到了许国。

郑人讨伐许国、真立新君的消息传到晋国之后，晋人意识到，不劳师动众就使郑国就范的如意算盘已经落空，继续扣留郑成公毫无意义，还会让联盟中其他国家的君主对晋国产生疑惧（担心自己日后也会遭此横祸），于是只好回到兴兵讨伐的老路，希望首先用武力迫使郑国求和顺服，达到当初想通过扣留人质来轻松实现的目标，然后在不损霸主颜面的前提下释放郑成公。此时晋景公卧病在床，于是晋国高层立太子州满②为君，纠集诸侯讨伐郑国。

---

① 公子班，参见书末附录。
② 晋景公、太子州满，参见书末附录。

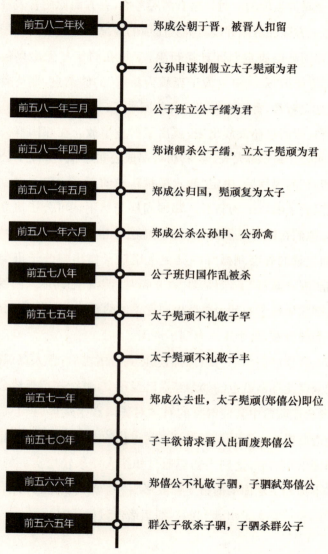

图 2　郑国前五八二～前五六五年大事记

郑国高层见晋国的绑票敲诈图谋已经破产，促使晋国释放郑成公的目的也已经达到，于是也按"晋楚谁来服谁"的老套路行事，由三位穆族卿官出面向晋国求和，子罕将郑襄公庙里的大钟送给晋人，子然①与晋人盟誓，子驷前往晋国充当人质。晋人达到了让郑国表示服从的目标后，于五月十一日将郑成公放归。郑成公回国后，重新当上国君，而髡顽在当了一个多月的傀儡君主之后，重新做回太子。然而，郑成公在二十多天后突然发难，在六月八日杀了公孙申和他的弟弟公孙禽。

前五七八年，公子班率党羽杀回郑国都城作乱，此前已经被释放回国的子驷率国人②抵抗，公子班兵败被杀。

从开篇至此，笔者采用了层层倒叙的方式来讲述郑僖公之死的来龙去脉，如果按照时间顺序来梳理的话，从前五八二年郑成公到晋国朝见，到前五六五年子驷杀群公子，其间大事脉络如图 2 所示。

当在任君主因特殊变故滞留国外时，国内卿大夫为了稳定政局而另立新君，是一种谋逆嫌疑很重、政治风险很高的策略。如果在任君主后来得以归国复位，到那时，另立新君的主谋者不论主观动机多么光明磊落，都很难有好下场。实际上，公孙申并不是春秋时期第一个挑战这种高风险任务、并被复辟君主杀害的悲剧人物，五十多年前，卫卿元咺③就做过同样的尝试。

前六三二年，晋文公率领晋军南下中原与楚国争霸，首先讨伐

---

① 子然，参见本节图 1、书末附录及郑世系图。
② 国人指诸侯国都城和近郊的居民，主要成员是贵族（卿、大夫、士）、手工业者、商人。春秋时期国野制概述，参见书末附录。
③ 元咺，参见书末附录。

的是新近与楚国联姻的卫国。卫国战败后，国人将亲楚的卫成公逐出国都，作为对晋国的交代。这时，忠于卫成公的卫卿元咺（xuān）一方面立了卫成公的同母弟夷叔①作为守主，一方面派自己的儿子元角到卫成公的流亡队伍中作为人质，以表明自己立新君只是为了稳定政局，对卫成公绝无二心。晋楚城濮大战结束后，卫成公得知楚军战败，更加惧怕，于是途经楚国逃到了陈国，同时派人回国，命令元咺辅相夷叔作为卫国代表参加晋人在践土②举行的诸侯会盟。此时有人告诉卫成公，元咺已经私自拥立夷叔为新君。卫成公信以为真，十分恼怒，于是派人杀了人质元角。即便这样，元咺仍然没有反叛，而是带着夷叔回到卫国固守，等待霸主晋国的处置。

晋人为了积攒"存亡继绝"的称霸业绩，决定送卫成公回国复位。跟随卫成公的流亡者和守国者在宛濮③盟誓以消除相互间的不信任，并且确定了卫成公归国的日期。然而，卫成公并不信任守国的卿大夫们，他在约定日期前突然回国。成公进城时，夷叔正准备洗头，听说哥哥回来了，非常高兴，于是握着头发走出来，却被卫成公的前驱公子歂犬、华仲当场射杀。卫成公看到杀人现场的情状，知道夷叔的确没有打算谋反，于是赶紧坐在地上，把夷叔的头枕在自己的大腿上哭了一场，撇清自己的责任。歂（chuán）犬出逃，成公派人杀了他作为交待。悲愤不已的元咺与卫成公反目成仇，出奔到晋国，向霸主控诉卫成公的罪行。

---

① 晋文公、卫成公、夷叔，参见书末附录。
② 城濮、践土，参见书末地图二。
③ 宛濮，参见书末地图二。

同年冬天，在温邑①举行的诸侯盟会期间，在晋人主持下，卫成公和元咺进行了一场诉讼。由于君臣地位不对等，不能直接打官司，因此由宁武子担任辅相，陪同卫成公在旁等候；鍼（zhēn）庄子担任"坐"，代表卫成公出席诉讼；士荣担任"大士"，具体负责与元咺一方往来辩论。卫成公一方败诉，晋人主持正义，杀了士荣，砍了鍼庄子的脚，逮捕了卫成公，把他安置在周王室王城的深室中，由宁武子负责提供衣食。元咺回到卫国，立了公子瑕②为国君。

卫成公被关押在王城深室期间，晋文公派医衍准备毒死他。宁武子得到了消息，贿赂医衍，让他下毒时减轻剂量，卫成公没有死。卫国的友邦鲁国③君主鲁僖公帮卫成公请命，给周襄王④和晋文公都送了十对玉，周襄王答应了鲁僖公的请求，并说服了晋文公。前六三〇年秋天，卫成公获释，随即派人贿赂国内的大夫周歂、冶廑（jǐn）以谋求复辟。周、冶二人杀了元咺、公子瑕、公子瑕同母弟子仪，卫成公随后进入国都重掌君权。

卫成公/元咺/夷叔的故事对于我们理解郑成公/公孙申/髡顽颇有启发之处。公孙申在郑成公回国前后，既没有像元咺那样出逃，也没有奉髡顽为主作乱，而是在郑成公回国二十多天后和弟弟公孙禽一起被轻易地杀掉，一方面说明他坦坦荡荡，心里没鬼；另一方面说明他在国内势力单薄，没有多少党羽。笔者认为，公孙申看

---

① 温，参见书末地图二。
② 宁武子、公子瑕，参见书末附录。
③ 鲁国，参见书末附录及地图一。
④ 鲁僖公、周襄王，参见书末附录。

到郑成公平安归来,重登君位,而髡顽也重新做回太子,认为自己的计策获得成功、心满意足,满以为郑成公会嘉奖封赏他,根本就没想要出逃或者反叛,最后得到了个错愕被杀的悲惨结局。忠臣公孙申的死,很可能在真正了解他、敬佩他的人心中激起了强烈的义愤,其中很可能就包括他一直保傅着的髡顽。不过,元咺在与卫成公反目成仇后的一系列举动也让我们意识到,像元咺/公孙申这样敢行立君大事的强力忠臣如果变心,其造成的破坏也会很大。从这个角度说,郑成公"先下手为强"杀公孙申这一招虽然狠辣,但从政治家的标准来判断,也不失为杜绝后患的合理选择。

重构僖公—穆族诸卿交恶历程

结合上面所陈述的郑成公/公孙申/髡顽、卫成公/元咺/夷叔史事和分析,我们可以试图通过合理想象,重构太子髡顽和子罕、子驷诸卿之间交恶的起因,以及双方对抗逐步升级的历程。笔者认为最有可能的重构叙事是这样的:

郑成公被晋人扣留之后,郑卿公孙申首倡"欲救故弃"之计,得到了子罕、子驷、子然等穆族诸卿的支持;也就是说,郑国高层在用计营救郑成公这个问题上达成了一致,公孙申也顺理成章地成为主持立君大事的人。最开始只是想发布一个假消息,后来由于有公子班拥立公子繻搅局,无奈调整为真立太子髡顽为君,以杜绝其他人对君位的觊觎。从公子班拥立的公子繻是郑成公庶兄这一点来推测,髡顽应该是郑成公唯一的儿子,他应该是一个思想单纯、胸无城府、喜怒形于色的人,他在担任傀儡君主期间,很可能与拥立他的忠臣公孙申建立了很好的关系,再加上公孙申的弟弟公孙禽,这三人可以视为一派;子罕、子驷、子然等穆族诸卿可以视为另一派。在国君被扣押期间,这两派的分歧并不明显,目标是一致的,那就是设法迎回郑成公。

公孙申这个计策要奏效,必须高度保密,而且各方都要"表演"得逼真,因此郑人很可能没有将其内幕透露给扣押在晋国的郑成公,这样郑成公才可能"本色出演"而没有破绽(很可能也没有渠道透露)。可以想见,当郑成公通过晋人突然得知国内另立了自己儿子髡顽做新君时,心中必然会产生一种被国内卿大夫抛弃的恐惧,也很可能对国内卿大夫、对自己的儿子做了许多恶意的揣测。当然,如果他这种完全发自真心的沮丧情绪被晋人察觉到,这其实是有利于他被释放回国的。

不过,在前五八一年郑人向晋人求和、从而为郑成公回国铺路的行动中,子罕、子然、子驷等穆族诸卿用公开的行动证明了他们的忠心,其中子驷更是挺身而出作了人质,可以说是最有显示度的一个。这些穆族诸卿很可能因此在郑成公回国后得到了他的倚重,权势进一步扩张。

与穆族诸卿形成对比的是,谋主公孙申缺席了致送大钟、缔结盟约、致送人质等所有这些能让郑成公看出自己忠心的公开行动,他此时很可能在城内留守,保傅着髡顽,不能让公子班搅局的事情再重演。公孙申的缺席使得郑成公对他这个"另立新君"主谋的真实意图产生了严重的猜疑。为了杜绝后患,郑成公进城重掌君权、髡顽重新做回太子之后,很可能就是依靠对自己表了忠心、并且忌惮公孙申胆识才智的穆族诸卿,"先下手为强"杀了公孙申和公孙禽。公孙申很可能是认为自己计策成功,等着郑成公嘉奖封赏,所以没有防范、也没有出逃,没想到等到的竟是国君痛下杀手。

依春秋时期惯例,国君如果诛杀卿大夫,需要向国人宣告其罪行以正视听。笔者猜测,郑成公对外宣称的应该是:在他被晋人扣留期间,公孙申擅立新君、操纵国政,和叛逃到许国的公子班一样,都是该当死罪的乱臣。公孙申死后,郑国的六卿领导班子全部被穆族诸卿所占据。

由于髡顽是郑成公唯一的儿子,本性纯良,虽被"乱臣"拥立,自身却并没有什么叛乱或抵抗的举动,所以郑成公在杀公孙申之后仍然让他继续做太子,但对他总是有些防备、猜疑甚至怨恨。比如说,前五七四年时,在郑国随时有可能背叛楚国的情况下,太子髡顽被郑成公作为人质送到楚国,这很有可能就是郑成公在报复当年太子髡顽在其被扣押期间自立为君之举。

太子髡顽知道公孙申死得很冤枉,而他在之后当太子的岁月里也因为曾经与父亲"二君并立"而受到了郑成公的猜疑甚至报复,这个不得志的太子将一切仇怨都算在了完全占据六卿领导班子的穆族诸卿头上,因为他们不但没有为公孙申辩白,反而"落井下石"将其杀害,并利用郑成公对他们的信任,进一步扩张自己的势力。从此,太子髡顽跟穆族诸卿就结下了仇恨。当时的太子髡顽年少轻狂,抱着一种"反正你们也不敢把我怎么样"的态度,通过与诸卿公开对抗来发泄心中的愤懑；诸卿也越来越清楚地意识到，这个太子在未来即位之后绝不是一个可以和平共处的国君，甚至有可能会找机会定罪诛杀他们，所以一定不能让他拥有实权。

郑成公去世后，穆族诸卿"先下手为强"，以国事艰难、新君无道为由，设置首卿"当国"行摄政之权，从制度上正式架空新上台的郑僖公，进一步控制了朝政。子丰认为这样还不够彻底，准备要到晋国控诉新君无道，由霸主出面废掉郑僖公。

废黜君主是大事，一定要有很强的真实原因才能促使子丰提出此项动议，仅有"对诸卿无礼"这样的原因恐怕是不够分量的。笔者认为，促使子丰提出废郑僖公的真实原因应该是：他认为郑僖公在联络同样怨恨穆族诸卿的群公子准备发动政变。而这些群公子怨恨穆族诸卿的原因很可能是：穆族诸卿霸占了整个六卿领导班子和其他高级职位，使得他们没有了机会。首卿子罕阻止子丰的真实原因可能是认为郑僖公并没有发动政变所必需的谋略和组织能力，而事实证明子罕的判断是正确的。

穆族诸卿对刚即位的郑僖公发起的咄咄逼人的攻势，让郑僖公对穆族诸卿不仅怀有当年公孙申冤案而产生的旧恨，还增添了当下被剥夺君权而产生的新仇，新仇旧恨叠加在一起，只会刺激郑僖公更加强烈地憎恨诸卿，导致双方的紧张对立形势进一步升级。在四年后的鄬之会前夕，郑僖公再次控制不住情绪侮辱子驷，同情郑僖公遭遇的侍者好心劝郑僖公收敛一些，却让正在气头上的郑僖公觉得"我身边的下人竟然也在帮着六卿说话"，于是一怒之下杀了侍者。不幸的是，郑僖公发泄愤懑的杀人行为却给子驷发出了一个错误的信号，让他认为郑僖公即将启动暴力夺回政权的行动，于是下决心先发制人，将郑僖公毒杀，并以"暴病身亡"昭告诸侯。

探寻中原诸侯国"君弱臣强"原因

郑僖公的非正常死亡，既是他个人的悲剧，也是他所处时代的缩影。堂堂国君毫无实权，一上台就被六卿"架空"成为傀儡，进而被六卿以废黜相逼，最终被首卿毒杀，这个极端案例非常鲜明地反映了春秋中晚期诸侯国"君弱臣强"的政治现实。实际上，不光是郑国，在同时代的晋国、齐国、鲁国、宋国、卫国①等周朝主要诸侯国，都发生了君权衰弱、卿权壮大的现象（楚国、秦国例外，限于篇幅不再展开探讨），甚至出现臣逐君、臣弑君的恶性事件。也就是说，这不是郑国的"特殊国情"，而是具有普遍性的历史发展趋势。如果要从根本上理解这个趋势背后的政治经济原因，我们必须从周朝的建立开始说起。

周灭商之前，只是商朝核心区域西方一个较为强大的地方政权。周朝建立之后，以西都镐京（陕西省西安市以西）、东都雒邑（河南省洛阳市）为核心的王室直辖区域称为"王畿"，这是一片面积约等于山东、江苏两省之和的广阔区域，而王畿之外是更为广阔的商朝旧地。如此广阔的疆土，如何治理？周王室的办法是推行分封

---

① 齐国、宋国，参见书末附录及地图一。

制,分为王畿外分封诸侯和王畿内分封卿大夫两个层面。

在王畿之外,周王室实行诸侯国分封制,也就是将商朝旧地分封给同姓宗亲(比如晋、鲁、郑、卫)、异姓功臣(比如齐、许)、先代之后(比如宋、陈)建立诸侯国,同时"招安"无法征服的旧有方国(比如楚)加入封国体系。诸侯是周王的守土之臣,又是封疆内的一国之君,建立起一个自主的地缘政治实体,拥有完备的政府和高度的自治权,封国收入除了上交周王室的贡赋之外,绝大部分自行支配。

在王畿内,周王室实行采邑分封制,也就是把部分土地分封给在王室任职的卿大夫,作为他们的"采邑",同时也将土地上居住的民众授予他们。卿大夫在采邑内享有高度的自治权,采邑土田的收入在向王室交纳"赋"(军需物资)和"贡"(农产品)之后,绝大部分归卿大夫所有,相当于他们在王室任职的俸禄。除了分封采邑之外,在奖赏重大功劳时,周王室还会另外加赐赏田给卿大夫。如果说最开始分封的采邑像"基本工资"的话,加赐的赏田就像是"奖金"。

各诸侯国内部也都比照周王室在王畿内的做法实行采邑分封制,将部分国内土地分封给卿大夫作为采邑。卿大夫在采邑内享有高度的自治权,采邑土田的收入在向公室交纳"赋"(军需物资)和"贡"(农产品)之后,绝大部分归卿大夫所有,相当于他们在公室任职的俸禄。除了分封采邑之外,在奖赏重大功劳时,诸侯公室也会另外加赐赏田给卿大夫。

据《周代的采邑制度》所做的分析,在西周早中期,采邑分封制主要在"方千里"的王畿地区实行,王畿外的诸侯国数目繁多、疆土狭小,即使诸侯国内有分封采邑给卿大夫的情况,所分封的采邑规模也无法与王畿相比。西周晚期之后，王室衰弱，诸侯壮大，伴随着"礼乐征伐自诸侯出"的，就是"封授采邑自诸侯出"。齐、晋、郑、鲁等诸侯国通过兼并小国、驱逐夷狄而迅速崛起，疆土与始封时相比迅速扩大。

在这种情况下，一方面，诸侯公室大规模分封采邑具备了可行性，因为公室拥有了大量新开辟疆土可供分封；另一方面，大规模分封采邑具备了必要性，因为新开辟疆土需要有人守卫和管理，而分封制这个周朝的"祖传法宝"无疑是在当时的技术条件下成本最低、见效最快的方式。在可行性和必要性都具备的情况下，各诸侯国开始大规模地分封采邑、授予民众给卿大夫。这些采邑一般位于各国当时疆域的边境地区，后来随着疆域持续扩大，有些采邑逐渐转变为内地发达地区。

诸侯国的卿大夫不仅通过国君的封赏获得了土地、土地上居住的民众以及土地所出产的财富，他们还受到另外一项制度的保护，那就是比照君位世袭制（公族的族长世袭国君之位）而实行的官位世袭制：也就是说，卿大夫家族的族长不仅能做官，而且可以代代相继、世世为官。具体来说，这种族长世官制有两种具体表现形式：一种是同一个家族的族长世袭同一官职；一种是族长享受世代为官的政治待遇，但每一代不一定担任同一官职。①

世官必然伴随着世禄。在卿大夫家族族长世代为官的情况下，作为卿大夫俸禄来源的采邑实际上也是世袭。时间久了之后，采邑

①　关于世官制的概况，参见赵晓斌：《春秋官制研究》；童书业：《春秋史（校订本）》，中华书局，2012 年。

在事实上已经成为这些卿大夫的家族私产，因此传世文献中有时称采邑为"私邑"。私邑之外有公邑，也就是公室直接委派官吏治理的土地。

如果卿大夫发动叛乱被公室灭族，公室可以把被灭卿大夫家族的私邑收归公室变成公邑，所以从理论上看，私邑和公邑是可以互相转换的。然而，从春秋前期的实际情况来看，公邑通过分封和赏赐途径变成私邑是绝对的主流，而私邑被没收变成公邑的情况非常罕见，所以结果就是公邑越来越少，私邑越来越多，公室直辖土地"合规"地逐渐流转到卿大夫家族手中。

在分封制和世袭制的支持下，各国的卿大夫家族，特别是卿族不断壮大，下文专注于探讨在春秋政治中发挥决定性作用的卿族。作为各大卿族的"当家人"，诸卿的基本策略是：

在路线层面，诸卿坚决拥护分封制、世袭制等"先王之制"，因为这些制度是他们自身和家族利益的根本保障；

在国事层面，诸卿作为平时的政务官和出征时的军队将领积极建功立业，特别是可以直接转化为私邑封赏的开疆拓土军功；

在家事层面，诸卿注重维护家族的安全稳定和世代传承，在此基础上尽一切努力增强家族的经济军事实力。

到了春秋中晚期，在晋、齐、郑、鲁等中原诸侯国内部，各卿族经过长期发展，已经达到"国中之国"的程度：他们积累了大量的土地和财富，拥有比拟国都的核心城邑，比拟公室官僚体系的家臣队伍，以及比拟公室军队的私家武装。晋国的赵、魏、韩、知、范、中行六家，齐国的国、高、陈、鲍四家，郑国的罕、驷、良、国、游、印、丰"七穆",鲁国的季、孟、叔孙"三桓",都是当时著名的卿族。

与此同时,各诸侯国的公室都经历了严重的公邑流失,经济军事实力大为削弱。以传世文献有详细记载的晋、鲁两国为例:

一、晋国。晋文公为了应对从亡团队和国内旧族的封赏压力,也为了激励卿大夫建功立业从而迅速称霸,在前六三六年即位之后就主动将全部的存量公邑封赏给卿大夫,此后诸卿开疆拓土获得的增量土地也都成为了他们的私邑。

二、鲁国。鲁襄公十一年(前五六二年),"三桓"以扩军备战为名第一次"三分公室",也就是将公邑分为三份,分别委托给三大卿族治理,作为军需物资和兵员的来源。鲁昭公五年(前五三七年),"三桓"为了削弱公室而第二次"四分公室",这一次最终将全部公邑变成了三大卿族的私邑。

这种经济军事实力对比的急剧变化,反映在政治上就是各诸侯国建立初期确立的"君强臣弱""君尊臣卑"旧有权力分配格局被打破,卿族利用各种机会蚕食、侵吞本属于公室的权力,在上面几节我们就非常清楚地看到了穆族诸卿如何利用郑成公去世、郑僖公"无道"的机会,通过设立"当国"这个摄政职位来直接架空郑僖公。在公室与卿族的政治斗争中,公室整体处于下风,诸卿抑君、逐君甚至弑君成了春秋时期中原诸侯国的普遍现象,郑僖公被首卿子驷所杀,只不过是其中一例而已。

当然,诸侯国君并不都是坐以待毙,也有巧妙利用公室残余权力和卿族之间矛盾成功灭掉某个卿族的零星"成功案例",比如说晋厉公利用嬖大夫灭郤氏、晋平公利用范氏灭栾氏等。但是,被灭卿族的私邑并没有重新收归公室,而是被其他卿族瓜分(比如页153讲述的晋国赵氏、韩氏、范氏三家争夺被灭栾氏封地之事)。也就是说,公室打击某个卿族,实际上促进了卿族集团的兼并重组,重组后的卿族虽然总数少了,但每家实力反而更为强大,更像"国中之国",国君更加无法与之相抗衡。

最终,在战国初年,中原最强大的两个国家相继"崩盘":晋国被卿族赵氏、魏氏、韩氏三家瓜分,史称"三家分晋";齐国姜姓公族被卿族田氏(陈氏)所取代,史称"田氏(陈氏)代齐"。而郑国、鲁国这样夹在大国之间的中等诸侯国,一方面公室衰微、国君成为傀儡、卿族掌控朝政,另一方面各卿族又有抱团求生存的需要,因为分裂成小国更容易被周边大国攻灭,因此一直保持着"君弱臣强而又不破裂"的尴尬状态,最终在战国时期先后被周边强国吞并。

参政

晋楚争霸　郑国蒙难

小国无文德，而有武功，祸莫大焉。

——子产

子产高调发言，子国怒骂调教

子产①就是在子驷弑君、杀群公子的腥风血雨之后首次出现在《左传》的记载中。自从春秋中期晋、楚争霸之势形成以来，郑国长期在晋国为首的中原诸侯集团(以下简称晋集团)和楚国为首的南方诸侯集团(以下简称楚集团)之间摇摆不定。比如说，从前六〇八年到前五六五年的四十四年内，郑国就曾五次从晋，五次从楚，如下表所示②：

前五六五年时，晋国在晋悼公的领导下正呈现出霸业中兴的蓬勃景象，郑国此时跟从的是晋国。四月二十二日，在子国、子耳的率领下，一向被动挨打的郑国罕见地主动出击，入侵楚集团中的蔡国③，俘获了蔡司马公子燮④。郑人都很高兴，当时已在朝廷担任大夫的子产却挺身而出，发表了一番"众人皆醉我独醒"的言论："小国

---

① 子产，参见书末附录及郑世系图。
② 关于郑国在晋、楚间从属关系的变化情况，参见李杰：《试论春秋时期的晋郑关系》，山西师范大学 2013 年硕士论文。
③ 蔡国，参见书末附录及地图二"蔡1"。
④ 晋悼公、公子燮，参见书末附录。

郑国从晋从楚关系变化表

从晋年份	从楚年份	转 换 原 因
	前六〇八年 前六〇六年	前六〇八年晋国讨伐宋国、齐国,都在收取财货之后撤兵,郑国认为"晋国不值得亲附",于是接受了与楚国结盟。
前六〇六年 前六〇三年		前六〇六年晋成公率军讨伐郑国,郑国与晋国讲和。
	前六〇三年 前六〇二年	前六〇三年楚人讨伐郑国,讲和之后撤兵。
前六〇二年 前五九八年		前六〇二年郑国与晋国讲和,在黑壤盟誓。
	前五九八年 前五八六年	前五九八年楚庄王率军讨伐郑国,郑国服从楚国,在辰陵盟誓。
前五八六年 前五八二年		前五八六年许灵公在楚国与郑悼公诉讼,郑悼公不胜,回来之后就寻求与晋国讲和,在垂棘盟誓。
	前五八二年 前五八一年	前五八二年楚人用很重的财货寻求郑国归附,郑成公在邓地与楚王子成会面。
前五八一年 前五七五年		前五八二年晋国扣留了郑成公,前五八一年率诸侯讨伐郑国,郑人寻求与晋国讲和,郑成公得以回国。
	前五七五年 前五七一年	前五七五年楚共王派王子成用汝阴之田作为交换条件,寻求与郑国讲和,郑国服从楚国,在武城盟誓。
前五七一年 前五六五年		前五七一年晋率诸侯在戚地会面,然后就修筑虎牢城墙逼迫郑国,郑人请求与晋国讲和。

没有让民众团结一心、让霸主有所顾忌的文德,却取得军事上的胜利,没有比这更大的灾祸了①。我国主动出击,楚国肯定要过来讨

---

① 《左传·襄公八年》:小国无文德,而有武功,祸莫大焉。

伐，到时候我们能不顺从楚国吗？我们一旦顺从楚国，晋国也一定会兴师前来问罪。晋、楚轮流讨伐郑国，从今往后郑国没有个四五年，是不可能有安宁日子过了。"

这子产不是旁人，而就是此次战斗主帅、卿官子国的儿子，也是子国为宗主的卿族国氏的继承人。子国听到自己儿子这番听起来颇有道理的言论后，丝毫没有赞许之意，而是勃然大怒，当着其他卿大夫的面骂他儿子说："你知道什么！国家有发兵的大命令，而且有正卿定夺大事。你这个毛头小子说这些话，是要受处分的！"

《韩非子·外储说左下》也记载了一个子国发怒责备子产的故事，对于我们理解子国的教子思路颇有帮助：

子产忠于郑国君主，子国发怒责备他说："你特立独行不同于群臣，而独自忠于君主。君主如果贤明，能听从你；如果不贤明，将不听从你。是否听从你还不能确知，而你已经脱离了群臣。脱离了群臣，就一定会危害你自身了。不仅危害你自己，还将危害你的父亲。"①

在上面两段记载的基础上，我们可以细致地分析一下这次子国怒骂儿子的来龙去脉。首先，表面上都在欢庆郑国胜利的卿大夫，其立场和观点未必相同，而很可能分为两派：

一派是基于"胜利能带来和平"的乐观判断而真心庆祝这场胜利。他们的思路大概是：现在郑国所投靠的晋国呈现出"霸业中

---

① 《韩非子·外储说左下》：离于群臣，则必危汝身矣。非徒危己也，又且危父也。

兴"的良好势头，再加上郑国此次击败楚国"马前卒"蔡国的成绩，有可能会使得楚国在未来几年里不敢再来讨伐，从而为郑国带来宝贵的和平局面。当然，从晋楚争霸的实际情况来看，这种"胜利能带来和平"的观点是浅薄、幼稚的，持这种观点的主体人群应该是和子产年龄、出身相仿，但是政治洞察力远不如他高明的其他年轻"官二代"。子产"胜利将带来灾祸"的观点就是针对这种"胜利能带来和平"的观点而发的，而同年冬天楚国令尹①王子贞率军讨伐郑国的事实也很快证明，子产对形势的判断是完全正确的。

另一派则怀着"今朝有酒今朝醉"的圆滑态度而随声附和。他们的思路是：晋国中兴不足以改变晋、楚相持争霸的局势，郑国接到盟主晋国的命令不得不出兵，出兵得胜之后楚国必然会兴兵前来报复，之后要么是晋国、楚国在郑国界上大战一场，要么是晋国不救、郑国再次倒向楚国，总之，"两头挨揍"的地缘政治困局还将持续下去。"外交决定内政"本来就是小国的宿命，既然现在郑国无法摆脱这个困局，那还不如"今朝有酒今朝醉"，暂且忘掉未来的苦难，为眼前这场胜利欢庆一把，给长期压抑的朝堂带来一点宝贵的正能量。持这种观点的应该是卿大夫中深知内情、头脑清醒的那些人，其主体很可能就是包括子国在内的六卿。

在其他诸卿看来，子产发言的内容并没有什么了不得的洞见，可以说是"正确的废话"。然而，子国的儿子在这个时间点站出来慷慨陈词，这件事本身却很值得揣摩。如果用"老司机"们比较复杂的

---

① 令尹，楚国最高官职，相当于中原诸国的首卿。

政治头脑去分析这件事情,大概有这样两种可能性:

如果子产是在跟父亲子国商量之后说的这番话,那么这就很有可能是子国先作为主帅取得了军功,然后又通过自己儿子表现出一种不被胜利冲昏头脑、清醒认识到严峻现实的姿态,是想要"名利双收",进一步提高自己的威望和话语权。

如果子产这次发言没有跟子国商量过,而完全是自己的主意,那么子产公开否定他父亲作为主帅所取得的胜利,把它说成是灾祸源头,这说明子产和他父亲之间已经有了明显的立场分歧,国氏内部已经出现了裂隙。

从后来子国痛骂子产的事实,以及《韩非子》的记载来看,子产这次是真没有跟子国事先商量过,就是一个年轻气盛的青年才俊出于自己忠君忧国的赤诚本心,大胆地打破朝堂上的祥和场面,把自认为是真知灼见的想法高调地说了出来。应该说,当子产说出这番话时,他的屁股不是坐在子国儿子、国氏继承人这个位置上,而是坐在食君俸禄、为国尽忠的郑国大夫这个位置上。

然而,如果我们站在子国这位肩头同时压着郑国军政大事和国氏宗族传承两副担子的卿官、宗主、父亲角度来看,子产的慷慨陈词无论是于公还是于私,都是有害无益的:

于"公",这番陈词对于郑国摆脱困局毫无帮助。子产无非是把明眼人(特别是六卿)都心知肚明的郑国地缘政治困局又捅出来强调了一遍,而又并没有提出任何可以帮助国家摆脱这一困局的建设性建议。这番尖锐刺耳的言论对国家公事的唯一作用,就是成功地毁掉了郑国朝堂已经久违的欢庆时刻,让大家又要以郁闷的心情去迎接未来必然到来的楚国讨伐之难。

于"私",这番陈词只会给子产、子国、国氏带来麻烦和风险。就子产而言,这番"鹤立鸡群"的话语无疑会使他成为"官二代"大夫群体中被孤立的对象:听懂了的同僚可能会妒忌他的才能,而仍然认为自己观点正确的同僚则会把他树为与自己意见对立的政敌。进一步考虑,这些"官二代"的父亲们恐怕也会担心子产在未来如果子承父业成为卿官,会更加蔑视、掩盖甚至打压自己的儿子。就子国而言,如果其他卿官认为子产言论是出于子国授意,那么这很有可能会加强他们对子国野心的猜疑和戒备,使他在六卿领导班子里面临更加险恶的政治环境。就国氏而言,如果其他卿族怀疑子国—子产父子关系出现裂痕想要加以利用,自然会加大国氏的政治风险。

当然,子国迅速作出激烈反应,并不是因为他进行了上述条分缕析的细致推理,而是出于一个"老司机"的政治敏感和直觉。子国当场果断怒骂子产,并不是因为国家大事只有卿官才可以发表意见(这与郑国当时的政治规矩不符),也不是因为子产的分析本身有什么不对(子国完全没有这么说),也不是因为子产抹黑自己取得的胜利而恼羞成怒(子国并没有骂子产抹黑这次胜利),而是要用怒骂这种激烈的方式准确传达如下三个信息:

"踩刹车",也就是严重警告在朝堂上"放飞自我"的子产:这次你擅自发表的言论已经闯大祸了,赶紧给我住嘴,不要再说出更加出格的话来!

"赔不是",也就是向被子产言论冒犯的诸位卿官和大夫们表态:我儿子刚才就是不懂规矩乱讲话,绝不是出于我的授意,我一定会好好管教他,绝不再让他在朝堂上惹是生非!

"秀实力",也就是向朝堂上各位卿大夫表明,我和我儿子之间的确有政见分歧,但是你们都看见了,我对于我儿子仍然有绝对的控制力,你们不要想趁机打我们家族的主意!

高明柔克:贵族高官的教子之道

子国调教子产的方法似乎是各诸侯国"求生欲"强的贵族高官调教聪明"二代"儿子的常用方法,比如晋国卿族范氏。《国语·晋语五》里晋卿范武子训诫儿子范文子①的故事:

范文子很晚才退朝回来。武子问道:"为什么这么晚?"文子回答说:"有位秦国②来的客人在朝廷上说话打哑谜,大夫中没有一个能对答的,我却知道并解答了他三个问题。"武子发怒说:"大夫们不是不能回答,而是谦让朝廷上的长辈。你一个毛头小子,却在朝中三次掩盖他人。我如果不在晋国,范氏败亡要不了几天了!"说着武子就用手杖打儿子,打断了礼帽上的簪子。

范武子的严格家教起到了显著的效果。前五八九年,范文子作为上军佐(六卿中排第四)参与了晋、齐鞌(ān)之战,此次晋国大获全胜。按照军礼,晋军凯旋进入国都时,应该是上军在前,中军在中

① 范武子、范文子,参见书末附录。
② 秦国,参见书末附录及地图一。

间,下军殿后。因为范文子的直接领导、上军帅中行宣子(排第三)留守国都没有出征,所以范文子是上军最高将领,按理说应该走在最前面。然而,他并没有这样做。据《左传·成公二年》的记载:

晋军回到国都,范文子最后进入。已经退休的范武子见到儿子后对他说:"你不认为我在盼望你回来吗?为什么最后入城?"文子对答说:"军队取得了战功,国人很高兴地来迎接。我如果按照军礼先进入,一定会使众人耳目集中到我身上,这就是代替统帅①接受美名了,因此我不敢先进入。"范武子说:"我知道自己能够幸免不遭祸难了。"

当范文子代表范氏进入六卿领导班子之后,他也是用同样的一套理念在教训自己的儿子范宣子②。前五七五年,晋国、楚国在鄢(yān)陵准备打一场大仗。据《左传·成公十六年》的记载:

六月二十九日早晨,楚军推进到晋军营垒跟前布阵,使得晋军无法出门。晋国军吏非常紧张。年轻大夫范宣子快步上前说:"填塞水井,夷平灶台,在军营中摆开阵势,把行列间的距离放宽。晋、楚相争,谁能取胜,全看上天将胜利授予谁,有什么可担心的?"六卿排第二的范文子拿起戈来驱逐他,说:"国家的存亡,都是天意,毛头小子知道什么!"

---

① 这里说的"统帅",可能是指范文子的直接领导、上军帅中行宣子(排第三),也可能是指范文子的大领导、中军帅郤献子(排第一)。
② 范宣子,参见书末附录。

子国、范文子、范武子之所以要用痛骂、暴打甚至是追杀的激烈手段来调教自己的聪明"二代"儿子，是因为如果放任不管，后果真的会很严重。《左传》《国语》里就记载了不少卿大夫由于高调"炫智商"而导致自身被杀、宗族覆灭的事例，这里举两个晋国的例子。

一个是晋大夫伯宗。伯宗从小聪颖过人，在其成长过程中恐怕是没有像子产、范文子、范宣子这样受到父亲的严厉调教，或者是调教没有成功，因此成为大夫后还是像愣头小伙一样高调轻狂。根据《国语·晋语五》的记载：

有一天伯宗退朝以后，面带喜色地回到家中。他的妻子问道："您今天面露喜色，为什么呀？"伯宗说："我在朝中发言，大夫们都称赞我像阳子那样机智。"妻子说："阳子这个人华而不实，善于谈论而缺乏谋略，因此遭受杀身之祸。您欢喜什么呢？"伯宗说："我设宴请大夫们一起饮酒，和他们谈话，你试着听一听。"妻子说："好吧。"饮宴结束以后，他的妻子说："那些大夫们确实不如您。但是人们不能拥戴比自己水平高的人已经很久了，灾难必然要降到您头上！"

又根据《左传·成公十五年》的记载，伯宗每次上朝时，他这位妻子都要碎碎念这么一句话："盗贼憎恨主人，民众厌恶官长，您喜好像主人、官长那样直言无忌，一定会遭殃！"[①]然而，成年后的贤妻规劝毕竟是比不上成长期的严父棒喝，伯宗还是我行我素，后来到了栾弗忌之乱时，朝中一批大夫妒恨伯宗，合谋杀死了他。

---

① 《左传·成公十五年》：盗憎主人，民恶其上。子好直言，必及于难。

伯宗引以为榜样的、以聪明著称的"阳子",就是官至太傅的卿官阳处父。前六二二年,阳处父到卫国访问,回国途中在晋国境内的宁邑住宿。宁邑宾馆的负责人宁嬴对阳处父仰慕已久,于是丢下了自己的本职工作,加入了阳处父的使团,想跟着阳处父一起去首都发展。然而,使团刚到温邑,宁嬴就折返回来了。他老婆感到奇怪,问他为什么"脱粉",宁嬴说:

"阳处父他太刚强了。《商书》上说:'沉溺潜隐的德性要用刚强来攻克,高亢明耀的德性要用柔顺来攻克。'他却一味刚强而不调和,恐怕会不得善终吧!即使是德性最为刚健、至高无上的上天,尚且会辅以柔德,不扰乱四时运行的次序,何况是凡人呢?而且他爱说大话而落实不力,就好像草木开花而不结果实,这是聚集怨恨的根源。过于刚强冒犯他人,华而不实聚集怨恨,是不可以安身立命的。① 我担心还没有得到跟随他的好处就先要遭受祸难,所以离开了他。"

果然,到了第二年,自以为是的阳处父擅自调整国君在夷地大阅兵上确定的晋国六卿领导班子排序,当年就被因排序调整而利益受损的卿官狐射姑杀死。

如前所述,春秋时期晋、郑等中原诸侯国公室逐渐衰弱,君权旁落于卿大夫,特别是卿大夫中居于领导地位的诸位卿官,诸卿逐渐成为实际上的国家领导人。作为一个集团来看,卿族的势力在不断扩大;然而在卿族集团内部,各卿族之间的斗争也变得越来越激烈。在这种险恶的政治形势下,蠢笨无能的"二代"自然容易成为被对手

---

① 《商书》曰:"沉渐刚克,高明柔克。"夫子壹之,其不没乎!天为刚德,犹不干时,况在人乎?且华而不实,怨之所聚也。犯而聚怨,不可以定身。(《左传·文公五年》)

捏爆的软柿子;然而,聪颖过人的"二代"如果在朝中不能低调收敛、谨言慎行,而是恃才放旷、树敌结怨,也同样容易遭到敌对卿族的攻击陷害,甚至可能会导致身死族灭的严重后果。

因此,"高明柔克",也就是强力攻克聪明儿子高亢、明耀的刚德,强行植入低调、沉稳的柔德,矫正其德性向"无过无不及"的中道靠拢,这是当时所有"求生欲"强的贵族高官调教"二代"儿子们的常见思路,其实也就是孔子所推崇的中庸之道在人格修养领域的具体应用。"克"在先秦文本中常用来表示打仗得胜,也就是说,虽然调教的目标是"柔",但是调教的手段却必须要果断刚强,要"狠斗思想一闪念"。看来,古人深刻认识到矫正德性非常困难,所以怒骂、暴打甚至追杀都得用上,而这些激烈举动的背后,都是父亲对儿子的深沉爱护、宗主对宗族的庄严责任。

子国对子产的这段责骂,也是推测子产生年的唯一线索。根据唐代著名经学家孔颖达注解《诗经·芄兰》"童子佩觿(xī)"句的说法,"童者,未成人之称,年十九以下皆是也"。子国称子产为"童子",据此可推知子产此时年龄应该小于十九岁。此外,古时卿大夫家族的年轻子弟要在行冠礼之后,才能参与政治、军事活动,而根据孔颖达在注解《左传·襄公九年》晋悼公论国君行冠礼年龄时的分析,卿大夫子弟行冠礼应该在十六岁。此处子产已经进入公宫参与政治,所以他应该已行冠礼,年龄大于十六岁。据此推测,子产生年是在前五八四年到前五八一年之间。①

①　春秋时期冠礼概述参见书末附录。关于子产生卒年份的考证,参见刘剑:《子产生卒年考》,《经济研究导刊》,2009年第14期。

朝晋暮楚：夹缝求生的无奈选择

到了前五六五年冬天，如子产所料，楚国首卿、令尹王子贞①率领军队来讨伐郑国，追究郑国入侵蔡国的责任。郑国六卿开会商量对策，意见分成了两派：子驷（首卿）、子国（第二）、子耳（第四）主张，还是像从前一样，楚国来就顺从它；而子孔（第三）、子蟜（jiǎo）（第五）、子展（第六）则主张，这一次要坚守，等待晋国救援。《左传·襄公八年》保留下来的会议记录再现了两派在会上争论的细节：

首卿子驷说：

"《周诗》上这样说：'等待黄河变清？人的寿命能有多久？占卜得太多，反而是结网把自己套住。'②在众多家族之间广泛征求意见，民众各有不同看法互相违背，事情更加办不成。民众已经很危急了，姑且顺从楚国，以纾解我们民众的困苦。晋国来了，我们又去顺从他。

"准备好贵重的财礼，等着大国的到来，这就是小国的生存之道。③ 我们在北部晋郑边境和南部晋楚边境上备好牺牲玉帛，等待晋国、楚国中更强大的那个来庇护我们的民众。如果主动去顺从楚国，入侵的楚军就不会造成大的损害，民众也不会因为战争而疲病，不也可以吗？"

---

① 王子贞，参见书末附录。
② 《左传·襄公八年》：俟河之清，人寿几何？兆云询多，职竞作罗。
③ 《左传·襄公八年》：敬共币帛，以待来者，小国之道也。

排第六的子展说：

"小国用来事奉大国的，是诚信。小国没有诚信，兵灾就会不断降临，那灭亡就很快了。[1] 先前我们已经参加过五次晋集团的诸侯大会，好不容易在晋国高层心目中建立起的信用，如今就这样违背了，日后晋国定会兴师前来问罪，到时候即使楚国来救我们，他们两国还是在我国领土上交战，我们能得到什么好处？ 楚国亲近我国并带不来什么好结果，而楚国的真实目的是想要把我国变成它的边鄙县邑，因此不可以听从子驷的主张。

"我认为不如坚守，等待晋国来救援。晋君英明，四军无缺，八卿和睦，一定不会抛弃郑国。楚国远道而来，粮草都快用尽了，一定会很快撤退的，怕什么呢？

"我听说：'没有比诚信更值得仗恃的。'完善守备使楚国疲惫，握着诚信等待晋国，不可以吗？"

子驷说："《诗》上说：'谋士很多，事情因此做不成。发言的人挤满了庭院，谁来承担责任？ 好像一个人一边走路一边跟人商量，因此一无所得。'[2]请听我的顺从楚国，我来承担罪责。"

类似的争论在此前历任六卿领导班子的工作会议中估计已经发生了很多次，因为对于长期深陷晋、楚争霸困局中的郑国来说，"谁来跟谁"策略（子驷、子国、子耳）和"跟定一方"策略（子孔、子蟜、子展）是仅有的两个选项。被大国欺凌是免不了的，区别只在于，

---

[1] 《左传·襄公八年》：小所以事大，信也。小国无信，兵乱日至，亡无日矣。

[2] 《左传·襄公八年》：谋夫孔多，是用不集。发言盈庭，谁敢执其咎？ 如匪行迈谋，是用不得于道。

"谁来跟谁"的后果是被两个大国轮流欺凌,而"跟定一方"的后果是只被另一个大国欺凌。如果从郑国所受折腾和伤害大小来说,"跟定一方"是更好的策略,然而实行这个策略的前提是,郑国跟定的这个大国有长期保卫郑国的政治意愿,而且它的综合实力明显强于另一国,也就是有长期保卫郑国的实力。

在这次会议上,"谁来跟谁"策略占了上风,首卿子驷把决策的政治责任完全承担了下来。很明显,子驷在弑郑僖公、杀群公子后十分强势而且勇于担当,是六卿领导班子里的最终决策者和负责人。但是即使这样,郑六卿"集体领导"的制度并没有瓦解,排第六的子展都可以在会议上充分发表意见。

按照此次会议上做出的决定,郑国与楚国讲和。郑人派使者王子伯骈前往晋国,代表郑简公说了如下一番将责任推给民众和晋国的外交辞令:"贵国君主命令我国:'修整你们的军备,训诫你们的士兵,讨伐作乱的国家。'蔡人不服从贵国,我国的人不敢安居,调集全国的军事力量,讨伐蔡国,抓获司马燮,在邢丘献给了贵国。如今楚国前来问罪说'你为什么对蔡国用兵',焚烧我国都城郊外的堡垒,攻打都城的内外城墙。我国的男女老少,都手忙脚乱、互相救援。现在我国正处在倾覆沉陷的危局之中,不知道向谁去控诉。无论是父亲、哥哥,还是儿子、弟弟,都难逃一死,人民忧愁痛苦,不知道去哪里寻求庇护。民众知道穷困无人解救,因此接受了与楚国的盟约。我和诸位大夫没法禁止民众的行为,不敢不来报告。"

晋国当然不会接受郑国执政者这种推卸责任的说法,于是首卿知武子①派行人②子员回答说："贵国君主接收到楚国的命令，也不早点派一个使者过来告诉我国君主，而是擅自靠向楚国寻求安逸。服从楚国分明就是贵国君主自己想要的，贵国民众谁敢违背君主？我国君主将率领诸侯与贵国君主在贵国都城之下相见。请贵国君主好好考虑一下！"

前五六四年十月，晋集团联军讨伐郑国。郑人继续执行子驷所确定的"谁来服谁"策略，表示服从晋国，在戏③地结盟。④郑国方面，郑简公、子驷、子国、子孔、子耳、子蟜、子展及相关大夫、国君侍卫参加。

晋大夫士庄伯⑤宣读盟书："从今天盟誓之后，郑国必须对晋国唯命是听，放弃其他念头，有盟誓为证！"

子驷突然冲出行列，快步上前抢过话头大声说："上天祸害郑国，让我们居住在两个大国之间。大国不带来什么福音，而是用战乱来要挟我们，使我国的鬼神不能享受洁净的祭祀，民众不能享受土地的利益，夫妇辛苦困顿，无处申诉。从今天盟誓之后，郑国只服从尊崇周礼⑥而且强大可以庇护郑国民众的大国，哪个大国能做到就服从哪个，不敢有其他念头，也有盟誓佐证！"

---

① 知武子，参见书末附录。
② 行人，官职，负责出使他国、接待宾客。
③ 戏，参见书末地图二"戏童山"。
④ 春秋时期盟礼概述，参见书末附录。
⑤ 士庄伯，参见书末附录。
⑥ 周礼是西周时期建立的一套包括政治、经济、军事、宗教、婚姻家庭、伦理道德等各方面的社会规范体系，主要用于规范贵族（国君、卿、大夫、士）的行为。"礼治"是周朝政治的最大特色。作为一种治理国家的制度，礼制是公开的、非暴力的、引导规范性的，与不公开的、暴力的、禁止惩罚性的刑律相对。关于周礼的概述参见页282。

晋国八卿中排第三的中行献子①急了，他对正在盟书上记录子驷誓词的书记官说："把盟书改回去！"

中行献子的强横让先前支持服从晋国的子展也看不下去了，他也大声说："子驷上面这些话已经昭示给天神了。如果盟书可以改的话，那大国也可以背叛！"

晋人内部也有了不同意见。首卿知武子对中行献子说："是我们无德，而要挟他们盟誓，难道能算有礼吗？ 自己不守礼制，怎么做盟主？ 暂且就这样完事，修德、整军之后再来，最终一定会获得郑国诚心归顺，为什么一定要在今天？ 如果我们一直这样无德，我们自己的民众都将会抛弃我们，哪里只是郑国？ 如果我们能安定和睦，远方的民众都会前来归顺，又何必要执着于一个郑国？"②于是草草走完盟誓流程收场。

十二月，晋国又带领诸侯再次讨伐郑国。这回，原本都是支持服从晋国的子孔和子展发生了分歧。子孔说："可以攻击晋军。晋军长期在外已经非常疲劳，而且已有回国的志向，一定能把他们打得大败。"子展说："不可以。"

楚共王③又率军讨伐郑国，追究郑国与晋国结盟之事。子驷准备又与楚国讲和。子孔、子蟜又出来反对，说："和大国（指晋国）刚刚盟誓过，嘴上沾的牲血还没干就背叛它，可以吗？"曾经在戏之盟上一起与晋国抗争的子驷、子展反驳说："我们改动后的盟誓本来就

---

② 《左传·襄公九年》：我之不德，民将弃我，岂唯郑？ 若能休和，远人将至，何恃于郑？
③ 楚共王，参见书末附录。

是这么说的:'谁强大就跟从谁。'如今楚国军队已经到了,晋国不来救援我们,那就是楚国强大。盟誓的话,怎么能违背呢?而且就算说到盟誓的原始版本,迫于要挟而缔结的盟誓是没有诚信可言的,天神是不会降临见证的,天神降临见证的只有诚信的盟誓。诚信,是言语的凭证,是善行的主心骨,因此天神会降临见证。[①] 昭明的天神不会认可迫于要挟的盟誓,因此背叛它是可以的。"于是与楚国讲和。楚王子罢戎[②]进入郑国都城,在中分这个地方与郑国结盟。

"朝晋暮楚",在大国争霸的交替蹂躏下艰难求存,这就是当时郑国的地缘政治困境。所幸六卿还算团结,虽然政见常有分歧,但并没有形成稳定的对立派别,大敌当前时还能够做到一致对外。然而,到转年这个时候,这个领导班子中一半的成员已不在人世,形势就发生了变化。

---

① 《左传·襄公九年》:且要盟无质,神弗临也,所临唯信。信者,言之瑞也,善之主也,是故临之。
② 王子罢戎,参见书末附录。

六卿更迭　子产入局

众怒难犯，专欲难成。合二难以安国，危之道也。

——子产

西宫之难杀三卿，子产处置显英才

郑国投靠楚国之后，展开了一系列联合军事行动。前五六三年六月，楚令尹王子贞、郑卿子耳率军讨伐宋国。卫献公①救援宋国，楚国于是命令郑国讨伐卫国。郑卿子展说："一定要讨伐卫国。不然，就是不和楚国亲善。与楚结盟已经得罪了晋国，如果又得罪楚国，国家该怎么办？"子驷说："国家已经很困苦了。"子展说："同时得罪两个大国，一定会灭亡。困苦，总比灭亡好吧？"诸位大夫都觉得子展说得有道理，因此派大夫皇耳率军入侵卫国。

七月，王子贞、子耳讨伐鲁国西部边境。在回来的路上，又包围了宋国的萧邑②，八月十一日攻克了它。九月，子耳又入侵宋国的北部边境。鲁国首卿孟献子③评论说："郑国怕是要有灾祸吧！军队争战太过分了。周王室都承受不了过分争战，何况郑国呢？如果真有灾祸，恐怕会落在执政的三位卿子驷、子国、子耳身上吧！"

---

① 卫献公，参见书末附录。
② 萧，参见书末地图二。
③ 孟献子，参见书末附录。

根据《左传》的记载，此时六卿领导班子的排位顺序可以确定为：

一、子驷（公子騑，驷氏），当国兼执政

二、子国（公子发，国氏），司马

三、子耳（公孙辄，良氏），司空

四、子孔（公子嘉，孔氏），司徒

五、子蟜（jiǎo）（公孙虿［chài］，游氏）

六、子展（公孙舍之，罕氏）

在目前的领导班子中，前三位正好都是前五六五年六卿会议中支持"谁来服谁"的三卿，他们是孟献子口中的"执政之三士"，主导着郑国当下的内外政策。与前五六四年戏之盟时的六卿排位相比（参见页43），发生变动的是子耳和子孔的排位，子耳升至第三位，而子孔降至第四位。子耳排位上升，应该是因为他在前五六五年会议中与子驷、子国站在一边支持"谁来服谁"（参见页40），并且在本年率军配合楚国讨伐宋国、鲁国立了军功。而子孔排位下降，很可能促成了他在下面讲到的西宫之难发生前知情不报。

九月，晋集团联军讨伐郑国。与此同时，一场针对六卿领导班子中部分成员的政变正在酝酿之中。首卿子驷在强势当国兼执政的几年里，积聚了很多仇家。比如说，子驷和大夫尉止之间的冲突就已经到了水火不容的程度：尉止准备率军出城迎战诸侯军队，子驷就下令减少他的战车；尉止带着剩下的战车作战取胜，子驷就禁止他到太庙去进献战利品，说他的战车不合制度。

然而，真正导致这次暴力内乱的，是子驷正在强力推行的"为田

洫"改革。和其他中原诸侯国一样,郑国的土地可以分为公邑和私邑两类:

一、公邑是公室直属的土地,其上居住的庶人是"公民"。公邑的田地分为公田和私田,其中,公田由公民庶人集体无偿劳动耕种,收获的农产品一部分根据"籍法"的规定上交公室,成为公室财政收入的主要来源,余下的则收藏起来用于社区祭祀祖先、聚餐、救济等共同开支;私田由各家公民自行耕种,收获的农产品归各家所有。

二、私邑是卿大夫家族的私有资产,居住在私邑的庶人是"私民",他们以卿大夫家族的宗主为"君"。私民耕种私邑的农田,收获的农产品一部分供私民生活所需,一部分交给卿大夫家族。卿大夫家族肯定要向公室交纳军赋,也就是维持公室军队所必需的军需物资和兵员,可能还要向公室交纳"贡",就是从私民那里收来的农产品的一部分。卿大夫家族在向公室交纳军赋和"贡"之后剩下的农产品,就是家族的收入,相当于卿大夫在朝廷任职的俸禄。

因此,公室的财政收入有三个主要来源,一个是公邑庶人交纳的、耕种公田生产出的农产品,一个是卿大夫家族进贡的农产品,还有一个是卿大夫家族交纳的、专用于军队的军需物资。

到春秋中晚期时,和其他中原诸侯国类似,郑国公室对于公邑的管理已经非常松懈,公邑的公民庶人没有积极性去努力耕种公田,而将时间精力花在经营和开拓私田上,造成公田单位面积产出下降,公室财政收入因而减少。雪上加霜的是,由于当时卿大夫掌握实权,势力强盛,他们会纵容甚至怂恿私邑的私民庶人侵夺邻近的公邑田地,做法应该是将私邑田地的田沟向公邑里延伸,田沟延伸到哪里，哪里就成了私民实际控制的田地，而这种侵夺会使得公室财政收入进一步减少。

在这样的背景下，作为国家实际上的领导人，首卿子驷开始实施"为田洫"改革。所谓"为田洫"，就是由国家统一组织勘定公邑里公田和私田的田界，并开挖兼具排水和划界功能的水沟。"为田洫"为下面两个举措奠定基础，第一是准备要像鲁国"初税亩"改革那样（参见页115），在确定公邑内公田和私田的确切边界、面积和归属之后，废除旧的"籍法"，而是统一按税率乘以亩数的方式向公田和私田征税，从而将私田纳入田税的税基中；第二是要将卿大夫家族侵夺的公邑田地重新划归公邑，这两个目的最终都是为了增加公室财政收入，从而增强政府的行政能力。不过，子驷在具体操作时可能做得很不公平，他对包括驷氏在内的各大卿族侵夺公邑田地的行为睁一只眼闭一只眼，但却对势力较弱的大夫族严格执法，造成司氏、堵氏、侯氏、子师氏等大夫族都丧失了田地。

上述尉、司、堵、侯、子师这五家中不满现政权的人聚集在一起，又联络了被子驷所杀的群公子的余党，在十月十四日发动政变。尉止、司臣、堵女父、侯晋、子师仆率领乱党在早晨杀入公宫，在西宫的朝堂上杀了子驷、子国、子耳，劫持郑简公到了北宫，这就是所谓的"西宫之难"。值得注意的是，前五六五年六卿会议中主张"谁来服谁"的三卿都被杀死，而主张"跟定晋国"的三卿子孔、子蟜、子展都安然无恙。因此，此事背后很可能有城外的晋国势力暗中指使和支持。

又根据《左传》的记载，西宫之难发生前，子孔已经得到了消息，因此躲过一劫。联系到后来子孔的言行和结局，笔者推测，权力欲极强的子孔对自己的排位下降感到怨恨，并且在某个公开场合表现出了这种怨恨。叛乱分子认为他是一个值得争取的对象，于是与他取得了联系，将叛乱计划告知了他，想要拉他入伙。子孔当时没有答应参与，也没有告发，而是闭门不出，因此躲过一劫。

子西①听说父亲子驷被贼人杀了之后，他作为家族新的宗主，没做任何警戒安排，马上就带着一些家臣和亲兵冲了出来，赶紧跑到朝堂上收了父亲的尸，然后就去追杀贼人。贼人逃入北宫，子西发现自己准备不足、攻不进去，于是又往家赶，准备打开武器库集结亲兵再来攻打。等他到家时，发现家里的奴仆已经趁乱跑了很多，他们逃跑时还带走了很多财物。

子产听说父亲子国被贼人杀了之后，他作为家族新的宗主，首先安排可靠的人把守家门，禁止随意出入；第二步，召集全体家臣紧急开会，统一思想，布置对策；第三步，把收藏财物、文书的仓库关门落锁；第四步，安排亲兵登上院墙防守，防止外人攻入。在做好这些安全戒备措施之后，子产在家中召集亲兵，披挂整齐，套马驾车，十七辆兵车整齐列队，从家里开出来，先收了父亲子国的尸体，接着就去北宫攻打盗贼。子蟜帅领国人帮助他，杀了尉止、子师仆和在场的所有贼人。侯晋出奔到晋国，堵女父、尉翩（尉止之子）、司臣、司齐（司臣之子）出奔到宋国。

孔子弟子有子说："君子致力于每件事情的根本，根本确立了之

---

① 子西，参见书末附录及郑世系图。

后,做这件事的正道就会随之产生。"①子西、子产本来是子驷、子国的"孺子",也就是选定的继承人。担任现任宗主的孺子,这件事情的根本是孝敬自己的父亲。子驷、子国被杀之后,子西、子产就自动成为驷氏、国氏的新任宗主。担任卿大夫家族的宗主,这件事情的根本是保障家族的利益。因此,作为新任宗主,在处理老宗主被杀、家族遭难这件事情上的正道应该是"先安内再攘外"。子西在父亲死后没有迅速地完成从孺子到宗主的角色转变,仍然按照孺子之道去处理家难,把为父亲收尸摆在第一位,因此最终虽然收回了父亲的尸体,但是家族利益遭受了严重损失,而且也没有打败叛贼立功。子产迅速地完成了从孺子到宗主的角色转变,按照宗主之道去处理家难,将维护家族安全和稳定这个根本摆在第一位,因此最终既确保家族利益没有在动乱时期遭到损失,又收回了父亲的尸体(尽管比子西晚了一会儿),还打败叛贼立了大功。这里所说的"正道",也就是"中庸"的核心"中道","君子务本"其实就是践行中庸之道。

此次政变之后,子孔升为首卿当国(兼任执政、司徒),子蟜升为次卿任司马,子耳的儿子伯有、子驷的儿子子西、子印的儿子伯张②三位新人入局,计有公子一人,公孙四人,公孙之子一人,六卿领导班子的排位顺序为:

一、子孔(公子嘉),当国、执政、司徒

二、子蟜(公孙虿,游氏),司马

---

① 《论语·学而》:君子务本,本立而道生。
② 伯有、伯张,参见书末附录及郑世系图。

三、子展（公孙舍之，罕氏）

四、子西（公孙夏，驷氏）

五、伯有（良霄，良氏）

六、伯张（公孙黑肱，印氏）

子孔成为六卿中职级和辈分都最高的人之后，他的强烈权力欲望暴露了出来。子孔炮制了一份盟书，其主旨是进一步强化子驷时期形成的首卿专权格局，强调首卿的绝对权威，要求门子、诸司、大夫、卿，严格按照官阶下级服从上级，最终都听他一个人所颁布的政令。被要求参加盟誓的许多大夫、诸司、门子都表示反对，子孔就准备强制执行。

此时，一直要求儿子明哲保身、少出风头的子国已死，以国家利益为重的子产在这个关键时刻又大胆地站了出来，他制止官阶比他高得多的首卿子孔，请求帮他把盟书烧掉。子孔不愿意，辩解说："制定这份盟书是为了安定国家。众人有怒气就烧掉它，那就是众人当政了，国家不就难以治理了吗？"子产说："在这种动乱时刻，众人的怒气不能冒犯，想要满足专权的欲望很难成功。您想要同时强推这两件困难的事情来安定国家，是会导致更大危难的错误策略。① 不如烧了盟书让众人安心。您已经得到了您想要的高位，众人也得到了安心，不也可以吗？满足专权的欲望不会成功，冒犯众人会兴起祸难，您一定要听我的！"于是在仓门外烧了盟书，众人这才安定下来。

孔子说："真有仁德的人，他们践行仁德是因为只有这样做才能

---

① 《左传·襄公十年》：众怒难犯，专欲难成。合二难以安国，危之道也。

心安理得;有智慧的人,他们践行仁德是因为这样做能够给他们带来利益。"①在本年驱动年轻大夫子产违背父亲子国的教导、越级阻止首卿子孔专权的内心源动力,和前五六五年驱动他在欢庆胜利的朝堂上痛陈郑国地缘政治困境(参见页 29)的源动力在本质上是一样的,那就是他对于郑国的热爱,对于维护国家和平稳定的坚守,其实也就是"仁者安仁"。子国要求儿子"明哲保身"自然有他的道理,然而子国的境界毕竟停留在了"知者利仁",注定要被年轻时便已达到"仁者安仁"心性境界的子产远远超越。当然,这时的子产已经不会像当年那样只知痛陈真相,而是会马上给出建设性的建议,这说明他在短短两年里已经有了显著的进步,向一个内心有坚守、做事有策略的优秀政治家的个人修养目标又迈进了一大步。

前五五八年,郑国为了给子西、伯有、子产报仇,送给宋国四十乘马(一乘四匹,可驾车一辆)以及师茷(pèi)、师慧两位乐师。三月,又把子驷的儿子子晢②送到宋国作为人质。宋首卿子罕把堵女父、尉翩、司齐交给郑国,认为司臣是难得的人才,所以放了他,让他投奔鲁卿季武子③。郑人把三个人都杀了,做成了肉酱。

子孔、子明遭祸难,子产入局觅同道

在此之后,郑国六卿领导班子又经历了两次大调整。

---

① 《论语·里仁》:仁者安仁,知者利仁。
② 子晢,参见书末附录及郑世系图。
③ 子罕、季武子,参见书末附录。

一次是在前五五四年，这一年子蟜去世、子孔被杀，子展升为首卿当国，子西升为次卿听政，子蟜的儿子子明[1]、子国的儿子子产两位新人入局，计有公孙四人，公孙之子二人，六卿领导班子的排位顺序为：

一、子展（公孙舍之，罕氏），当国

二、子西（公孙夏，驷氏），听政

三、伯有（良霄，良氏）

四、伯张（公孙黑肱，印氏）

五、子明（游皈[pān]，游氏）

六、子产（公孙侨，国氏）

子孔是被自己想要绝对专权的执念给害死的。此时的他已经集当国、执政于一身（可能还兼司徒），却还不满足，到了前五五五年冬天，决定实施一个"终极解决方案"：背叛晋国，引入楚国军队，里应外合，除掉领导班子里的其他穆族成员，换成听命于自己的一帮新人，从而成为绝对的"一把手"。楚康王答应了子孔的秘密请求，派令尹王子午[2]出兵讨伐郑国。当时，子蟜、伯有、伯张跟随着郑简公参与晋集团联军伐齐的战役不在国内，子孔、子展、子西留守。子展、子西事先已经知道了子孔的图谋，因此都不出战，而是进入堡垒固守，子孔不敢单独出来和楚军接头。楚军在郑国兜了一圈，无功而返，回国路上还遇上了大雨，士兵冻伤很多，军中徒役差不多都死了。

子孔在此之后还不知收敛，班子其他成员无法再忍受他，于是在

---

① 子明，参见书末附录及郑世系图。

② 楚康王、王子午，参见书末附录。

前五五四年公开清算他在前五六三年"西宫之难"时勾结乱党和前五五五年里通外国的罪过。子孔不愿伏法,纠集起自己家和子革(亲侄子)、子良①(侄子)家的亲兵固守。八月十一日,子展、子西率领国人讨伐这三家,杀了子孔,分了他的家产;子革、子良出奔到楚国。

子然(子革的父亲)和子孔都是郑穆公妃宋子所生,这对亲兄弟的关系很好。士子孔②(子良的父亲)是郑穆公妃圭妫(guī)的儿子。圭妫和宋子感情很好,士子孔和子孔这对同父异母兄弟的关系也很好。子然、士子孔去世后,他们的儿子子革、子良年少,子孔就接管了这两家的家事,三家的关系亲近得就像一家一样,因此子革、子良家也跟着子孔家罹难。子孔被杀后,他的宗族孔氏退出卿族序列,郑国六卿从此完全由"七穆"把持。

另一次大调整是在前五五一年,这一年伯张去世,子明被杀,子明的弟弟子太叔、伯张的儿子子石③两位新人入局,子产从第六升到第四。子西和伯有的排序先后不明。此时计有公孙三人,公孙之子三人,六卿领导班子的排位顺序为:

一、子展(公孙舍之,罕氏),当国

二/三、子西(公孙夏,驷氏)/伯有(良霄,良氏)

四、子产(公孙侨,国氏)

五、子太叔(游吉,游氏)

六、子石(印段,印氏)

---

① 子革、子良,参见书末附录及郑世系图。
② 士子孔,参见书末附录及郑世系图。
③ 子太叔、子石,参见书末附录及郑世系图。

如果说子孔是死在"权"字上，那子明就是死在"色"字上。十二月，子明前往晋国访问，还没出国境，在路上遇到一个迎娶新妇回家的队伍。子明竟然把新妇抢了过来，带到自己的封邑享用。然而，这位新郎也是狠角色，他纠集起一帮人攻击使团，杀了子明，带着自己的新婚妻子逃出郑国。子展废了子明的儿子游良，而立了子明的弟弟子太叔做宗主，并继承卿位，说："国家的卿官，是国君的陪贰，民众的主子，不可以随便。① 请求放弃子明这一支。"子展又找到了那个杀了子明的新郎，让他回家正常生活；同时警告游氏不要报复，说："不要张扬你们家的罪恶！"

与子明横死形成鲜明对比的是伯张的去世。九月，伯张病倒，召集了室老②、宗人③，立了儿子子石为宗主，而且命令减省家臣、降低祭祀标准：四时常祭只用一只羊（本应用"少牢"，也就是一头羊、一头猪），三年盛祭只用"少牢"（本应用"太牢"，也就是一头牛、一头羊、一头猪）；保留足以供应家族祭祀不断绝的土田，其他的邑④都归还给国君。他叮嘱儿子说："我听说，生活在乱世，身份高贵而能主动去过清贫的生活，民众对你没有索求，可以灭亡得晚一些。认真而恭顺地事奉君主和诸位卿官。人生的关键在于严肃认真和警醒戒备，不在于富有。"⑤

---

① 《左传·襄公二十二年》：国卿，君之贰也，民之主也，不可以苟。
② 室老，即家宰，卿大夫家臣总管。
③ 宗人，卿大夫家臣，掌宗族礼仪。
④ 这里所说的"邑"，应该是《周礼》中所谓"九夫为井，四井为邑"的"邑"，也就是一块有几十户农户及相应农田的土地，而不是城邑。
⑤ 《左传·襄公二十二年》：生于乱世，贵而能贫，民无求焉，可以后亡。敬共事君与二三子。生在敬戒，不在富也。

在卿族普遍谋求更多封地、更大权力的春秋中晚期,伯张可以说是一个不随大流的"异类"。伯张去世后,他的儿子子石的确是遵照父亲的遗训行事,在六卿领导班子里从不出头,默默地做好本职工作。子产担任执政卿之后,他整顿卿族的一个指导方针就是"对于那些忠于职守、作风俭朴的卿大夫,团结信任,予以重用",而子石应该就是他重点团结的对象之一。

从这年开始,子产与子太叔在六卿领导班子里成了同僚。在共事过程中,他们在治国理政问题上进行了深入交流,建立起了高度的相互认同和信任。比如说,有一次,子太叔向子产请教,为政应当秉持怎样的理念。子产谈了他的体会:

> 政如农功。日夜思之,思其始而成其终;朝夕而行之,行无越思,如农之有畔,其过鲜矣。

> 为政就像种田。在谋划阶段,白天晚上地思考,思考如何开好头,如何成就好结局;在实施阶段,起早摸黑地干,行动不要随便越过当初已经思考清楚的计划,就像农田有田埂一样,这样过错就会很少了。

子产能通过"格"种田这个平常事物来"致"关于为政之道的高明认识,这反映出他具备非常高的"格物致知"能力。"在谋划阶段,白天晚上地思考",也就是今天常说的"谋定而后动"。"思考如何开好头",就是今天常说的"万事开头难""好的开始是成功的一半"。

"思考如何成就好结局"，就是今天常说的"以终为始""结果导向"。"行动不要随便越过当初已经考虑清楚的计划"，就是今天常说的"一张蓝图画到底""保持政策稳定性、连续性"。既认真谋划又狠抓落实，既重视开头又关注结果，做事时不随意偏离既定的"中道"，这都是践行中庸之道的具体方式。

大概就在子产说上面这段话的同一年，卫国贤大夫太叔文子也说："君子做事，要思考如何安排才能有好结果，要思考如何安排才能再次如此做。《书》上说：'慎重地对待开始，严肃认真地对待结束，结局就不会窘迫。'"①这说明，"善始善终"是春秋时贤大夫普遍注重的为政之道。

除了子太叔这位日后将会与自己合作一辈子的老伙计之外，子产也在郑国官员队伍中寻找与他志同道合的人才，其中就包括然明。前五四九年，然明预测晋平公宠信的"红人"、晋卿程郑②将要很快去世，结果到了前五四八年果真应验了，这位面貌丑陋的奇才因此进入了子产的视野。子产问他为政要注意什么要点，然明回答说："把民众看成自己的子女一样。遇见不仁的人，果断惩处，就像老鹰追捕鸟雀一样不留情面。"③

然明用日常事物深入浅出地阐明为政的基本原则，而且他强调"爱民"和"诛恶"并重的思路，非常符合中庸之道的精神，难怪子产一听这话就知道然明是同道中人，他把这番话转述给子太叔听，而

---

① 《左传·襄公二十五年》：君子之行，思其终也，思其复也。《书》曰："慎始而敬终，终以不困。"
② 然明、晋平公、程郑，参见书末附录。
③ 《左传·襄公二十五年》：视民如子。见不仁者诛之，如鹰鹯(zhān)之逐鸟雀也。

且感叹说:"以往我只看到了然明丑陋的面孔,今天我看到了他睿智的内心。"然明提出的这条执政原则,有两处特别值得注意:

第一,"视民如子"大有深意。因为父母对待自己的子女,不仅有关爱呵护,还有引领,有管束,甚至有惩戒,而所有这些最终都来自父母对子女的仁爱之心。在后面我们会看到(参见页116),子产推行税制改革第一年,根据新税制需要交纳更多赋税的民众愤怒地声称"谁要杀了子产,我就支持谁",子产正是由于坚持"视民如子"的仁爱初心才能不为所动、坚定推进改革;到第三年民众尝到了政府用增收的赋税兴办教育、修治农田水利带来的好处,才理解了子产对他们的仁爱,从而由衷地称赞说"子产要是死了,谁能接替他?"

第二,同时做好视民如子和诛杀不仁者两件事是很不容易的,对执政者的心性提出了很高的要求。这是因为,有仁爱之心的人往往心慈手软,而能下狠心诛杀的人又往往缺乏仁爱之心。

到了前五四六年宋之盟后,根据《左传》记载可以明确(参见页86),伯有的排序已在子西之上,此时六卿领导班子排位顺序为:

一、子展(公孙舍之,罕氏),当国

二、伯有(良霄,良氏),执政

三、子西(公孙夏,驷氏)

四、子产(公孙侨,国氏)

五、子太叔(游吉,游氏)

六、子石(印段,印氏)

跟定晋国　迎来机遇

夫令名，德之舆也。德，国、家之基也。

——子产

一心跟定晋国，跳出外交困境

前五六四年，晋国想要制服郑国而未能如愿（参见页 44）。晋悼公回国后，下决心"苦练内功"，积蓄力量，谋求从基本面上胜过楚国。悼公改革有两大主要内容：

一、惠民生。国家要求各级贵族将囤积的财物拿出来借贷给有需求的民众，支持实体经济发展和民生改善，并将原本由国家垄断的经济利益开放给民众经营。

二、转作风。具体措施有：国家举行祭祀仪式时，用花费少的财币代替大型牺牲作为祭礼；款待贵宾不再用牛、羊、猪齐全的"太牢"，而改为只用一种牲畜；不再制作新的高档器物，而是充分利用现有器物；车马服饰杜绝超标超配，只求够用。

改革推行一年之后，国家面貌就开始有所改观，此后三次起兵，楚国都不再能与晋国抗衡。

在长期承受晋、楚两国轮番讨伐的惨痛教训面前，郑国高层非常清醒地意识到，"谁来服谁"的地缘政治战略是不可持续的，只会导致子产所预言的灭顶之灾。当时的形势是：第一，晋悼公改革使得晋国呈现出霸业中兴的大好形势,在实力层面已经超过了楚国;第二,郑国与晋国同为周王室宗亲建立的中原诸侯国,意识形态层面容易亲近;第三,六卿中主张"谁来服谁"的子驷、子国、子耳已被清除。在这样的形势下,"跟定晋国"顺理成章地成为郑国接下来要采取的国家战略。

在前五六二年的一次卿大夫全体会议上,大夫们说:"如果不跟定晋国,我国早晚要灭亡。楚国如今的综合国力已经比晋国弱了,选择晋国在战略层面是明智的。现在的问题是,晋国并没有急着要全力保护我国。如果晋国急着保护我国,楚国是会躲避的。如何能让晋国军队拼死讨伐我国,从而让楚国不敢出兵救援与晋国抗衡,这样我们才能稳固地跟从晋国。"子展说:"我们故意挑起与宋国的争端,晋集团诸侯一定会来讨伐我们,我们就跟他们结盟。楚国肯定会派兵前来,这时我们又顺从楚国,这样晋国就会非常愤怒。晋国强盛,离我国近,能够多次前来,楚国将不能做到,到时候我们就可以稳固地跟从晋国。"

郑国接下来就开始实施子展提出的方案。首先,郑国高层密令郑、宋边境的郑国守军故意制造军事冲突,破坏本来正常的两国关系。宋国按常理出牌,派首卿向戌①率军入侵郑国。郑国故意不抵抗,让宋国获得很多战利品。郑人随后以宋军在郑国境内大肆抢掠作为理由,由子展率军入侵宋国以示报复。

宋国向盟主晋国告状,四月,晋集团如子展所料讨伐郑国。郑

---

① 向戌,参见书末附录。

人很害怕,于是与晋集团讲和结盟。所谓"郑人很害怕",大概有两个层次:不知道高层谋划的普通郑人见到诸侯如此大张旗鼓地讨伐,自然是真心惧怕。郑高层见到晋联盟诸侯落入圈套,实际上是非常欣喜的,而表面上则要表现得与普通郑人一样惧怕,然后顺应民意与晋联盟讲和。

楚国也跟着进入了郑人所设的局,令尹王子贞到秦国请求出兵,楚、秦合兵讨伐郑国,声讨郑国倒向晋集团。郑简公亲自出城迎接楚军,七月二十七日,楚、秦、郑共同讨伐宋国。

九月,被激怒的晋集团调集全部军力大举讨伐郑国。郑人于是派遣卿官伯有、太宰石㚟前往楚国,以郑简公的名义传达了如下信息:"我为了社稷的缘故,没办法再怀恋贵国君主了。贵国君主如果能奉上玉帛来安抚晋国,或者用武力来压服它,都是我愿意看到的。如果做不到,那我就只好率领臣民服从晋国了。"楚国自知实力无法与晋集团抗衡,没有出兵,但又不能不有所回应,于是打破外交惯例,扣留了两位郑国使者,以此来表达对于郑国抛弃自己的愤怒。

诸侯军队在郑国东门举行军事演习,郑人派出王子伯骈来向晋人求和。九月二十六日,晋卿赵文子①进入郑都,与郑简公结盟。十月九日,郑首卿子展出城,与晋悼公结盟。十二月初一,双方在萧鱼会面;三日,晋集团释放郑国战俘,礼送回郑国都城,并且收回侦查和巡逻部队,禁止诸侯军队侵犯抢掠郑人。郑国趁热打铁,给晋悼公送上厚礼表示诚意,礼单明细如下:广车十五辆,軘(tún)车十五

---

① 赵文子,参见书末附录。

辆,配套甲胄、兵器齐备;普通兵车一百辆;歌钟两套及配套镈(bó)、磬;三位盲人乐师;两列十六名歌舞妓。

至此,郑国抓住晋国"复霸"的时机,设局刺激晋国表现出坚定的态度,然后抛弃楚国,跟定晋国。从此之后,郑国走出了在晋、楚之间"两头挨打"的困境,一方面努力同晋国发展一种稳固的同盟关系,一方面努力重建一个守周礼、有尊严的"正常国家"形象。在这个过程中,子产发挥着越来越重要的作用,他在外交、军事方面的能力逐渐得到国内外高层的认可,这为他日后执掌郑国政事奠定了坚实的政绩基础。

子产崭露头角,抗议盟主苛政

前五五一年,晋人前来要求郑国国君到晋国朝见,当时已担任少正的子产对答说:

"在晋国先君悼公九年(前五六五年),我国君主即位。即位八个月后,我国先大夫子驷就陪同我国君主到晋国朝见执政。晋国执政对我国君主不以礼相待,我国君主感到害怕。因为这次不愉快的经历,我国君主在第二年六月就去朝见楚王,晋国因此发动了戏之役(指前五六四年晋集团伐郑)。楚国当时还很强大,而且对我国以礼相待。我国想要跟从晋国执政,又害怕铸成大错,心想'晋国恐怕会指责我们对有礼的国家不恭敬',因此不敢对楚国有二心。

"我国君主即位后第四年三月,先大夫子蟜(jiǎo)又跟随君主到楚国去看有什么祸乱征兆,晋国于是发动了萧鱼之役(指前五六二年晋集团伐郑）。我们考虑：我们这个国家，紧邻晋国，如果把晋国比作草木，我们就是草木散发出来的气味，怎么敢跟晋国不保持一致？楚国当时也不再强大。于是我国君主穷尽国内物产，再加上宗庙里的贵重器物，来接受与晋国的斋戒盟誓，然后就率领群臣跟随着晋国执政，在岁末相会。有二心勾结楚国的，是大夫子侯、石孟，我国君主一回国就惩办了他们。

"到了溴梁之会的第二年（前五五六年），子蟜老了，公孙夏（子西）接替他陪同我国君主来朝见晋国君主，在用酢的尝祭仪式上见面，参与行礼，分得祭肉。

"又过了两年（前五五三年），我们听说晋国君主将要平定东方，四月，我国君主又朝见晋国君主来听取起兵的日期。

"在我国君主不亲自朝见的年份，我国没有一年不派重臣访问晋国，晋国组织的军事行动我们没有一次不积极参与。

"因为大国的政令没有定准，我国疲惫病困，意外层出不穷，没有一天不提心吊胆，哪里敢忘记自己事奉大国的职责？大国如果能安定我国，我国君主会一天到晚待在大国的朝廷上，哪里还需要大国前来下令？如果大国不体恤我国所面临的祸患，而是把它作为借口来压迫我国，我国有没有可能会有一天承受不住，被大国抛弃而成为敌国？我国害怕的就是这种结局，哪里敢忘记大国君主的命令？我们把这些心里话都说给大国执政听，大国执政请慎重考虑。"

子产在对答中巧妙地解释了郑国先前为何投靠楚国，细致地陈述了郑国事奉晋国的殷勤，最后委婉而又明确地警告晋国，如果继续压迫郑国的话，郑国会被迫再次叛晋从楚，文辞委婉但是态度坚决，已经具备了鲜明的"子产特色"。

到了前五四九年，晋国首卿换成了范宣子，他上台后给诸侯摊派很重的贡赋，郑人对此感到十分苦恼。二月，郑简公前往晋国朝见，子产起草了一封抗议信，通过陪同郑简公的子西带给范宣子，信上是这么写的：

"您治理晋国，四方诸侯没有听闻您的美德，却听闻要摊派很重的贡赋，我想不明白您为什么要这样做。

"我听说，领导国、家的君子，不为没有财富而忧虑，而是为没有好名声而犯难。① 从历史经验看，如果诸侯的财富聚集在公室，这个诸侯国就会分裂。如果您认为这样做有利而照做，那晋国就会分裂。别的诸侯国分裂，那作为诸侯盟主的晋国就会跟着倒霉。如果晋国分裂，那么您的家族就要遭殃。您怎么想不明白呢？晋国公室要那么多财富有什么用呢？

"好的名声，是美德的载体。美德，是国、家的根基。筑牢根基不要让它朽坏，不是您要努力去做的吗？践行美德就能喜乐，喜乐就能长久。②《诗》上说：'君子欢喜快乐，实为国家根基'，说的就是有美德啊！又说'上帝看着你，你不要有二心'，说的就是有好名声啊！遵行恕道，将心比心地考虑问题，就能明白美德的意义，这样让好名声承载着美德去推行它，就能让远方的国家前来朝见、邻近的国家安居乐业。③ 您不努力让别人说'您让我生活得更好'，却要让

---

① 《左传·襄公二十四年》：君子长国、家者，非无贿之患，而无令名之难。
② 《左传·襄公二十四年》：夫令名，德之舆也。德，国、家之基也。有基无坏，无亦是务乎！有德则乐，乐则能久。
③ 《左传·襄公二十四年》：恕思以明德，则令名载而行之，是以远至迩安。

别人说'您靠剥削我来生活'吗？

"大象拥有名贵的齿而被猎人追捕，最终轰然倒地，这就是财富惹的祸啊。"①

子产的这封劝谏信，妙就妙在角度。他没有从捍卫郑国利益这个角度立论，而完全从维护范宣子个人和家族利益这个角度立论，指出：第一，多收诸侯贡赋，只会养壮晋国公室，从而加大公室与卿大夫家族对抗的风险，最终加大的是范宣子自己家族的风险；第二，多收诸侯贡赋，只会使得各国怨恨主持这项事务的晋国首卿范宣子，最终败坏的是范宣子的名誉。范宣子对子产这番很有诚意的劝告心悦诚服，于是马上改弦更张，减轻了包括郑国在内的各诸侯国的贡赋负担。

仗义讨伐陈国，雄辩重塑形象

此次郑简公到晋国朝见，除了就贡赋过重问题与盟主进行交涉之外，还有一项议题就是请求盟主允许郑国讨伐陈国，因为陈国近年来经常作为楚集团一员积极参与讨伐郑国。晋国当时并没有给出明确的答复，他们很可能认为郑国只是说说而已。

然而，让晋国意料不到的事情发生了：前五四八年六月二十四日，郑国在没有获得盟主晋国允许的情况下，出人意料地主动出击，由子展、子产率军讨伐陈国，在晚上发动强攻，迅速攻下了陈国

---

① 《左传·襄公二十四年》：象有齿以焚其身，贿也。

都城。

不过,这次讨伐行动中郑人的行为完全符合周代讨伐他国的礼制,与先前陈人的行为形成了鲜明对比。郑国军队进城之后,子展命令军队不得进入公宫,和子产亲自在公宫大门前把守。陈哀公派司马袁桓子①送上宗庙重器作为财礼。陈哀公免冠括发,抱着土地神的牌位,让手下的男女分开排列、捆绑,在朝堂上待命。子展拿着绊马索进见陈哀公,行两次稽首②礼,捧着酒杯进献给陈哀公。子产进来,清点了俘虏数量就出去了。郑国太祝③举行仪式,去除陈国土地神庙因郑国入侵而沾染的凶邪。郑国司徒交还先前缴获的民众簿册,郑国司马交还兵马符节,郑国司空交还土地簿册。在有礼有节地教训了陈国之后,郑国军队班师回国。这次行动,与其说是一场战争,还不如说是郑国精心策划的一场尊崇周代征伐之礼、提升本国国际地位的"国家新形象秀"。

子产随后前往盟主晋国,穿着军装进献讨伐陈国的战功。郑国先前不经晋国许可擅自攻打陈国,似乎是蔑视盟主;然而在得胜之后又主动来晋国进献战功,似乎又是尊崇盟主。郑国这种前后矛盾的奇怪做法恐怕让晋国都搞不清楚郑国对自己到底是什么态度,于是晋国首卿赵文子让大夫士庄伯在进献战功的现场质问子产。

士庄伯问陈国有什么罪过。子产回答说:

"昔日陈国先祖虞阏父在周朝担任执掌陶器制造的官员,服务

---

① 陈哀公、袁桓子,参见书末附录。
② 稽首,拜礼的一种。春秋时期拜礼概述,参见书末附录。
③ 太祝,官职,掌祝祷祈神之事。

我们的先王(指周武王①)。我们的先王对他所督造的器物感到满意,又念他是神明(指虞舜)的后代,因此把大女儿太姬嫁给他的儿子胡公满,把他分封在陈,这样使得黄帝、唐尧、虞舜三位可敬圣王的后代都具备了封地。所以陈国的后代君主出自我周王室,直到今天还处处依赖我们这些周王室的宗亲诸侯。

"当年,陈桓公死后发生内乱,蔡人想要拥立蔡女所生的公子嗣位。我国先君郑庄公拥立了非蔡女所生的五父,蔡人杀了他,我国又与蔡人共同拥立了蔡女所生的陈厉公。至于陈庄公、陈宣公,都是依靠我国立为国君的。陈国夏氏作乱,陈成公②流离失所,又是从我国进入陈国复位的。这些情况贵国君主都是知道的。

"如今陈国忘记了周王室的大德,蔑视当年我国施与的大恩惠,抛弃了旧日与我国结下的姻亲关系,仗恃着楚国人多势众,侵犯我国没有满足的时候,我国因此在去年向贵国控告过陈国。当时没有得到贵国允许我国报复的命令,然后就有了陈国跟随楚国讨伐我国东门的战役,陈国军队所经道路,水井被填死,行道树被砍光。我国很惧怕向陈国示弱会给太姬蒙羞,上天引导出自己的本心,开启了我国出兵讨伐陈国的志向。陈国认识到自己的罪过,把手伸出来交给我们表示顺服。因此胆敢到盟主这里来进献军功。"

郑国和晋国都是姬姓周王室后代的封国,而晋国作为中原霸主的基本责任就是"尊王",也就是尊崇周王室和周王室制定的周礼。

---

① 周武王,参见书末附录。
② 陈桓公、陈厉公、陈庄公、陈宣公、陈成公,参见书末附录。郑庄公,参见书末附录及郑世系图。

子产的这番话,将郑国讨伐陈国的行动定性为维护周王室尊严,惩戒忘恩负义的异姓诸侯,这样的"政治正确"立场,是作为周王室宗亲封国和中原霸主的晋国无法提出异议的。

士庄伯接着问:"为什么侵犯小国?"子产回答说:"先王的命令,无论是否小国,只要是有罪过,就要各自施加惩罚。而且,当年天子直辖的王畿方圆一千里,列国的领土方圆一百里,按这个等差类推递减。如今各个大国的领土都已经方圆几千里了,如果不是靠侵夺小国,怎么到这个地步的呢?"

子产在这番话里所说的"大国",最重要的就是晋国。子产的意思是:你们晋国灭那么多无辜小国开疆拓土都可以,我们郑国讨伐一个有罪小国怎么就不可以?在如此强大的逻辑面前,士庄伯根本就没有还手之力。

士庄伯问为什么穿着军服前来。子产回答说:"我国先君郑武公、郑庄公,是周平王、周桓王的卿大夫之长。城濮之战胜利后,晋文公代表周王室发布命令,说'各国恢复旧日在周王室的官职',命令我们先君郑文公穿着军服辅佐周襄王①来接受晋文公进献战胜楚国的军功,就像当年郑武公作为周王室的卿士,穿着军服辅佐周平王赐予晋文侯恩命一样。如今我穿着军服来进献军功,是不敢废弃当年周王室(实指晋文公)发布的命令。"

子产这番话的实际意思是:我今天穿军服正是按照当年晋文公命令的精神行事,我们郑人都能做到不忘初心、牢记使命,难道你

---

① 周平王、周桓王、晋文公、周襄王,参见书末附录。郑武公、郑文公,参见书末附录及郑世系图。

们晋人反而忘了你们的老祖宗说过什么了吗？至此，子产对于士庄伯已经完全形成了居高临下教训的气势，晋人诘问子产的攻势以完败收场。

对于子产有理有据、无懈可击的回答，士庄伯根本说不出一句反驳的话，只好灰溜溜地回去，把情况汇报给首卿赵文子。赵文子说："他的话都顺乎礼义。冒犯顺乎礼义的人，神灵都不答应。"于是接受了郑国进献军功，也就是认可了郑国这次军事行动的正当性。

郑国趁热打铁，冬十月，子展陪同郑简公前往晋国，拜谢晋国接受了郑国进献入陈军功。子夏又再次讨伐陈国，促使陈国与郑国正式讲和。

孔子[①]后来评价道："《志》上这样说：'言辞是用来成就志向的，文采是用来成就言辞的。'不说出来，谁知道你的志向？说出来的话没有文采，就不会传播到远方。[②] 晋称霸，郑入陈，如果不是因为关键人物的精彩陈词，就不可能成为后世尊仰的伟大功业。所以说要非常注重言辞啊！"

从孔子的评价可以看出，郑国这次讨伐陈国的行动在当时的国际社会造成了相当大的震动和影响，几乎可以与当年晋文公称霸相比拟，可以说的确是一场非常成功的"国家新形象秀"。通过这次行动，郑国向天下诸侯宣示：那个没有原则、没有尊严、朝晋暮楚的郑

---

① 孔子，参见书末附录。
② 《左传·襄公二十五年》：《志》有之"言以足志，文以足言"。不言，谁知其志？言之无文，行而不远。

国已经成为过去，如今的郑国高举尊崇周王、周礼的正义旗帜，一方面有自己的独立国格（未经霸主批准便自主讨伐陈国），一方面又尊奉霸主晋国（讨伐陈国后到晋国进献战功），致力于塑造一个"正常国家"的全新形象。

在这次伐陈行动中，子产除了作为副帅参与军事讨伐，并在胜利后到晋国献捷之外，还作出了哪些贡献？如果我们模仿刑侦人员做一个"案件串并分析"，也就是对比一下此次伐陈行动和前五四二年子产执政后拆毁晋国宾馆围墙的行动（参见页 118），会发现两次行动的"作案手法"有非常大的相似性：此次行动，先是不经霸主晋国许可就主动出兵，事后又理直气壮地回应晋人质疑；前五四二年的行动，先是不事先告知晋国就直接拆了宾馆围墙，但是事后又理直气壮地回应晋人质疑。笔者认为，如果前五四二年的行动肯定是出于执政卿子产的谋划，那么此次伐陈行动大概率也是出于卿官子产的谋划。也就是说，子产是此次伐陈行动的事前主谋、军事行动副帅和事后应对晋人的全权代表，实际上的功劳是最大的。

前五四七年三月初一，郑简公论功行赏，设享礼①招待主帅子展，先赐给他先路车以及三命的服饰，然后赐给他八个邑；先赐给副帅子产次路车以及再命②的服饰，然后准备赐给他六个邑。子产辞谢道："从上到下，职位每降低一级，赏赐数目要减二，这是礼制的要

---

① 享礼，周王、诸侯招待贵宾之礼。春秋时期享礼概述，参见书末附录。
② "三命"是最高品级的赐命。国君任命或赏赐卿，有"一命""再命""三命"的区别，命数越多越尊贵，授予的车马服饰也越华丽。

求。臣下在六卿中的排位在第四,而且这次都是子展的功劳。所以臣下不敢得到赏礼,请求不要赏邑。"郑简公一定要赏给子产六个邑,子产推辞不过,最后接受了三个邑。善于观察品评人物的行人子羽①说:"子产恐怕要做执政了! 他就连谦让都思路清楚,不违背礼制。"

子羽为什么称赞子产"连谦让都思路清楚,不违背礼制"? 这是因为,子产陈述自己在六卿中排第四,按照"降杀以两"的礼制最多只能得到两个邑,表明了他遵守六卿的等级排序;说此次都是首卿子展的功劳,所以连两个邑都不敢接受,表明了他敬重上级领导;最后接受三个邑,比他依据礼制应该接受的两个邑多了一个,表明了他尊崇国君,服从国君想要重赏自己的意志。守等级、尊上级、尊国君都是周礼的基本原则,子产此举向自己的同僚清楚地表明了他尊崇周礼的政治信仰,"守礼能臣"的形象日益明朗化。

前五四七年还发生了一件事,拉近了子产和"七穆"中印氏(宗主为印段)的关系。楚国、秦国联手入侵晋集团中的吴国②,无功而返,于是在返回途中"顺便"入侵郑国以充作军功。印氏族人印堇(jǐn)父成守城麇(jūn),被楚人抓获,献给了秦国。

郑人从印氏那里征集了财礼,准备由子太叔出面,向秦人请求以财礼换回印堇父。子产说:"您这样是换不回人的。秦国接受了楚国具有很强政治意义的献俘,却利用这俘虏来向郑国求取财物,

---

① 子羽,参见书末附录及郑世系图。
② 吴国,参见书末附录及地图三"吴2"。

这不能说是符合大国体统的行为，秦国不会这样做。如果您对秦人说'拜谢贵国君主为我国而勤劳。如果不是贵国君主的恩惠，楚国军队恐怕还在我国城下'，然后送上财礼，大概可以达到目的。"子产的意思是，如果子太叔将楚军的退去归功于秦人的调解，表达对秦国的感激和尊崇，这样一来，秦国在"面子"层次受到郑国尊崇，而在"里子"层次又得到丰厚财礼，就可以用"回报郑国对秦国的尊崇"为理由，名正言顺地将印堇父还给郑国。

子太叔可能认为，楚军的退去根本就不是因为秦人的劝说，子产这样说简直就是"睁眼说瞎话"，于是没听子产的，而是按原计划执行，结果秦国不愿意交人。郑人改派使者和礼品，按子产说的去做，才赎回了印堇父。此次赎人成功，很可能奠定了印氏和子产之间良好关系的基础。

晋楚讲和休战，子产低调周旋

如前面所述，整个春秋中期，在国际层面，晋、楚两国长期争霸难分胜负，陷入僵局；夹在中间的各主要诸侯国被迫选边站队，绑在争霸战车上互相厮杀，更是苦不堪言。在中原盟主晋国内部，代表国家整体意志的公室日渐衰落（晋悼公中兴也没有从根本上扭转这一趋势），卿族势力不断壮大，各大族之间内斗不断加剧，在国家层面逐渐形成"晋政多门"的涣散局面，各卿族齐心协力与楚争霸的意愿越来越淡薄。在这两方面因素的共同作用下，到了前五四七年时，"天下休战"已成为当时国际社会的一种共识。

但是，此时偏偏有小国要跳出来搅局。这年夏、秋之际，许国①君主许灵公②前往楚国，请求讨伐郑国，表示"如果楚国不出兵，我就不回国了"。到了八月，许灵公在楚国去世。楚康王被这个小盟国逼得没办法，说："如果不趁现在讨伐郑国安抚许国和其他盟国，天下和解之后，如何求得诸侯拥戴？"

许灵公和楚康王这演的是哪出呢？实际上，郑、许两国有宿怨，郑国一直想要吞并许国，而许国则长期服于楚以求存。本年晋、楚即将讲和，许灵公担心天下休战之后，如果郑国再兴师讨伐许国，楚国可能不会为了许国这个小国而破坏和约、再开战端，这样许国就将处于非常危险的境地。因此许灵公在楚"耍赖不走"，强烈要求楚国在讲和前夕讨伐郑国，释放出楚国宁愿破坏休战大局也要保护麾下小国的政治信号。而楚康王也担心在讲和之后，楚集团的诸侯会认为自己将得不到楚的武力保护，或是将不再受到楚的武力威胁，从而转投晋集团。因此，楚康王打算利用许灵公的请求，在讲和前向楚集团各诸侯国发出明确的政治信号：楚国为了保护受到威胁的楚集团成员国、或者为了惩戒有二心的楚集团成员国，将不惜破坏和平协议而动武；即使在讲和之后，楚仍然是集团各成员国值得依靠、同时也必须敬畏的盟主。

于是，在天下都认为和平将要到来之际，楚康王率军讨伐郑国。已经投靠晋国多年的郑人本来准备按常规思路出兵抵抗楚军。子产却说："晋国、楚国即将平息争端，诸侯即将讲和，楚王因此出于贪

---

① 许国，参见书末地图三"许 1"。
② 许灵公，参见书末附录。

昧来这么一趟。不如让楚王得胜而归,捞得最后一个筹码,这样晋、楚和谈就容易成功。那些主战派小人的本性,就是要寻找机会显示血气之勇、盼望出乱子以求捞取私利,来满足自己的心性、成就自己的名声,这种人的主张不符合国家的利益。[①] 为什么要听这些人的?"首卿子展认同子产的说法,于是下令不准抵抗。楚人在郑都城外耀武扬威了一番,抓了九个没来得及进城的郑人作俘虏,就班师回国了。

前五四六年,在宋国首卿向戌的斡旋工作基础上,天下主要诸侯国在宋国会盟,达成史称"宋之盟"的和平盟约,要点有两条:第一,"弭天下之兵",也就是"全面停止使用武力解决国家间的争端",晋、楚之间不再继续争霸战争。第二,"晋、楚之从交相见",也就是"晋集团和楚集团国家进行互访",以增进了解、改善关系、防止战略误判。宋之盟后,天下苍生迎来了翘首期盼的和平局面,郑国也迎来了谋求恢复和发展的宝贵"战略机遇期"。

前五四五年夏天,为了践行宋之盟的约定,齐、陈、蔡、北燕、杞、胡、沈国君主以及白狄人一起到晋国朝见晋平公。与此同时,郑国派了卿官子太叔前往楚国朝见楚康王。楚康王认为郑简公没有亲自前来是轻视楚国,因此拒绝子太叔渡过汉水进入楚国都城,子太叔无功而返。子太叔回国之后,建议郑简公顺从楚国的意愿前往楚国。

九月,子太叔前往晋国,告知郑国将要根据宋之盟的约定到楚

---

① 《左传·襄公二十六年》:夫小人之性,衅于勇、啬于祸、以足其性而求名焉者,非国之利也。

国进行友好访问。在得到晋国许可之后，子产陪同郑简公前往楚国朝见楚康王。按照当时的礼制规定，国君到其他国家朝见，到达东道主国郊外，要用帷幕搭起行宫，准备接受东道主的慰劳。此外，还需在帷宫里清除野草，整理出一块平地，在平地上积土作坛，作为接受慰劳时的行礼场所。然而，这次子产却命令只建立帷宫而不除草，也不在帷宫里堆筑土坛。

过去曾多次参加类似出访的外仆问："昔日先大夫陪同君主前往四方国家，从来没有不堆筑土坛的。直到今天，都是遵循这个老规矩做的。如今您却要求不除草就搭起帷宫，恐怕不可以吧？"子产回答说：

"大国使团前往小国，就堆筑土坛。小国使团前往大国，只要立帷宫就好了，哪里用得到土坛？我听说，大国前往小国有五种美事：宽恕小国的罪行，赦免小国的过失，赈救小国的灾患，奖赏小国的德刑，教导小国的疏漏。小国因此不再困苦，怀恩归服大国就像回家一样。因此大国作坛来昭示自己的功劳，宣告给后人，勤勉修德不能懈怠。

"小国前往大国有五种恶事：解说自己的罪行，请求大国救助自己的不足，请大国协助推行自己的政事，供应大国规定的贡赋，从事大国不时下达的命令。除此之外，就是带着很重的财礼，来庆贺大国的喜事、吊唁大国的丧事，这些都是小国的灾祸。我们小国为什么要起土坛来昭示自己的灾祸？把这些告诉子孙，不要昭示灾祸就可以了。"

子产要求使团不堆筑土坛，用的公开理由是"小国前往大国都是恶事，不要张扬"。然而，考虑到当时晋楚这两个武力争霸近一百年的大国刚刚讲和，楚国先前又对郑国只派子太叔到访而非常不满，此次子产陪郑简公前来带有很明显的"认错赔罪"性质，笔者认为子产这样做的真实理由是：一方面是向不满郑国先前行为的楚国示弱，表明郑国绝没有因为长期尊奉晋国为霸主而蔑视楚国，绝不敢认为自己是可以在土坛上接受楚国慰劳的"正常国家"；另一方面向老盟主晋国示弱，表明郑国决不敢把到楚国朝见当做一件光荣的事加以宣扬。在晋楚刚刚讲和、是否能够持久还不明朗的形势下，这样向晋、楚两个大国都"认怂"最符合郑国的国家利益，也有利于维护天下来之不易的和平局面。子产的决定虽然突破了具体的礼制规定，却高度符合"礼之用，和为贵"的周礼基本精神，他善于审时度势、突破成规、灵活处置的才能在这件事上得到了充分的体现。

伯有横死　子产上位

礼，国之干也。杀有礼，祸莫大焉！

——子皮

伯有专横跋扈，识者知其将败

前五四四年，子展去世，他的儿子子皮继位，任当国。当时郑国正闹饥荒，新麦还没收上来，民众十分困苦。子皮上台后做的第一件事，就是以他父亲遗命的名义给国人发粮赈灾，每户一钟，这个此前国人从未见过的慷慨善举使得子皮一下子就获取了郑国的民心。子皮善于凝聚人心、营造有利局面的大领导风范，从这件事上已初见端倪。同年子西也去世，子西的儿子子上①入局，子产排位上升至第三。此时六卿领导班子计有公孙一人，公孙之子五人，按顺序为：

一、子皮（罕虎，罕氏），当国

二、伯有（良霄，良氏），执政

三、子产（公孙侨，国氏）

四、子太叔（游吉，游氏）

五、子石（印段，印氏）

六、子上（驷带，驷氏）

---

① 子皮、子上，参见书末附录及郑世系图。

从这年开始，"子皮-子产-子太叔"核心团队形成了，他们将共同带领郑国抓住宋之盟以后天下休战的宝贵"战略机遇期"，整顿大族，全面改革，走向中兴。

然而，在这个光明局面到来之前，郑国首先迎来的是另一场政治风暴。矛盾的焦点是排位在子产前面的执政卿伯有。往回倒到前五六〇年（参见页67），当时被扣留在楚国的太宰石㚟（chuò）劝说楚令尹王子贞放自己和伯有回去，是这么说的："现在实在是楚国自己不强，我们行人有什么罪？ 您现在扣留郑国一个卿（指伯有），正好除去了他对郑君臣的威逼，使他们能团结一致而痛恨楚国，稳固地跟从晋国，这样做有什么意义呢？ 我建议您让伯有回国而完不成使命、怨恨他的君主和其他卿大夫，从而使得他们互相牵制，不是更好吗？"

正如石㚟所料，伯有回国当上执政卿之后，在多个内外场合行事傲慢无礼，蔑视君主，欺凌同僚。比如说，前五四六年宋之盟结束后，郑简公设享礼款待取道郑国回国的晋国首卿赵文子，出席的郑国高级官员按排位顺序有卿官子展、伯有、子西、子产、子太叔、子石，此外还有候补卿伯石①。伯石的出现非常怪异，其原因会在下面进一步分析。

赵文子说："七子跟随贵国君主出席，是尊宠我。请各位都朗诵一首诗，来完成贵国君主对我的赏赐，我也可以从中观察各位的志趣。"

六卿中排第一的子展朗诵了《草虫》：

---

① 伯石，参见书末附录及郑世系图。

《诗经·召南·草虫》

喓(yāo)喓草虫,趯(tì)趯阜螽。
未见君子,忧心忡忡。
亦既见止,亦既觏止,我心则降。

陟彼南山,言采其蕨。
未见君子,忧心惙惙。
亦既见止,亦既觏止,我心则说。

陟彼南山,言采其薇。
未见君子,我心伤悲。
亦既见止,亦既觏止,我心则夷。

蝈蝈喓喓叫,蚱蜢蹦蹦跳。
未见君子之时,内心忧虑煎熬。
既已相见相聚,我心再无烦恼。

登上那南山,春日采蕨忙。
未见君子之时,内心忧虑发慌。
既已相见相聚,我心欢欣舒畅。

登上那南山,春日采薇忙。

未见君子之时，内心忧虑悲伤。

既已相见相聚，我心平静安详。

　　子展将赵文子比作诗中的君子，没见到时忧虑煎熬，见到之后就安宁愉悦。赵文子回应说："好啊！这样的君子真是民众的好主子。只可惜我的水平还配不上啊！"应该说，赋诗的开场气氛是庄重、谦和、合于礼制的。

　　排第二的伯有朗诵了《鹑之贲贲》：

《诗经·鄘风·鹑之奔奔[①]》

鹑之奔奔，鹊之彊彊。

人之无良，我以为兄！

鹊之彊彊，鹑之奔奔。

人之无良，我以为君！

鹌鹑双双飞，喜鹊对对配。

这人心肠实在坏，我还把他当兄长！

喜鹊对对配，鹌鹑双双飞。

这人心肠实在坏，我还让他占君位！

———————————

①　今本《诗经》作"奔奔"。

伯有的意思是，"七子"中的兄长和郑简公都不是好东西，自己却还要奉他们为长辈、为国君。当时"七子"中，是伯有兄长的有子展（首卿）、子西（排第三）、子产（排第四），以及候补卿伯石。笔者认为，此时伯有与其他五卿关系已经非常紧张，而伯石作为候补卿出席活动，很可能就是首卿子展牵头做的安排，目的是向伯有示威，表明其他五卿已经在为除掉伯有之后的六卿领导班子做准备。这也许就是触发伯有在公开场合向霸主晋国首卿赵文子"告状"的原因，他的目的是暴露郑国高层内部争端，怂恿晋国干涉郑国内政。

此诗一出，现场气氛顿时变得无比尴尬。赵文子回应说："这是夫妇在枕边说说的私房话，不应该越过门坎传播出来的，何况是在野外的享礼现场？这不是使者该听到的话。"这是在告诫伯有，他的如意算盘完全打错了，晋国无意插手郑国内政，这首诗很不合适，希望他不要再说出更多破坏会场气氛的话了。

排第三的子西朗诵了《黍苗》第四章：

《诗经·小雅·黍苗》第四章

肃肃谢功，召伯营之。
烈烈征师，召伯成之。

迅速建成谢邑，召伯苦心经营。
队伍气势热烈，召伯谋划成行。

子西把赵文子比作诗中所描述的西周名臣召穆公。赵文子回应说:"我国君主在执掌全局,我有什么能耐呢?"伯有风波之后,现场气氛又恢复到正常状态。

　　排第四的子产朗诵了《隰(xí)桑》:

《诗经·小雅·隰桑》

隰桑有阿,其叶有难。
既见君子,其乐如何!

隰桑有阿,其叶有沃。
既见君子,云何不乐!

隰桑有阿,其叶有幽。
既见君子,德音孔胶。

心乎爱矣,遐不谓矣?
中心藏之,何日忘之!

低地桑树婀娜,枝叶茂盛婆娑。
已与君子相见,心中多么快乐!

低地桑树婀娜,枝叶茂盛婆娑。

已与君子相见，心中怎不快乐！

低地桑树婀娜，枝叶茂盛婆娑。
已与君子相见，二人情投意合。

心中爱意融融，为何不告诉你？
情意深藏心中，何日能够忘记？

子产将赵文子比作诗中的君子，得以相见，十分欢乐。赵文子回应说："我请求接受您在最后一章里表达的深情厚意。"赵文子的意思是，他不敢认为自己真是诗中前几章所称赞的君子，但是愿意接受最后一章"心乎爱矣，遐不谓矣？中心藏之，何日忘之"，也就是将子产把自己比作君子的话当成是鼓励和规诲珍藏在心中，不敢忘记子产对自己的深情厚意。《隰桑》的诗句情意绵绵，现场气氛开始活跃起来。

排第五的子太叔朗诵了《野有蔓草》：

《诗经·郑风·野有蔓草》

野有蔓草，零露漙（tuán）兮。
有美一人，清扬婉兮。
邂逅相遇，适我愿兮。

野有蔓草，零露瀼（ráng）瀼。

有美一人，婉如清扬。

邂逅相遇，与子偕臧。

野草蔓延成片，露珠闪亮润圆。

路上一位美人，眉眼清秀明艳。

二人碰巧相遇，处处合我心愿。

野草蔓延成片，露珠浓密闪光。

路上一位美人，眉眼温婉清扬。

二人碰巧相遇，情投意合心欢。

　　子太叔表示很高兴与赵文子初次见面。赵文子回应说："感谢您对我的惠爱。"《野有蔓草》本是一首描绘青年男女野外邂逅、情投意合的诗，这让现场气氛更加欢乐了。

　　排第六的子石朗诵了《蟋蟀》：

《诗经·唐风·蟋蟀》

蟋蟀在堂，岁聿其莫。

今我不乐，日月其除。

无已大康，职思其居。

好乐无荒，良士瞿瞿。

蟋蟀在堂，岁聿其逝。

今我不乐，日月其迈。

无已大康，职思其外。

好乐无荒，良士蹶蹶。

蟋蟀在堂，役车其休。

今我不乐，日月其慆（tāo）。

无已大康，职思其忧。

好乐无荒，良士休休。

蟋蟀在堂，岁近年关。

若不及时行乐，光阴一去不还。

不可过度沉迷，工作还需完善。

享乐却不荒淫，良士诚恐诚惶。

蟋蟀在堂，岁近年关。

若不及时行乐，光阴一去不还。

不可过度享乐，工作还需思量。

享乐却不荒淫，良士勤快奔忙。

蟋蟀在堂，公车休藏。

若不及时行乐，光阴一去不还。

不可过度享乐，担忧职责不忘。

享乐却不荒淫，良士平和舒畅。

子石表示要像诗中的"良士"一样，一方面珍惜时光努力工作，一方面享受生活却不陷入荒淫。赵文子回应说："好啊！您是能保全家族的宗主。我对郑国的未来有指望了。"前面已经说过，子石是一个低调、勤勉的人，这首诗和他是非常般配的。

候补卿位的伯石朗诵了《桑扈》：

《诗经·小雅·桑扈》

交交桑扈，有莺其羽。
君子乐胥，受天之祜。

交交桑扈，有莺其领。
君子乐胥，万邦之屏。

之屏之翰，百辟为宪。
不戢不难，受福不那。

兕觥其觩（qiú），旨酒思柔。
彼交匪敖，万福来求。

玲珑青雀，俊俏翎羽。

君子和乐,承受天福。

玲珑青雀,翎羽闪亮。
君子和乐,邦国屏障。

屏障骨干,诸侯典范。
随和谨慎,受福无算。

角杯弯弯,美酒甜软。
不骄不傲,福聚心欢。

伯石称赵文子为和乐君子,承受天福,做邦国屏障。赵文子回应说:"'不骄不傲',福禄还能跑去哪里? 如果能保持这句诗所说的,想要推辞福禄,能做得到吗?"赵文子的意思是,他不敢认为自己真是诗中前几章所称赞的君子,但是愿意接受最后一章的"彼交匪敖,万福来求",谦虚谨慎,从而长久地保持福禄。

享礼结束后,赵文子对同行的贤大夫叔向①表示:"伯有这人将要被惩处了。赋诗是表达志趣的。他的志向是诬蔑他的主上,公开地表达自己的怨恨,当作是在宾客面前很光荣的事。这种人能长久吗? 能晚点逃亡就是幸运了。"

前五四四年,吴国贤臣王子札②遍访中原各国,在郑国见到子

---

① 叔向,参见书末附录。
② 王子札,参见书末附录。

产。两位高人初次见面，就像老朋友般亲切。王子札送给子产的见面礼是一条素色帛带，而子产送给王子札的则是一套朴素的麻布衣服，两个人互赠的礼物正反映了他们高洁的内心。王子札对子产说："郑国执政伯有盛气凌人，他的祸难马上就要到了。他倒台后，郑国执政的担子必定会压到您肩上。您执政，一定要重视重建礼治。不然的话，郑国将要败亡了。"①

伯有身死羊肆，子皮追回子产

虽然旁人都已经看得非常清楚，伯有却浑然不觉，在肆意妄为的路上越走越远。王子札访问郑国之后，伯有派子晳出使楚国。子晳比伯有要高一辈，而且曾被作为人质扣押在宋国一段时间，深知外交任务的风险，当时就把伯有的命令顶了回去："楚国、郑国正交恶，这时候却派我出使，就是要杀我，我不去！"同样曾被楚国当人质扣押过的伯有不以为然地说："你们家世代就是干行人这项工作的。"子晳说："条件可以就去，明知有祸难就不去，跟世代作行人有什么关系！"伯有还是强迫子晳去。子晳大怒，准备要带着亲兵去讨伐伯有。其他卿大夫都来劝架说和。十二月七日，郑国高层在伯有家盟誓，试图化解此事。

郑大夫裨谌评论说："这次盟誓，能维持多久呢？《诗》上说'君子屡次盟誓，祸乱因此增长'②，今天这样这是助长祸乱的做法。政

---

① 《左传·襄公二十九年》：子为政，慎之以礼。不然，郑国将败。
② 《左传·襄公二十九年》：君子屡盟，乱是用长。

治动荡还没有停歇，必定要三年才能纾解。"然明问："国政将会由谁来执掌？"裨谌说："良善的人取代不良善的人，这是天命。① 执政的位置怎么躲得开子产？ 如果不逾越等级来选拔，那么子产按位次也排到了。如果要选择善人而举拔，那么子产又是世人敬重的贤臣。上天又为子产执政清除障碍：夺去了伯有的魂魄，子西又已经去世。怎么躲得开他呢？ 上天祸害郑国已经很久了，恐怕是一定要让子产来平息它，才有可能重新安定。不然的话，郑国将要灭亡了。"

前五四三年，子产陪同郑简公到晋国朝见晋悼公。晋大夫叔向问起郑国的政局。子产回答说："我能不能见到还不清楚，不过估计就在今年了。驷氏（指子晳）、良氏（指伯有）正在争斗，不知道将如何终结。如果能有个结果，我能见到，才能知道。"叔向说："不是已经调解过了吗？"子产说："伯有自大而刚愎，子晳喜欢凌驾在别人头上，两个人谁也不肯放低身段。虽然表面上和解了，私底下仍在积累恶意，恶斗马上就要到来了。"无论叔向如何套话，子产坚持不预测子晳和伯有之间争斗的胜负，说明到这时他已经明确自己将在这场政争中保持中立。

伯有喜欢喝酒，他在自己住宅下面挖了个专供享乐的地下室，在那里面彻夜畅饮，击钟奏乐狂欢，这样自己可以尽兴，而外人又听不到。早晨来他家开工作例会的大夫们都到了，他还没结束。大夫们问："主公在哪里？"看门人只好说："我的主公在山沟里。"大夫们于是各自散去。后来伯有从地下室出来，召开会议，要求赶紧迫使

① 《左传·襄公二十九年》：善之代不善，天命也。

子晳出使楚国，说完就又回到地下室饮酒。

七月十一日，子晳带着驷氏亲兵讨伐伯有家，放火烧房子。伯有醉醺醺地被随从抬出来逃到雍梁①，酒醒后才搞清楚是怎么回事，后来又逃到了许国②。

大夫们紧急开会。在这个对外保密的会议上，首卿子皮给事件定了调："《仲虺(huǐ)之志》说：'已经内乱的就攻取他，该灭亡的就欺侮它。'推倒本该灭亡的、巩固应该长存的，这是符合国家利益的正义行为。"③根据《左传》提供的内情，罕氏(宗主是子皮)、驷氏(宗主是子上，子晳是其族人)、丰氏(宗主是伯石)三家的始祖是亲兄弟，三家因此团结和睦，驷氏在明处与良氏争斗，而罕氏、丰氏在背后支持，而良氏宗主伯有本身又骄横奢侈不得人心，所以伯有被逐出了郑国都城。

旁人劝子产尽早选边站队，支持有理的子晳，投靠强势的罕氏、驷氏、丰氏三家，一起旗帜鲜明地反对伯有。子产却说："那些大族难道是和我一伙的？国家的祸难，谁知道如何停止？支持强势、有理的，祸难就不会发生？姑且保住我的中立立场。"

十二日，子产按照对待横死之人的礼制，收殓了伯有家被杀死的人装入棺材，然后不与同僚商议就直接出城而去，印氏宗主子石跟着他。子皮阻止子产不让他走。众人说："他不顺从我们，为什么要挽留？"子皮说："他对于死人都能以礼相待，何况是我们这些活人

① 雍梁，参见书末地图二。
② 许国，参见书末地图二"许1"。
③ 《左传·襄公三十年》：《仲虺之志》云"乱者取之，亡者侮之"。推亡、固存，国之利也。

呢?"①于是亲自去劝阻子产。十三日,子产从城外回来。十四日,子石跟着回来。两人都在子晳家结盟。

十六日,郑简公和卿大夫们在太庙结盟,和国人在师之梁门外结盟,声讨伯有罪行,统一众人思想。郑国君臣在盟誓时都说了些什么呢?虽然没有直接的记载,但是我们从鲁国类似的盟誓中可以了解大概情形。前五九一年鲁国驱逐卿官公孙归父②的时候,君臣结盟时候是这样宣誓的:"不要像他父亲东门遂那样,不听从君主的命令,杀了嫡子(指太子恶),立了庶子(指鲁宣公)!"前五七五年鲁国驱逐卿官叔孙宣伯③的时候,是这样宣誓的:"不要像叔孙侨如那样,图谋废弃国家常法,颠覆公室!"

伯有听说郑人结盟声讨自己,很生气;听说子皮的罕氏私家军队没有参与讨伐自己,感觉抓到了一根救命稻草,高兴地说"子皮是向着我的"。子皮一方面在内部会议上明确表态支持驱逐伯有,另一方面在明面上又没有派兵,其政治上的老练狡黠可见一斑。如果我们站在伯有的角度盘算:郑国六大卿族宗主,除去伯有(良氏)之外,分别是子皮(罕氏)、子产(国氏)、子太叔(游氏)、子石(印氏)、子上(驷氏)。其中子产已经明确表示保持中立,子石追随子产,子太叔此时在国外,如果子皮也向着伯有(至少不明确站队反对伯有),那么伯有的敌手就只有驷带。因此,伯有此句话实际上是告诉自己和跟随自己的党羽,如今杀回国都实际上是良氏、驷氏一对一的对

---

① 《左传·襄公三十年》:夫子礼于死者,况生者乎?
② 公孙归父,参见书末附录。
③ 叔孙宣伯,参见书末附录。

决,的确有胜利的可能性。从下文所描述的武斗过程来看,伯有对形势的判断是正确的,跟他直接对战的真的只有子上领导的驷氏。

二十四日早晨,伯有和他的党羽从城门的排水沟钻进城,靠着马师羽颉①从襄库盗取出武器、甲胄,然后去攻打旧北门。驷氏宗主子上率领国人讨伐伯有。子上和伯有都来请子产支持他们。子产说:"兄弟②到了自相残杀这种地步,我顺从上天的选择。"

最终,伯有一派战败,伯有死在了在一间卖羊的商铺里。子产依照对待死难同僚卿大夫的礼制,给伯有的尸体穿上干净衣服,枕在伯有大腿上为他哭了一场,然后收入棺材,停放在市场旁的伯有党羽家中,后来葬在了斗城③。驷氏认为子产两次收尸行动已经足以证明他偏袒伯有,于是要去攻打子产。这时子皮发火了,说:"礼,是国家的脊梁。杀守礼的人,没有比这更大的祸患了!④"驷氏才住手。

当时子太叔从晋国出使回来,听说国都内出事了,就没有进城,交代副手进城复命,自己在八月六日出奔晋国。子上去追赶,在酸枣⑤追上了。子太叔和子上结盟,在河水里沉了两块玉珪作为信物。子太叔让副手先进城与大夫们盟誓。确定没事后,子太叔才进城。

内乱平定后,子皮让亲叔叔公孙锄接替叛变的羽颉做马师,掌管襄库。

---

① 羽颉,参见书末附录及郑世系图。
② 子上和伯有都是郑穆公曾孙,彼此是远房兄弟。
③ 斗城,参见书末地图二。
④ 《左传·襄公三十年》:礼,国之干也。杀有礼,祸莫大焉!
⑤ 酸枣,参见书末地图二。

孔子说："克制自己的欲望，使自身言行回到礼的要求上，这就是仁德。"①又说："礼啊礼！礼的用处就是规范人们的行为使之合乎中道。"②仁德的本质，就是"把人当人看，给人应有的关怀"。子产在国内政治斗争恶化到你死我活的时刻，不屈从于为了自保而选边站队的欲望，坚持把武斗中的死者也当人看，根据礼制的要求来对待他们，这既是子产践行仁德的表现，也是他践行中庸之道的表现。实际上，在《史记·郑世家》版本中，就记载了某位公子的话说："子产是一个有仁德的人，郑国未来要想存在下去就全靠子产了，这人不能杀！"

《中庸》里说，子路问孔子什么是真正的坚强，孔子这样回答说："君子待人和顺，却又不随波逐流，这是真正的坚强啊！君子保持合于中道的立场，不倚靠偏颇的任何一方，这是真正的坚强啊！"③子产在伯有之乱中"和而不流""中立而不倚"的表现，表明他具有这种固守中庸之道的坚强。

---

① 《论语·颜渊》：克己复礼为仁。
② 《礼记·仲尼燕居》：礼乎礼！礼所以制中也。
③ 《中庸》：君子和而不流，强哉矫！中立而不倚，强哉矫！

执政

启动改革　全面破局

子产使都鄙有章，上下有服，田有封洫，庐井有伍。

——《左传·襄公三十年》

子产继任执政，祭品事件立威

　　子产在伯有之乱中保持中立，两次挺身而出按照礼制为伯有家的死者收尸，又果断出奔以表明不贪恋权势，不仅得到了得胜一方实权人物子皮的高度赏识，还赢得了落败一方伯有党羽的人心，自身的执政能力又十分突出，而且论排位也毫无争议（参见页97），因此顺理成章地成为各派势力都拥护的执政卿人选。因此，虽然表面上看子晳是伯有之乱的赢家，但其实从伯有之乱中获益最大的是子产。

　　当国子皮把政事交付给子产。子产推辞说："外交方面，国家小而且被大国逼迫；内政方面，卿族势力大、宠贵多，恐怕是治理不好了。"子皮说："内政方面，我率领着各个大族来听从您的政令，谁敢冒犯您？您就好好地辅相君主治理国家。外交方面，不要担心国家小。小国能事奉好大国，国家的生存空间就能拓宽。"①子产先说外交，而子皮却先说内政，这说明子皮非常明白"攘外必先安内"的道

①　《左传·襄公三十年》：虎帅以听，谁敢犯子？子善相之。国无小。小能事大，国乃宽。

理。从此,两个以"重建礼治""振兴郑国"为共识的杰出政治家走到了一起,子皮是子产的"总后台""保护伞",而子产则是子皮的"得力干将"。

孔子说:"不乘猎车而徒步打老虎,不乘舟船而徒步渡河,这样死了都不后悔的人,我是不和他共事的。我找来共事的,一定是面临任务时会感到敬畏,善于谋划而取得成功的人。"①孔子又说,如果一定要问,遵照哪一句话的精神去做能让国家兴盛的话,那就是"做好国君的工作真的很难,做好臣下的工作也真的不容易。"②临事而惧,说明此人非常清楚要把事情做好需要具备哪些条件、需要克服哪些困难;好谋而成,说明此人并不会因为敬畏而退缩,而是会想方设法满足条件、克服困难,把事情做成。子产在刚获得执政卿权力的时候表现出来的就是"临事而惧";而他接下来在执政过程中表现出来的,就是"好谋而成"。而一方面懂得"临事而惧",一方面能够"好谋而成",也正是子产能够践行中庸之道的重要表现。

伯有死后,六卿有了一个空缺,这个位子非丰氏宗主伯石莫属。实际上,前五四六年伯石已经作为候补卿与其他六卿一起出席郑简公招待赵子的享礼,当时赵文子已经统称他们为"七子"。到了前五四四年,他的名字"公孙段"出现在鲁史《春秋》的记载中:"仲孙羯会晋荀盈、齐高止、宋华定、卫世叔仪、郑公孙段、曹人、莒人、滕人、薛人、小邾人城杞。"除了几处专门说明的例外,《春秋》里出现名字的官员一定是卿官。也就是说,在前五四三年伯有被杀之前,国际

---

① 《论语·述而》:暴虎冯河,死而无悔者,吾不与也。必也临事而惧,好谋而成者也。
② 《论语·子路》:为君难,为臣不易。

上已经将伯石看作卿官了，只是还没有正式任命而已。

于是子产派太史去正式任命伯石为卿，估计本来是准备让他按照惯例，从较低的排位做起。太史宣读任命书时，伯石推辞。太史退下，伯石又请求任命。这样反复折腾了三遍，伯石才接受任命书，进入公宫拜谢。伯石这样做的目的，是一方面想要得到卿位，另一方面又想塑造一个谦退不慕名利、在国家极力延请之下勉为其难出手救世的高洁形象。子产由于这件事而厌恶伯石的为人，但却又并没有按照政治斗争的惯常逻辑打压伯石，而是把他向上调整到自己能给他的最高位置，也就是第三位，仅次于自己。子产这样安排，一方面可以尽量满足伯石对权力的欲望，从而防止他阴谋作乱；另一方面又可以激起被"插队"的子太叔、子石、子上对他的怨恨，从而孤立和制衡他。

此时郑国六卿领导班子里辈分最高的是子产和伯石，两人都是公孙，其余四人是公孙之子，按排序为：

一、子皮（罕虎，罕氏），当国

二、子产（公孙侨，国氏），执政

三、伯石（公孙段，丰氏）

四、子太叔（游吉，游氏）

五、子石（印段，印氏）

六、子上（驷带，驷氏）

子产执政之后，有项重点工作需要伯石来负责落实。子产布置完任务之后，就以国家名义赏赐田邑给他。这是郑国高层从没出现过的怪事，必然引起卿官们的非议，子太叔就质疑说："国家是大家的国家,凭什么单独要赐给他田邑?"子产说:"无欲无求是很难的。我让每个人都得到他所欲求的,让他没有怨言地去从事他的工作,然后要求他做出成果。最后不算我这个执政的成果,难道还会落到别人那里?① 为什么要爱惜田邑呢? 田邑能跑到哪里去呢?"子太叔说:"拿四边邻国的看法怎么办?"子产说:"我和伯石不是像伯有和子皙那样互相违抗,而是互相顺从,邻国有什么好指责的?《郑书》上说:'要想安定国家,一定要以安抚大族为先'。姑且先安抚好大族,等待他们最终的归宿。"②

两面三刀的伯石虽然想要田邑,但显然不愿意被子产贴上"给土地才好好办事"的标签,于是表示"惶恐",请求将赐邑归还,但子产早已看破他的本质,坚持要把田邑给他,而他最终也接受了。这样一来,一方面暂时满足了伯石对于权力、封地的欲望,让他没有理由不去认真开展工作;另一方面戳穿了伯石先前通过"三让卿位"想要营造的"无欲无求"形象,暴露了他贪婪多欲的本色。从此开始,子产与伯石进行了长期的"暗战",不过直到伯石去世,他们二人之间也没有爆发过流血冲突。

子产非常"慷慨"地用高官、田邑稳住伯石后,却又跟伯石的儿子子张③因为一些看似并不珍贵的东西起了激烈冲突。子张准备举行一场家族祭祀,向当局请求允许他打猎获取新鲜野物作为祭品。

① 《左传·襄公三十年》:无欲实难。皆得其欲,以从其事,而要其成。非我有成,其在人乎?
② 《左传·襄公三十年》:《郑书》有之曰:"安定国家,必大焉先。"姑先安大,以待其所归。
③ 子张,参见书末附录及郑世系图。

子产不答应，说："只有国君才有资格用新猎取的野兽作祭品，众人只要能有祭品奉献就可以了。"一向骄横的子张很生气，回到家就征召亲兵，准备攻打子产。奇怪的是，子产拒绝子张时非常坚决，但面临子张挑衅时却又显得很"怯懦"，直接就出奔去晋国。首卿子皮不让子产走，于是驱逐了子张，子张出奔到晋国。子产请求不没收子张的田地和住宅，并且帮他妥善管理。三年以后，子产让子张回国恢复官职，把他的田地、住宅和三年内产生的一切收入都还给了他。

君臣、上下、父子之间的尊卑等级制度是周礼的核心。《孟子》里说春秋时期"世衰道微，邪说暴行有作，臣弑其君者有之，子弑其父者有之"，就是在哀叹这套等级制度的崩溃。此次"子张祭品风波"，是子产上台后烧的"第一把火"，宣示了他尊崇周礼基本原则、重建君臣等级尊严、整肃高层政治风气的执政理念，给当时已经习惯僭越君权、肆意妄为的大族敲响了警钟。子产选择子张而不是别的贵族子弟开刀，应该是想通过打击子张来间接打击伯石；子产在子张被驱逐后，帮他妥善管理财产，不贪分毫，又让伯石抓不到任何把柄来攻击自己。经过这次风波，子产在国人心目中成功地塑造了一个尊君、崇礼、一心为国、不慕名利的执政形象。

正如子产在接受子皮任命时所说的那样，要修明内政，最大的障碍就是国内这些不听命令的卿族。因此，在此次"祭品风波"中，子产在子张扬言要武斗时迅速出奔，实际上是对当国子皮的一次"压力测试"，看他是否能够兑现自己先前作出的"虎帅以听，谁敢犯子"承诺。令人欣慰的是，子皮充分利用罕氏在大族里的强势地位，在紧要时刻果断出手驱逐子张，兑现了他的承诺，给子产吃了"定心丸"。

全面推进改革，三年终见成效

"整肃大族"首战告捷后，从前五四二年初起，子产开始全面推进各项改革措施。《左传·襄公三十年》的记载如下：

> 子产使都鄙有章，上下有服，田有封洫，庐井有伍。大人之忠俭者，从而与之；泰侈者，因而毙之。

> 子产使得城邑和鄙野都有了章程制度，上下各级官员都有了明晰的职事，所有的土田都有了边界和水沟，住房和水井都成了征收"伍税"的基础。国内大族中那些忠诚节俭的人，子产就顺从并亲近他们；那些骄横自大的人，子产就利用他们的骄横自大而使他们落败。

在这些改革措施中，最关键的是"田有封洫，庐井有伍"，也就是推进田制和税制改革。[①]

---

① 关于"作封洫"改革的性质，参见沙宪如：《子产的"使田有封洫"和"作丘赋"》，《辽宁师院学报》，1983 年第 2 期；许倬云：《中国古代社会史论：春秋战国时期的社会流动》，广西师范大学出版社，2006 年。

子产推动的田制及税制改革，其核心内容是"作封洫"，也就是通过挖掘田沟（洫）来勘定田界（封），似乎是重走子驷"为田洫"改革的老路（参见页50）。但是，根据《左传》的记载，和子驷"为田洫"遭到丧失田地的大夫族反对不同，反对子产"作封洫"改革的不是居住在国都里的高级贵族卿大夫或者低级贵族士人，而是"舆人"。舆人是从庶人阶层征发而来的民夫，平时居住在国都外的郊野地区从事农业生产，然后被国家征发参加推拉丧葬车辆、运输物资、修筑城墙等劳役，战时在军中负责推拉辎重车辆等劳役。公邑里的公民，他们的身份应该就是庶人，完全有可能被征发到国都来做舆人。综合考虑传世文献中的材料，笔者认为最有可能的情况是：

子产担任执政卿之后，重启田制及税制改革。但是，子产吸取了子驷的失败教训，因此他这轮改革针对的只是公邑里无权无势的公民庶人，而不再去挑战侵夺公邑田地的卿大夫家族。子产的做法是，接着子驷先前没有完成的工作，由国家出面，勘定公邑内公田和私田的田界，并挖掘兼具划界和排水功能的田沟，但是这样做的目的不是要再次纠察卿大夫家族侵夺公邑田地的行为，而只是要确定每一块田地的确切边界、面积和归属，并且顺便调查清楚田地上的房舍和水井的分布情况，为接下来说到的增税做准备。笔者推测，公邑内田界较为混乱的应该是由公民庶人自行开拓和耕种的私田，因为政府先前反正不依据私田亩数向公民征收田税，所以也没有动力去整顿和监管私田。

在确定了公邑内田地的面积和归属，并且调查清楚了田地上的房舍水井分布情况之后，子产开始推动配套的税制改革，主要包括三个方面：

　　第一，公室向公民庶人征收叫作"伍"的田税①，征税的田地既包括原来就按照"籍法"征收农产品的公田，也包括先前不征收的私田（参见下文"取我田畴而伍之"）。这样一来，大量先前不课税的私田被纳入田税税基之中，公室田税收入显著增加。银雀山汉墓竹简《吴问》篇记载了孙子对于晋国六卿灭亡先后的评述，提到六卿在其控制的田地实行"伍税之"的政策，可能就是子产"取我田畴而伍之"的"伍"。

　　第二，公室统计公民庶人在田间的房舍、水井数量，在此基础上向公民征收叫作"伍"的不动产税（参见上文"庐井有伍"）。这是以前没有的新税种。

　　第三，公室统计公民庶人的财物数量，在此基础上向公民征收叫作"褚"的动产税（参见下文"取我衣冠而褚之"）。这也是以前没有的新税种。

　　子产的税制改革大幅度地增加了公共财政收入，重振了公室的经济实力。政府有了实力，就能在公邑推行更有力度的惠民政策，其中就包括在公邑兴办学校，以及兴修农田水利工程。

　　跳出公田的束缚，把收税的手伸向公邑里的私田，郑国并不是第

---

① "伍"为税收之法，参见杨伯峻：《春秋左传注》，中华书局，2009 年。

一个。比如说,前五九四年,鲁国就已经开始推行"初税亩"。《春秋穀梁传·宣公十五年》对"初税亩"的具体内容有详细描述,大意为:

"初税亩"。"初"字是开始的意思。古时候征收财物采取十分之一的比率,采用籍法(借民力耕公田之法)而不是收税。鲁国开始实行按田亩收税的政策,是不正当的。古时候长宽三百步为一里,称为"井田"。一块井田九百亩,公田占十分之一。私田种不好,就责怪官吏,因为官吏派给民众劳役太多使其不能很好耕种私田;公田种不好,就责怪民众,因为民众只顾私田不顾公田。《春秋》写"初税亩"的用意是,责备鲁宣公离开只从公田获得收入的正道,而去勘测私田亩数,然后按十分取一的税率征收田税,认为鲁宣公给民众的新政策是用尽民力了。

需要指出的是,有不少学者认为,《左传》中记载的"庐井有伍"是指子产对农业地区的基层社会组织进行整顿,建立"使五家相保"的编户齐民制度。[①] 如上所述,笔者同意杨伯峻先生在《春秋左传注》里的说法,认为这里的"伍"是针对田地、房舍、水井征税,因为只有大规模增税这样触及实际利益的举措,才会引起舆人扬言要杀子产的强烈反弹。

在改革田制、发展农业、大幅增税充实财政之外,子产还下大力气治理整顿经济高速发展、人口迅速增长带来的城邑和郊野乱象,

---

① 参见李宝金:《论子产及其改革》,《兰州学刊》1984 年第 6 期。

制定有针对性的规章制度,明晰各自功能定位,引导和鼓励差异化发展,所谓"都鄙有章"。这些规章制度很可能就是清华大学藏战国竹简(以下简称"清华简")第六辑《子产》里提到的"郑令""野令"(参见页327):"郑令"是指适用于郑国都城地区的行政命令,"野令"是指适用于郑国鄙野地区的行政命令。

在推动这些经济、社会改革的同时,子产继续整顿官员队伍。他启动对职官体系的全面梳理,明确各级官员的职责、权限,所谓"上下有服"。他对高级官员采取"分类管理":对于那些忠于职守、作风俭朴的卿大夫,团结信任、予以重用;对于那些骄横自大、不守规矩的卿大夫,则抓住有利时机进行整肃,所谓"大人之忠俭者,从而与之;泰侈者,因而毙之"。在接下来的"整肃大族 丰氏驷氏"章节里面,我们将会看到子产在这方面的具体做法和取得的显著成果。

田制及税制改革推行一年,切身利益受到损害的公民庶人在被征发到国都地区承担"舆人"劳役时,开始在国都地区传唱这样的歌谣,来表达他们对于执政卿子产的怨恨:

> 取我衣冠而褚之,
> 取我田畴而伍之,
> 孰杀子产,吾其与之!

> 清点我的衣冠收财产税,
> 丈量我的田地收田税,

谁想杀了子产,我就支持谁!

"谁想杀了子产,我就支持谁"的"谁",应该是指卿大夫,因为他们拥有私家武装,居住在国都内,具备发动武装叛乱的能力。然而,由于子产这一轮的改革并不针对卿大夫的私邑,并没有损害他们的切身利益,所以虽然子产的人身安全的确受到了严重威胁,而且在第二年曾经发生了一次疑似武装政变的外交事件(参见页 138),但子产最终没有重蹈子驷被大夫所杀的覆辙。

改革推行三年,公邑里的公民庶人开始享受到公室新增税收之后给他们带来的新增公共福利,比如说,政府开始在公邑开设学校教育公民子弟,并且组织人力物力兴修农田水利工程。政府应该是在第一年就把增税用于改善民生的计划告知了被增税的公民庶人,但是他们在没有看到实实在在的政策落地之前是不可能相信政府画的大饼的。到这时候,到国都服劳役的舆人又传唱起这样的歌谣,来表达他们对于执政卿子产的感激:

我有子弟,子产诲之。
我有田畴,子产殖之。
子产而死,谁其嗣之?

我有子弟,子产教他学文化。
我有田地,子产让它长庄稼。
子产要是死了,谁能接替他?

大胆拆墙维权，外交取得突破

除了内政上全面推进改革，子产在他擅长的外交领域也打开了全新的局面。

前五四二年六月，也就是鲁襄公①去世的那个月，子产陪同郑简公到晋国朝见晋平公。盟主晋国为表达对鲁襄公的哀悼，暂停外事接待活动，并且没有给出明确的时间表，使得包括郑国在内的各国使团滞留在了晋国都城。这时，子产做了一件"上头条"的惊人之举：将郑国使团下榻的宾馆外墙全部拆掉，然后把本来停在墙外的、满载着财礼的车马全部转移到宾馆之内。

晋国当局得知此事，马上派大夫士文伯②来责问郑国使团，说："我国由于政事和刑罚不修治，寇盗充斥，可是又拿前来朝见我国君主的诸侯使团没办法，所以命令有关部门修缮宾馆，加高大门，加厚墙垣，希望让客人们不再忧虑。如今您把院墙都毁坏了，即使您的随从能够戒备保证自身安全，让其他宾客怎么办？因为我国是盟主，所以修缮院子、加固围墙，来款待宾客。如果所有诸侯使团都像您一样把他们下榻的宾馆围墙给拆毁了，我们的外事接待部门还怎么供应使团的需求？我国君主让我来请求一个说法。"

子产回答说：

"因为我国疆域狭小，夹在大国中间，大国的责备和要求不时到

---

① 鲁襄公，参见书末附录。
② 士文伯，参见书末附录。

来,我国因此不敢安宁闲居,尽力搜刮了一些财物,前来履行按时上贡的职事。正好遇到贵国执政没有空闲,因此没有见到;又没能得到通知,不知道进见的时间。我方不敢输送财礼,也不敢暴露它们:如果要输送的话,这是要送到贵国君主府库里的财礼,如果没有按照礼制在贵国君主面前进献展示过,不敢就这样不明不白地送进去;如果暴露着,又担心会因为不规律的日晒雨淋而导致腐坏生虫,从而加重我国的罪过。

"我听说当年晋文公在世的时候,自己的宫殿矮小,连个像样的观景台都没有,以省下钱来扩建给诸侯使团住的宾馆。宾馆建得跟国君的寝宫一样,仓库和马厩都修得很好。司空按时平整宾馆前的道路,圬人定期粉刷宾馆宫室的墙面。诸侯宾客来了,甸人在庭院中烧起火堆照明,仆人巡视房间做好各种准备;车辆和马匹都有专门场所安置,宾客的杂役都有晋方人员替代,巾车官为车辖上油保养。洒扫杂役、养牛人、养马人开展工作,各相关部门提供服务。君主不久留宾客,也不耽误事情;和宾客同忧同乐,有事就巡行安抚;教导宾客不知晓的情况,而体谅宾客送的财礼不够丰厚。宾客到了晋国就像回家一样舒适,哪里还有什么灾患;不畏惧寇盗,也不担心财礼会被日晒雨淋。

"如今铜鞮(dī)的晋君宫殿绵延数里,而诸侯的宾馆跟杂役住的差不多。大门容不下车子进出,而院墙又不能逾越;盗贼光天化日下作案,流行病也得不到防控。宾客会见的时间没有定准,什么时候会来通知也不知道,如果又不毁坏院墙,就没办法妥善收藏财礼,从而加重我国的罪过。斗胆请问贵国执政:到底准备怎么安排我国使团的日程？贵国君主悼念鲁国的丧事，我国的忧思也是一样的。如果能够早日获得进献财礼的机会，修好院墙启程回国，那就是贵国国君对我们的恩惠，又怎敢害怕修墙的辛劳？"

士文伯回来转述了子产的话。首卿赵文子说："是啊！我的确有失德之处，用杂役档次的宾馆来接待诸侯宾客，这是我的罪过。"又派士文伯去给郑国使团道歉。晋平公马上安排时间接见了郑简公，礼数在常规之外更加隆重，宴会上送了很多礼物，然后送郑国使团回国。之后，晋国又启动专项工程重建诸侯宾馆。

所以，晋国贤大夫叔向这样评价子产为拆墙行动辩护的言辞："辞令不可以废弃就是像这样吧！子产有这样出色的辞令，不光是郑国，连其他诸侯也都因此而得到好处。为什么要废弃辞令呢？《诗》上说：'辞令和睦，民众协同；辞令畅达，民众安定。'①子产是懂得这个道理的。"

子产执政后首次出访晋国，先拆毁宾馆外墙，再义正辞严地向晋国官员抗议，其实是子产再次宣示"新型晋郑关系"理念的路演行动。子产一直相信，如果郑国真想要长期奉晋国为霸主，就一定要坚定维护郑国的利益和尊严，抵制和纠正霸主轻视、压榨、欺凌小国的态度和做法，促使晋郑关系向坦诚、信实的方向改变，因为不坦诚、不信实的晋郑关系是不可能长期持续的，郑国不堪欺凌之后，只会重新走上"朝晋暮楚"的老路。

在前五六二年郑国明确了"跟定晋国"的总体外交策略之后，子

---

① 《左传·襄公三十一年》：辞之辑矣，民之协矣；辞之绎矣，民之莫矣。

产就一直在外交工作中践行他自己的这套"新型晋郑关系"理念。前五五一年,晋人要求郑国君主到晋国朝见,时任少正的子产在对答晋人时,就对晋国不顾郑国疾苦频繁要求朝见的做法提出了抗议,并以叛晋从楚来警告晋国。前五四九年,晋国给各诸侯国摊派很重的贡赋任务,当时已是卿官的子产又给晋国首卿范宣子写了一封劝谏信,从以维护范宣子个人和家族利益这个角度立论,成功说服范宣子停止了错误政策。前五四八年郑国未经霸主晋国允许就主动出击讨伐陈国,但在取胜之后子产又主动到晋国进献战功,而且有理有据地回答了晋人的质问,开始塑造郑国的"正常国家"新形象。

与先前的这些维权行动相比,子产这一次是更加"得寸进尺",在晋国都城拆晋国宾馆外墙,看似非常冒险,结果却非常成功,为什么会这样呢?如前所述,前五四六年宋之盟后,晋国和楚国在战略层面达成共识,放弃长期不分胜负的武力争霸,两个超级大国之间的竞争从此由"武斗"变成了"文斗"。郑国仍然是晋、楚两国争夺的"绣球":晋国希望郑国继续坚定地跟从自己,烘托自己仍为中原霸主的地位;楚国则希望在"宋之盟"约定的框架下,与郑国发展更密切的关系,体现自己对郑国的影响力,从而烘托自己的南方霸主地位。晋、楚两国的外交战略都有求于郑国,又都决定不再诉诸武力来达到目的,这就使得"拉拢为主,威胁为辅"成为两国对郑政策的基调。子产正是看准了晋国对郑国"维权"容忍度大大提高的时机,进一步强化他先前已经在逐步树立的郑国新形象,从此成为晋集团小国中最敢于捍卫自身权益的"维权急先锋"。

孔子说:"君子要求自己,小人要求他人。"①由于子产团队中的"情报总监"子羽对于各国高层卿大夫的情况非常了解(参见页124),因此笔者推测,子产这次敢于在晋国都城里拆毁宾馆院墙,恐怕还有一个重要原因,那就是他非常了解当下的晋国首卿赵文子,知道他是一位有"求诸己"美德的君子,能够听得进去子产的谏言,敢于承认晋国自身的错误并且加以改正。

子产的举动虽然看似激烈,但它向晋人传达的信息实际上是:郑国正是因为想要长期奉晋国为霸主,所以才会坦诚地批评晋国,希望霸主知错能改,而不是像以前那样叛离晋国、改投楚国怀抱。晋国高层正确地理解并接受了子产"新型晋郑关系"的思路,所以不但没有怪罪子产,反而欣然接受批评,厚待郑简公,并且立即着手改正错误。子产的这次拆墙行动,时机拿捏准确,行事果断大胆,达到了维护郑国利益、构建健康可持续的晋郑关系、提高郑国在晋集团内声望的效果,可以说是子产一次重大的外交胜利。

孔子说,"质直多于文采就会流于粗野,文采多于质直就会流于虚浮。文采和质直配合适当,这样为人做事才是君子之道。"②先前根据子产的谋划,郑国未经晋国许可就主动出兵讨伐陈国,其行为大胆强势,可以说是"质直";事后子产回应士庄伯连番诘问,其言辞有理有据,可以说是"文采"(参见页72)。这回子产拆毁晋国客馆的外墙,其行为大胆强势,可以说是"质直";事后子产向士文伯解释拆墙理由,其言辞有理有据,可以说是"文采"。子产主导的这两次

① 《论语·卫灵公》:君子求诸己,小人求诸人。
② 《论语·雍也》:质胜文则野,文胜质则史,文质彬彬,然后君子。

行动,"文""质"搭配得当,使得晋人心悦诚服,改正过错,善待诸侯,可以说是"文质彬彬"的君子之行,而根据"文质彬彬"的原则来处理政事,也就是践行中庸之道。

郑国在内政外交上的全新局面得到了周边邻国的充分肯定。前五四二年十二月,卫卿北宫文子陪同卫襄公①前往楚国朝见,路过郑国,亲身体验了子产领导下的高水平外事接待。子石前往郑都郊外的棐(fěi)林②慰劳卫国使团,慰劳时的礼节如同聘礼③中的"郊劳",而文辞则采用慰劳一般过境外国使团的常礼文辞。郑国在常礼之外有所增加,是表示对卫襄公的敬意。"礼尚往来",于是北宫文子也在过境常礼之外有所增加,专门进入郑都进行友好访问。访问期间,郑国方面由子羽担任行人,冯简子和子太叔接待宾客。

所有活动结束之后,北宫文子对卫襄公感叹道:"郑国遵行礼制,这是能绵延几代人的福祉,应该不会再像以前那样被大国讨伐了!《诗》说:'谁能耐热,不去沐浴',礼对于政治的调节作用,就像沐浴能解体热一样。经常用礼的沐浴来消解政治纷争的燥热,还会有什么祸患?"④

子产成功法宝(一):知人善任

子产在短短几年里在各领域取得如此大的成就,靠的是三件

① 北宫文子、卫襄公,参见书末附录。
② 棐林,参见书末地图二。
③ 聘礼是卿大夫正式访问他国之礼。春秋时期聘礼概述,参见书末附录。
④ 《左传·襄公三十一年》:《诗》曰"谁能执热,逝不以濯"。礼之于政,如热之有濯也。濯以救热,何患之有?

法宝。

子产成功的第一件法宝是"知人善任"，在选人用人这件头等大事上真正做到"择能而使之"，也就是选择有才能的人当官，并且让每个人去做最能发挥他特长的事。

比如说，在子产的团队中，冯简子善于决断大事；子太叔玉树临风，文采斐然；子羽掌握各国政局最新情况，对各国卿大夫的出身背景、亲属关系、级别职务、能力水平了解得非常清楚，又很会写作外交辞令；裨谌善于谋划，而且他还有个怪癖，就是在野外风景好的地方谋划就才思泉涌，待在城里谋划就不行。当郑国要接待外国使团的时候，子产就向子羽询问相关国家的内情，并且要求子羽着手准备多套应对各种情况的外交辞令；和裨谌乘车来到郊外风景好的地方，跟他谋划接待方案，并将方案拿给冯简子，让他定夺一些拿不定主意的地方；方案完全确定之后，就交给子太叔去执行，由子太叔来领衔应对宾客。因为有这样一支高水平团队和缜密的做事流程，所以很少有失败的事，也就是前面北宫文子所说的"有礼"。

《论语·宪问》里面记载了孔子跟学生讲述子产团队制定政令流程的一番话，表达了他对子产团队的推崇之情：

孔子说："郑国制定政令，裨谌起草，子太叔组织讨论，子羽修饰文句，住在东里的子产润色定稿。"①

---

① 《论语·宪问》：子曰："为命，裨谌草创之，世叔讨论之，行人子羽修饰之，东里子产润色之。"

新公布的清华简第三辑《良臣》篇里记载："郑定公之相有子皮，有子产，有子太叔。子产之师：王子伯愿、肥仲、杜逝、轵斤。子产之辅：子羽、子刺、蔑明、裨谌、富之厉、王子百。"新公布的清华简第六辑《子产》篇里也说："子产用选老先生之俊，乃有桑丘仲文、杜逝、肥仲、王子伯愿；乃设六辅：子羽、子刺、蔑明、裨谌、佔之支、王子百。"这两段新材料透露，在子产的团队里，不仅有子羽、蔑明（即然明）、裨谌这样的得力辅佐，还有传世文献所没有记载的王子伯愿、肥仲、杜逝等退居二线的长者老臣做他的老师，可以说是一个先秦版的"中央顾问委员会"。

子产成功法宝（二）：广开言路

子产成功的第二件法宝是"广开言路"，虚心听取国人对改革的意见和建议。

郑国都城外的近郊区域分成几个"乡"，乡里有学校，称为"乡校"。乡校不仅是教育机构，还是乡里的"文化活动中心"，乡人（国人的一部分，）在闲暇的时候，会聚集在乡校里游玩聊天。子产上台之后，他这个新执政卿和他所推行的各项改革举措自然就成了乡校里人们议论的焦点，而这些议论中，很多都是批评和反对改革的。

这些刺耳的政治舆论传到了都城内的朝堂，曾经提出"视民如子"的大夫然明也坐不住了，问子产："拆毁乡校，怎么样？"子产回答说：

"何为？夫人朝夕退而游焉，以议执政之善否。其所善者，吾则行之；其所恶者，吾则改之。是吾师也，若之何毁之？

"我闻忠善以损怨，不闻作威以防怨。岂不遽止？然犹防川，大决所犯，伤人必多，吾不克救也。不如小决使道，不如吾闻而药之也。"

"为什么要这么做？那些人早晚在乡校游玩聊天，议论我这个执政卿做得好还是不好。他们称赞的，我就继续坚持；他们厌恶的，我就想法改正。乡校里的议政民众是我的老师，为什么要毁掉它？

"我只听说忠于职守、多行善政来减少怨恨，没听说过行使威权来阻止怨恨。难道用威权不会很快制止不利的舆论？但是这样做就像是筑坝截断河水，虽然可以很快拦住，但早晚会导致大决口，大决口的洪水冲下来，伤害的人一定很多，我就没法挽救了。治水，与其死堵，不如主动决小口子疏导；管理舆论，与其封口禁言，不如让我听到民众的议论，而把它们当做治疗改革缺陷的良药。"

然明听完这番话，当场表决心说："我从今天起确信您真是值得事奉的好上级。小人的水平实在是不行。如果真的践行这种理念，整个郑国都会受益，哪里只是我们这几个直接在您手下做事的臣子！"

后来，孔子听闻了子产这番话，他评论说："从不毁乡校这件事来看，有人说子产没有仁德，我是不信的。"①什么是"仁"？"仁"就是

———————————

① 《左传·襄公三十一年》：以是观之，人谓子产不仁，吾不信也。

"爱人"。政治家的"仁",就是爱民。在孔子看来,允许民众议论时政,虚心听取民众意见,据此改进政府工作、提高治理水平,这是真心爱民的表现,是符合于"仁"之大义的正确做法。

实际上,子产这番话的核心思想早在西周晚期就已经被提出来了,根据《国语·周语上》的记载:

周厉王[①]暴虐,国人都指责他。邵公报告说:"民众受不了您的政令了。"厉王大怒,找来卫地的巫师,派他监视议论的人,把情况报告给厉王,厉王就杀掉了被告发的人。从此国人没人敢公开发表意见,路上遇见只用眼色来示意。

厉王很高兴,对邵公说:"我能禁止诽谤了,这些人不敢讲了。"邵公说:

"这是堵住了他们的口。堵住民众的口,比堵塞河流还要可怕。河流壅塞后如果溃决,伤害的人一定多。堵住民众的口也是如此。因此治理河道的人要开挖决口疏导水流,治理民众的人要宣导民意使他们说话。[②]

"所以天子斟取政事,使公卿至于士人献诗歌,乐官献乐曲,史官献史书,师氏进箴言,瞍(sǒu)者赋诗,矇者朗诵,百工劝谏,庶民上传言论,近臣尽心规劝,宗室姻亲补缺察漏,乐官、史官教诲,元老、重臣加以修治,然后天子再斟酌取舍,因此政事才能施行顺畅而

① 周厉王参见书末附录。
② 《国语·周语上》:防民之口,甚于防川。川壅而溃,伤人必多。民亦如之。是故为川者决之使导,为民者宣之使言。

不违背情理。

"民众有口,好比土地上有山岭河流一样,财富用度就从这里产生出来;好比高低起伏的大地上有平川沃野一样,衣服食物就从这里产生出来。民众口中发出议论,善政和败政能借以反映,多行善政而防备败政,才能使财用旺盛、衣食富足。民众在心里考虑,从口里说出来,应该成就它、推行它,怎么可以堵住呢?如果堵住他们的口,这样做能长久吗?"

实际上,周厉王钳制民众言论,正是他为了强推"专利"改革而采取的"配套措施"。正如《霸权迭兴——春秋霸主论》中叙述的那样,西周建立后,周王室在直辖的王畿内推行分封制,将大量适宜农耕的土地分给了卿大夫贵族,不过山林川泽这种难以开展农耕的地方还是属于周王所有。王室设置了一批专门官员进行管理,见于铜器铭文的就有"司虞""司场""牧""司林""司录(麓)""司九陂"等,分别管理山泽、场圃、牧场、森林、山麓、陂池。然而到了西周中期之后,山林川泽之利逐渐被邻近的贵族所蚕食,西周中期铜器卫鼎铭文上就记载了贵族占有森林的情况。

如前所述(参见页19),周王室长期实行"以土地换忠诚"的土地分配政策,直属王室的国有土地逐渐合法合规地变成了卿大夫的私有采邑,导致王室财政实力不断削弱,而卿大夫家族实力不断强盛。周厉王上台后,试图一方面不直接挑战封赏土地的"祖制",另一方面开辟新的财税来源,以增加王室财政收入。在周厉王的支持下,王室卿士荣夷公开始推行"专利"改革,"理直气壮"

地试图夺回山林川泽之利,使其专属于王室所有。此举引起了既得利益者"国人"(王都中的贵族)的强烈反对,舆论一片反对指责,大臣芮良夫公开宣称"天地百物,谁都可以获取并从中获利",而将主持改革的荣夷公斥为"喜好谋求专利而不知道大难临头"的罪臣。周厉王下了很大的政治决心要将改革推行到底,他认定国人再不满也不敢颠覆自己的统治,于是采取断然措施禁止民众诽谤改革,并拒不接受邵公的劝谏。然而,周厉王过高地估计了此时已经在走下坡路的王权的威慑力,三年后,国人发生暴动,厉王出奔。

特别值得注意的是,周厉王不是别人,正是郑国始封君郑桓公的父亲。周厉王在别的诸侯看来是一个暴虐的先王,而对于郑国来说则是立庙祭拜的直系周王祖先;周厉王强推"专利"改革、不听邵公劝谏钳制言论、最终被逐出王都的史事,郑国高层应该非常熟悉的。子产在推行改革期间不毁乡校、广开言路,很可能并不是他的创见,而是汲取了郑国先祖周厉王的历史教训。

有意思的是,就在同一部《左传》里,还记载了对待民众舆论的另外一种观点,而持这个观点的人,同样也是春秋时期的一位贤大夫——宋国首卿子罕。前五五六年,宋国太宰皇国父全力推进为宋平公①修筑观景台的工程,影响到了秋收。子罕请求等到农业活动结束之后再修筑,宋平公不答应。筑台的劳工在听闻了朝廷上的这些内情之后,唱起这样一首歌谣:

---

① 宋平公,参见书末附录。

泽门之皙，

实兴我役。

邑中之黔，

实慰我心。

泽门那个皮肤白皙的人（指皇国父），

就是他驱使我们服劳役。

城邑中那个皮肤黝黑的人（指子罕），

就是他在安慰我的心。

　　子罕听说了这回事，马上亲自拿着鞭子，在劳工队伍里巡视，看到偷懒的就抽打他，说："我们这些小人都有房舍来抵御燥湿寒暑。现在君主想建个观景台，不赶快修成，你们这些劳工是怎么当的？"劳工们马上不唱那首歌谣了。有人问为什么要这样"自污"，子罕说："宋国就这么点大，如果产生了诅咒某位卿大夫、歌颂另一位卿大夫的舆论而不加控制，就会成为祸乱的根源。"①

　　民众议论政治，什么情况下是治国的良药，什么情况下是祸乱的根源？这是两千多年来中国历代统治者都要考虑和应对的问题。

　　无论是坚定推行惠民改革，还是不毁乡校广开言路，都让我们看到，"视民如子"、以大仁大爱养育民众，在子产这里不是一句口号，而是体现在实际行动中的核心执政理念。实际上，是否爱民、养

---

① 《左传·襄公十七年》：宋国区区，而有诅有祝，祸之本也。

民也是子产推测邻国国运走势的重要判据。比如说,前五四三年六月,子产前往陈国缔结友好盟约。回来向国君复命之后,子产告诉大夫们说:"陈国,是将要灭亡的国家,不可以跟它结好。它的执政屯聚粮食、修缮城郭,仗恃着这两样,却不致力于安抚民众。它的国君根基不稳固,公子奢侈,太子卑微,大夫骄傲,政事出自多个大族的家门,以这样的内政状况夹在大国之间,能够不灭亡吗? 不会超过十年了。"前五三四年十月十七日,楚国抓住陈国内乱的机会,灭了陈国,此时距离子产做出预言时正好十年。

子产成功法宝(三):团结领导

子产成功的第三件法宝是"团结领导",正确处理和上级领导的人际关系,取得上级领导的充分信任和支持。

子产是次卿,任执政,他的直接领导是首卿、任当国的罕氏宗主子皮。一方面,以官职高低论,子皮是子产的上级;但另一方面,以穆族辈分论,子产又是子皮的叔伯,所以这个关系要处理好其实是很有难度的。子产和子皮之所以能够长期相互支持直到子皮去世,有三个主要原因:第一,两人在郑国要走什么样的发展道路方面具有高度共识,那就是在贵族阶层内谋求重建礼治,在内政治理中谋求富国强兵,在国际舞台上推进尊严外交。第二,子皮非常推崇子产治国理政的才能,充分放权给子产在前台推进各项改革举措。第三,子产非常重视子皮控御大族的实力,不仅在工作中充分尊重子皮的权威,还非常关心子皮家族的安危,这在下面这段对话中体现得特别明显。

前五四二年，子皮准备破格提拔他的一个年轻家臣尹何来治理自己的私邑。子产问："尹何年少，不知道行不行？"子皮说："这个小伙子品性谨慎善良，我很喜爱他，他肯定不会背叛我。我想让他去那边做邑宰，在实践中学习，他也会越来越知道如何治理私邑的。"子产说：

"这样不行。

"一个人爱别人，总会想着让那个人得到利益。[①] 如今您爱尹何就把私邑政事交给他，就像一个不会用刀的人却让他割肉一样，肯定会造成很多伤害。您爱一个人，却只会伤害他，以后谁还敢来寻求您的爱？

"您对于郑国而言，就像栋梁对于房屋那样重要。您这根栋梁要是折了，整个屋顶的椽子架就会崩塌，我也会被压在下面，怎敢不把话说透？打个比方：假如您有一匹精美的锦缎，是不会拿去让人学裁缝用的。大官、大邑，是庇护身家性命的东西，却让初学者练手，这些跟美锦比起来，不也是要贵重得多吗？

"我听说学有所成之后再参与政事，没听说过通过执政来学习的。如果一定要这么干，肯定会造成损害。[②] 以田猎做比方：熟悉射箭驾车，自然能够获得猎物；如果从没学过射箭驾车就去打猎，那只怕是要车毁人亡，哪还有工夫去想收获猎物的事？"

子皮听完这番话，幡然醒悟说："对啊！我太糊涂了。我听说君

---

① 《左传·襄公三十一年》：人之爱人，求利之也。
② 《左传·襄公三十一年》：侨闻学而后入政，未闻以政学者也。若果行此，必有所害。

子花心思去知晓那些大的、远的事，小人花心思去知晓那些小的、近的事。我的水平只能算个小人：衣服穿在我身上，我知道要慎重对待；大官、大邑，是我身家性命的庇护，我却疏远和轻视它们。如果没有您这一番话，我根本意识不到自己的错误。之前我说，您治理好郑国，我治理好我家，以庇护自己，就行了，如今才知道这还不够。从今天起，请求即使是我的家事，也要按您说的去做。"

贵为当国的子皮称自己为"小人"，而且请求将家业托付给子产管理，对子产的推崇和信任已经到了无以复加的程度。然而，子产脑子还是非常清醒，大领导的家务事只能点到为止，他推辞说："人心不相同，就像人脸不相同一样。我怎么敢假设您的脸跟我的脸一样呢？只是心里觉得这样做有危险，所以多嘴告诉您一句。"

子皮见子产为自己家事提出中肯建议，而又不谋求拉近跟自己的私人关系，明白子产关心自己家事真是为了国家着想，就更加敬佩子产的为人和志向，更加没有保留地在工作上支持子产。子产得到子皮的全力支持，因此能够全力推进改革，将郑国治理好。

关于为学和做官的先后关系，孔子和子产的观点又一次不谋而合。《论语·先进》里有两段记载都表明，孔子主张"学而优则仕"：

孔子说："先学习礼乐而后做官的，是没有家世背景的野人；先做官而后学习礼乐的，是享受世袭待遇的卿大夫子弟。如果要我选用人才，我主张选用先学习礼乐的人。"[1]

---

[1] 《论语·先进》：子曰"先进于礼乐，野人也；后进于礼乐，君子也。如用之，则吾从先进"。

子路让子羔①去做费邑邑宰。孔子说："这是害了别人的儿子。"子路说："那里有民众，有政权，可以在实践中学习，为什么一定要读书，才能叫学习呢？"孔子说："所以我讨厌强词夺理的人。"

孔子和子产所提倡的"学而优则仕"，其实是要建立官员选拔任用的受教育程度门槛，是针对当时仅靠家庭背景（比如卿大夫子弟世袭官位）、主公宠信（比如尹何）就能直接获得官职的旧制度弊端提出来的，是打破"任人唯亲"、走向"任人唯贤"的改革创新举措。

这里要强调的是，当时的教育本来就是紧紧围绕从政应该具备的知识和能力来进行的，受教育的目的就是为了做官。这从"孔子培训班"里所教授的内容与从政的紧密关联就可以很清楚地看出来：《诗》——劝谏君父和外交酬答所用的辞令；《书》——古代政治典章和公文范式；《礼》——正统政治理念、制度和各种仪式的具体流程；《乐》——教化民众的手段、飨宴场合的艺术修养；《易》——帮助定夺疑难大事的技术手段；《春秋》——国际国内政治军事案例和理论分析。

---

① 子路、子羔，参见书末附录。

整肃大族　丰氏驷氏

大人之忠俭者，从而与之；泰侈者，因而毙之。

——《左传·襄公三十年》

楚国拉拢丰氏，子产严防死守

前五四一年春，楚王郏敖的叔父、令尹王子围①率领一支由卿大夫和军队组成的使团来到郑国访问，并迎娶新妇丰氏宗主伯石的女儿。高级官员出访时，使团中有军队随行，是当时很正常的安排，但是王子围使团的到来，却引起了子产的高度警惕。

此时的王子围是楚国独揽大权的"狠角色"。前五四四年，郑行人子羽到楚国参加了郏敖即位典礼，他观察了君位上的郏敖和臣位上的王子围，得出这样的结论："这叫作不合适，王子围必然要取代郏敖而昌盛。在大松柏的树荫下，小草是长不起来的。"②前五四三年，王子围杀了忠于郏敖、官阶仅次于自己的司马蒍掩③，并且吞并了他的家室财产。前五四二年，北宫文子陪同卫襄公到了楚国，见到了王子围的仪仗架势，对卫襄公说："令尹的排场很像楚王了！他恐怕会有其他的志向。"

---

① 郏敖、王子围，参见书末附录。
② 《左传·襄公二十九年》：松柏之下，其草不殖。
③ 蒍掩，参见书末附录。

从前面的分析我们已经知道，伯石是郑国六卿中最为虚伪、贪婪的人，位高权重，又是执政卿子产的政敌，这样的人自然会成为大国渗透的首选对象。楚令尹王子围迎娶郑卿伯石之女毫无疑问是一场政治婚姻，通过联姻，楚令尹王子围的明显目的是要拉拢伯石、从而使得楚国势力渗透进郑国高层，而伯石的明显目的则是借此获得楚王子围这个强有力的外援，来巩固自己在六卿领导班子里的地位。

然而，这场政治婚姻的时机不由得让人产生更可怕的推测。前面已经提到，子产虽然让伯石坐上高位，还送给他田邑，但从心里厌恶他的为人。在伯石的儿子子张因为祭品风波被驱逐出境之后，子产和伯石之间本来就貌合神离的同僚关系很可能已经进一步恶化。此外，此时子产第一轮改革推行到了第二年，不仅遭到公民庶人的激烈反对，即使在国都地区也受到不少的批评和质疑。

就在这个当口，心怀不满的伯石与敢下狠手的楚国大权臣王子围联姻，而王子围又带着军队前来迎亲，其目的有可能比表面可见的楚国渗透、丰氏拉外援还要凶险，那就是：伯石、王子围里应外合，并联合不满改革的国人，制造一场武力政变干掉子产，这对于两年前刚经历了伯有-子皙之乱的郑国来说并不是什么天方夜谭。如果子产被杀，而一向善于伪装的伯石没有暴露的话，那伯石依排位（仅次于子产）就成了执政卿的当然人选，而本来就对子产改革多有不满的国人也不会反对。楚王子围既是伯石的女婿，又对伯石有大恩，而且他手上还握有伯石里通外国、谋杀本国执政卿的把柄。这样一来，楚国就完全有可能通过伯石操纵郑国内政，甚至扭转郑国先前一心服事晋国的外交方针。

很可能是因为推算到了这次政治婚姻背后的巨大风险，子产做出了一个高调而强硬的决定：他派出行人子羽和楚人交涉，不允许楚国使团进入郑国都城，而是安排他们住在城外。子产做出这个颇为"出格"的决定，所依据的底线应该是：王子围此次本为笼络伯石、迎娶新妇而来，所带军队绝不足以强攻国都，如果吃了"闭门羹"，虽然有可能会言辞抗议，但是除了接受也没有别的选择。

王子围接受了郑人的安排，将兵众留在城外，自己进城完成了访问任务。不过，王子围随后又向郑国当局提出，希望带着整个使团进城，风风光光地到丰氏宗庙迎娶新妇。子产担心，这有没有可能是伯石、王子围贼心不死，还想再找机会作乱？于是，子产派子羽出来交涉说："由于我国都城内部格局狭小，不足以容下您的随从，请求在城外清除地面作为行礼之处，在那里听取您的命令。"

王子围派太宰伯州犁①回答说："贵国君主赐福给寡大夫围，对围说'将使我国卿族丰氏的女子安抚保有你的家室'。围摆好几案、筵席，放上祭品，在庄王（祖父）庙、共王（父亲）庙将在丰氏宗庙娶妻的事告知了先君，然后来到郑国。如果在野外赐婚，那就是把贵国君主的恩赐扔在野草丛里，这样的话寡大夫围日后在国际场合就没资格作为楚卿与各国诸卿并列了。不光是这样，贵国这样做等于是让寡大夫围欺骗了先君，回国后恐怕是不能再当我国君主的卿大夫之长（指令尹），恐怕也没法回去复命了。请大夫好好考虑一下！"

---

① 伯州犁，见本节末尾注释。

子羽说："小国能有什么罪过，仗恃着大国会善待自己而不加防备就是罪过。小国想要仰仗大国从而给自己带来安宁，而大国会不会包藏祸心图谋伤害小国？[①] 我们之所以这样做，是因为惧怕小国由于疏于防备而失去仗恃（指被楚人武力干涉），从而惩戒其他诸侯国，使他们都怨恨大国，抗拒大国君主的命令，使大国的命令壅塞不得执行。如果不是有这层考虑的话，我国的君臣本来就相当于楚国的宾馆工作人员，整个国家被楚国拿去都可以，又怎么敢爱惜丰氏的宗庙呢？"

王子围知道郑人已经下了决心、有了防备，绝不可能再有其他可能性，于是请求让随行士兵倒挂武器袋进城（表示没有敌意），郑人这才答应。正月十五日，解除了武装的楚国使团进城，迎接了新妇后离开。同年，王子围弑郏敖篡位，就是楚灵王。就这样，郑卿伯石先是成为了楚国令尹的岳父，又在同一年"升级"成为了楚王的岳父。这样一来，伯石可以倚仗楚灵王这位"超级女婿"的势力提升自己在郑国六卿班子里的话语权，而楚灵王可以通过伯石来干涉郑国内政使其偏向楚国，可以说是"各取所需，皆大欢喜"。

孔子说："君子遵行中庸之道，具体表现是：君子坚守中道，同时能够审时度势、随机应变，找到在每件具体事务中实践中道的最佳方法，从而能够做到时时刻刻按照中道为人处世。小人违背中庸之道，具体表现是：小人观察到君子做事表面上变化多端、前后不一，从而认为中庸之道就是如此，于是按照这种理解为人处世，所以

---

① 《左传·昭公元年》：小国无罪，恃实其罪。将恃大国之安靖己，而无乃包藏祸心以图之？

小人做事肆无忌惮、为所欲为。"①前五四七年时,子产为了确保晋楚讲和的大局不被破坏,力主向楚国示弱,不抵抗入侵的楚军,放任楚人抓走郑人(参见页 80);前五四五年时,子产为了维护宋之盟后还很不稳固的和平局面,不给楚国任何挑衅的借口,再次向楚国示弱,到达楚都郊外之后不起土坛(参见页 81)。然而,到了本年(前五四一年),子产为了捍卫自己正在推行的综合改革事业,又突然展现出强势的姿态,给心狠手辣、即将篡权的楚国令尹王子围吃闭门羹,以确保他和伯石的疑似政变阴谋不能得逞。子产对待楚国的态度忽而软弱、忽而强硬,看似没有定准,其实一直是以"维护郑国利益"为中道,根据当时具体情况决定最合适的方式来达到中道,最终都取得了很好的效果,可以说是完美地诠释了什么叫作"君子之中庸也,君子而时中"。

设局欲擒故纵,逼死驷氏子晳

丰氏嫁女的问题刚处理完,驷氏和游氏又起了争端。郑大夫徐吾犯的妹妹长得很漂亮,游氏的子南②已经通过媒人"下达"提亲了,驷氏的子晳却强行跳过提亲直接送了大雁作为"纳采"③之礼。徐吾犯见两个卿族的公孙为自己的妹妹争抢了起来,谁也不敢得罪,十分害怕,于是把这件事告诉了子产。子产说:"这是国家政治没规

---

① 《中庸》:君子之中庸也,君子而时中。小人之反中庸也,小人而无忌惮也。
② 子南,参见书末附录及郑世系图。
③ "下达""纳采"都是昏礼的一部分。春秋时期昏礼概述,参见书末附录。

矩，不是您需要操心的祸患。您妹妹想嫁给谁就嫁给谁。"当时估计谁也没看出来，子产这是开始为整治子南、子皙这样的"大人之泰侈者"设局挖坑。

徐吾犯于是跟子皙、子南表示，希望让妹妹自主选择，两位公孙都答应了。到了"招亲才艺展示会"当天，子皙穿着盛装进来，在堂上陈设了丰厚的财礼之后离开；子南穿着军服进来，向左、向右射箭，然后从后面飞身跳上行驶中的战车离开。女子从房间里面观看，说："子皙长得的确美好，但是子南才像个大丈夫。丈夫要像丈夫，妻子要像妻子，这才叫顺。"于是女子嫁给了子南。

子皙非常愤怒，于是在衣服里穿着暗甲去见子南，想要杀了子南，把他的新婚妻子抢过来。没想到子南事先得到了消息，拿着戈追出来，到了十字路口追上了子皙，砍了他一戈。子皙负伤回来，告诉同僚大夫们说："我怀着好意去见他，没想到他有异常的想法，所以受伤了。"

大夫们开会商量如何处理此事。子产首先就给这个案件定了调："两边理由均等的情况下，年纪小、地位低的有罪，所以是子南有罪。"

看到这里，读者可能会问：怎么是"两边理由均等"呢？按上面的叙述，不明明是子南有理、子皙没理吗？这里要注意的是，在案件发生后，子南、子皙应该是各执一词的。子南的版本是：子皙怀恨在心，想杀了我并把我妻子抢走，我正当防卫才砍了他一戈。子皙的版本是：我本来是想去跟子南和解，不料他想彻底消灭我这个情敌，追出门来砍我，我躲避不及被他砍伤。当时没有视频监控，子皙回到家把穿在衣服下的暗甲一脱，就没有任何实物证据了（何况这个暗甲也没有挡住那一戈），因此是没法马上知道谁在说真话的。上面叙述的事件真相，应该是转年子皙被杀之后才调查清楚的。

子产下令逮捕了子南，斥责他说："国家的基本原则有五条，你都违背了。敬畏君主的权威，听从他的政令，尊敬比你高贵的人，事奉比你年长的人，养护你的亲人，这五条是治国的基本原则。① 如今君主在国都里，你敢擅动兵器，这是不敬畏国君的权威。你冒犯了国家的纲纪，这是不听从君主颁布的政令。子皙是上大夫，你是下大夫，却不把自己当他的下级，这是不尊敬高贵的人。你年纪比子皙小却毫无敬意，这是不事奉年长的人。你用兵器砍你的堂兄②，这是不养护亲人。君主已经说了："我不忍心杀你，宽恕你到远方去。"你尽力快走吧，不要再惹出什么事情加重你的罪过！"

五月二日，郑国将子南流放到吴国③。将要让子南上路之前，子产去询问游氏宗主子太叔的意见。子太叔说："在您整肃大族的行动中，我自己都保护不了，哪里还能庇护族人？流放子南那事，是治理国政的需要，不是私人恩怨。您考量郑国整体利益，觉得有利就去做，又犹豫什么呢？周公当年杀了哥哥管叔、流放弟弟蔡叔，难道周公不爱自己的兄弟吗，还不是为了周王室整体利益的缘故。我要是犯了罪，您尚且要让我上路，对于我的族人还有什么好手软的？"

子太叔作为游氏宗主的这番表态，对于发起"整肃大族"行动的

---

① 《左传·昭公元年》：畏君之威，听其政，尊其贵，事其长，养其亲，五者所以为国也。
② 子皙和子南都是郑穆公的孙子，彼此是堂兄弟关系，子皙为兄，子南为弟。
③ 吴国，参见书末地图三"吴2"。

子产来说是莫大的支持和鼓励。子太叔这个人有不少毛病，比如经常不能领会子产做法的高明之处，提没水平的反对意见；偶尔还会跟子产耍小聪明，想"忽悠"领导牟取私利。但是，子产跟他合作了一辈子，临死还把郑国执政卿的位子交给了他，这是因为他知道，子太叔在"大是大非"问题上是跟他一条心的，在关键时刻是靠得住的，在他死后是能够继承他的路线方针的。从子太叔角度来说，他知道子产此举目的不是要铲除游氏本身，放逐子南等于是除掉了游氏内部的"不安定因素"，对于宗族整体利益来说其实是有好处的，况且子南只是放逐而已，日后还有机会再召回来的。

如果说借子皮之力放逐子张是子产整肃大族行动的"压力测试"的话，那么这回主动出击放逐子南则是子产整肃大族行动的第一记重拳，他借斥责子南的机会向贵族阶层喊话，明确宣示了他们必须遵守的"五项基本原则"，给各大族中蔑视周礼"亲亲""尊尊"①等基本原则的人敲响了警钟：我连"心腹"子太叔家里的人都敢动，你们谁敢再踩线我决不姑息！

郑国因为此次风波的缘故，六月九日，郑简公和卿大夫们在伯石家盟誓，掌握国家实权的六卿子皮、子产、伯石、子石、子太叔、子上又在闺门之外的薰隧私下开小会盟誓。子晳强行挤进六卿盟誓现场，而且让太史把自己的名字也写了上去，而且宣称说现在郑国卿官是"七子"。子晳这样要求的理据很可能是，宋之盟后郑国六卿加上候补卿伯石一同会见晋国首卿赵文子，而赵文子统称这七位郑

---

① "亲亲""尊尊"，详见页 283。

国高级官员为"七子"（参见页 86）。

子产表面上似乎采纳了子晳的理由，对子晳这样公然僭越的行为没有采取任何行动，这让子晳进一步认为子产是站在自己这边的。而且，子太叔与子石的排序还发生了对调（参见页 109），子太叔应该是因为族人子南被放逐而降级排到了第五，而原来排第五的子石升到第四，这就更加让子晳确信自己的判断是正确的。

薰隧之盟后，出现了一个非常短命的"七卿领导班子"，其排序为：

一、子皮（罕虎，罕氏），当国

二、子产（公孙侨，国氏）执政

三、伯石（公孙段，丰氏）

四、子石（印段，印氏）

五、子太叔（游吉，游氏）

六、子上（驷带，驷氏）

七、子晳（公孙黑，驷氏）

同年子产访问晋国，叔向到郑国使团住地，跟子产谈完晋平公的健康问题（参见页 167）出来，郑行人子羽送客。叔向向子羽询问郑国的政局，并特别问到了子晳。子羽说："他还能横行到几时呢？这个人不遵礼制又喜好欺凌他人，仗恃自己富有而又鄙视上级，不可能长久的。"

子晳先前依靠暴力扳倒了伯有，在娶妻风波、七子之盟两件事上又自认为得到执政卿子产的支持和默许，气焰更加嚣张。子晳虽然强迫当局给了自己一个卿的名分，但是由于郑国本来只有六卿，所有权责都已分配完毕，这"第七把交椅"有名无实。于是，前五四〇年秋，子皙打算再次作乱，直接除掉子太叔，正式挤进六卿行列，由于子南砍的旧伤发作没有干成，计划却泄露了。子皙的本家驷氏都无法忍受他了，想要不走刑狱程序直接私下杀了他。驷氏用私刑处死子皙的好处在于：第一，驷氏可以借此与子皙彻底切割，把这件事包装成"驷氏大义灭亲"之类的正能量案例，从而一方面除掉子皙这个家族败类，另一方面又最大限度地维护驷氏的家族声誉；第二，子皙的详细罪过就不会被高层卿大夫之外的其他国人知晓。

子产当时在边境，听说了这件事，知道最后收网的时机到了。子产决心要阻止驷氏动用私刑，而是要迫使子皙按照最有利于国家利益的方式去死，一要向全体国人公开罪行，二要采取最无法洗脱罪名的死法——畏罪自杀，总而言之就是要把这件事情打造成一次比放逐子南更具有震慑和教育意义的"整肃大族典型案例"，敲打包括驷氏在内的各大卿族。于是他赶紧坐上驿站快车，日夜兼程赶回郑都。

子产赶到后，首先让司法部门官员公开历数子皙的罪过，说："伯有之乱，因为当时国家正忙于处理与大国的外交事务，所以没有追究你的责任。你的叛乱之心无法满足，国家已经受不了你。擅自讨伐伯有，是你的第一桩罪。跟你的从兄弟抢妻室，这是你的第二桩罪。薰隧之盟，你假托君主之位自命为卿，这是你的第三桩罪。你犯了三桩死罪，国家怎么受得了你？如果不赶紧自行了断，国家的大刑马上就到！"

子皙行两次稽首大礼，哀求说："我旧伤复发，活不了多久了，上天对我的惩罚已经很重了，您不要再帮着上天来虐待我了！"

子产厉声说："人谁不会死？凶恶的人不得善终，这是天命。你做凶恶的事，就是凶恶的人。我不帮助上天，难道帮助凶恶的人吗！"[1]

子皙请求让他的儿子印当个执掌市场税收的官，这应该是一个远离政治、油水又大的"肥缺"。子产却仍然集中火力逼他自尽："印如果有才能，君主将会任用他。如果没才能，早晚要步你的后尘。你自己的罪过都担忧不过来了，还为你儿子请求什么？不赶紧死的话，执行国法的司寇[2]马上就要到了！"

七月初一，子皙自缢而死。郑人把他的尸体扔在周氏大道上示众，身上放着写有他的罪状的木牌。

到这里我们可以看明白，子产先前在"娶妻风波"中先集中火力惩治子南而不问子皙，后来"七子之盟"时对子皙也没有采取任何惩治行动，其实都是有意为之、引蛇出洞。子南的罪过是任性好斗，不把礼制规矩放在眼里，其本心并不邪恶，先放逐他，一方面显示了子产整肃高层政治生态的坚决态度，一方面麻痹子皙，让他以为子产偏袒自己。"七子之盟"后子产的"不作为"使得子皙更加确信子产对他是采取一种放任不管的态度。正是因为有了这种判断，加上先前武斗推翻伯有的"成功经验"，子皙才会忘乎所以、悍然策划谋杀

---

① 《左传·昭公二年》：人谁不死？凶人不终，命也。作凶事，为凶人。不助天，其助凶人乎？
② 司寇，官职，掌刑狱纠察之事。

子太叔夺取卿位的疯狂计划，从而促成驷氏决定痛下杀手以"清理门户"。子产在等待的就是这种既可以把子晳定死罪、又不会引发自己家族国氏与驷氏起冲突的机会，所以他才会以最快的速度赶回国都、象"鹰鹯之逐鸟雀"一样毫不留情地公开斥责子晳，历数他的大罪，然后逼他自尽。至此，前五四三年发动武斗的良氏伯有、驷氏子晳都已被处死，"危险分子"游氏子南也已被放逐，子产整肃大族、重振礼治的努力取得了阶段性胜利。

子晳自杀后，郑国恢复正常的六卿领导班子，其排序为：

一、子皮（罕虎，罕氏），当国

二、子产（公孙侨，国氏）执政

三、伯石（公孙段，丰氏）

四、子石（印段，印氏）

五、子太叔（游吉，游氏）

六、子上（驷带，驷氏）

子产谋略溯源：郑国高层祖传秘方

子产采取的这种"养成其恶而后诛之"的手段，其实也并不是他的首创。这里我们可以花一点篇幅回顾一下这个被称为"郑伯克段于鄢"的郑国经典案例。

当初，郑武公从申国娶了夫人武姜，先后生了郑庄公和公子段两个儿子。庄公是"寤生"出来的，因此给他取名"寤生"。"寤生"到底是怎么回事，争议不休，一说是脚先出来的难产，一说是闷绝不啼像死婴,此外还有些更离奇的说法就不再列举。^① 总之,这段经历给产妇武姜造成严重惊吓,因此她一直厌恶庄公,而喜爱顺产的弟弟公子段,想要改立公子段为太子。武姜多次向武公请求此事,武公没有答应。

等到前七四三年庄公即位之后,武姜又请求用制邑^②来安置公子段。庄公说:"制邑是一个险要的城邑,当年(东)虢国君主虢叔就死在这里。其他城邑都唯命是听。"武姜于是就请求将公子段安置在京邑^③,人们叫他"京城太叔"。大夫祭足^④说:"大城邑,城墙边长超过三百丈,就会成为国家的祸害。先王的制度是这样规定的:大城邑的规模不能超过国都的三分之一,中等的不超过五分之一,小的不超过九分之一。如今京邑的规模不合制度,君主将会受不了的。"庄公说:"姜氏想这样,怎样才能避开祸害呢?"祭足说:"姜氏哪有满足的时候? 不如及早为你那个弟弟寻找一个归宿,不要让他的势力滋长蔓延。一旦蔓延,就很难对付了。蔓延开来的杂草都不容易铲除,何况是君主受尊宠的弟弟呢?"庄公却很淡定地说:"不合正义的事情做多了,一定会自己栽倒的。您就等着瞧吧。"^⑤

公子段得寸进尺,命令西部、北部边境地区明里听庄公的、暗里听自己的。庄公大夫公子吕说:"国家是受不了两头事奉的,君主打算怎么办? 如果君主想要把君位让给太叔,那臣下请求去事奉他;

---

① 关于"寤生"的综述,参见曹媛:《异说纷纭的"寤生"》,《安徽文学》2011年第5期。

② 制,参见书末地图二。

③ 京,参见书末地图二。

④ 祭足,参见书末附录。

⑤ 《左传·隐公元年》:多行不义,必自毙。子姑待之。

如果君主不打算让给他，那臣下请求把他除掉。不要让民众产生二心。"庄公仍然很淡定地说："用不着，他这样下去将会自取灭亡。"

后来公子段进而将那些两头事奉的城邑收归成为自己的私邑，公然在国内搞起了割据，"疆域"一直到了廪延①。公子吕说："可以出手了。太叔实力已经很雄厚了，将会得到民众的支持。"庄公依旧很淡定地说："他既然做的是不合道义的事，就不可能真正团结民众。就像筑土墙一样，如果泥土不能紧密黏合，太厚了，将会崩塌。"②

公子段修整城郭，屯聚粮草，修治甲胄、兵器，调集步兵、车兵，准备起兵造反，偷袭国都，武姜准备为他开城门。庄公得知了公子段的起兵日期，说："可以动手了！"前七二二年，他命令曾踊跃请战的公子吕帅领两百辆兵车去讨伐京邑。京人叛变，公子段逃入鄢，庄公就派军队接着讨伐鄢。五月二十三日，公子段出奔到卫邑共③。

简言之，郑庄公自即位之后隐忍不发二十一年，刻意纵容公子段，一步步养成他的罪恶，最终在公子段勾结母亲公开谋反时，名正言顺地将其一举击败。

实际上，"养成其恶而后诛之"这一谋略的源头还可以再往上追溯到郑庄公的祖父、郑国始封君桓公。郑桓公本是西周时期周厉王的儿子、周宣王的弟弟，被周宣王封在西都王畿内的郑地，本来只是一个畿内小国的君主。据《国语·郑语》记载，周幽王④八年，幽王任命叔父郑桓公担任王室司徒，深得西都、东都两地王畿民众的欢迎。

---

① 廪延，参见书末地图二。
② 《左传·隐公元年》：不义，不昵。厚，将崩。
③ 共，参见书末地图二。
④ 周宣王、周幽王，参见书末附录。

郑桓公深知王室内情，预感到周朝大厦将倾，准备要到东方避难、重建郑国。他向太史伯咨询应该在哪里落脚，太史伯给他的建议是：

"该去的大概是在济水、雒水、河水、颍水之间吧！这一地带大多是封为子、男爵位的国家，其中虢国和邻（kuài）国最大。虢叔仗恃着地势，邻仲仗恃着险要，他们都有骄傲奢侈疏忽怠慢的思想，还加上贪婪。您如果因为周王室祸难的缘故，提出要把妻儿和财物寄放到那里，他们不敢不答应。周王室混乱而衰败，这些国君骄侈而贪婪，必定会背叛您。您如果率领成周的民众，奉天子之命讨伐他们的罪恶，没有不攻克的。如果攻克了这两国，那么周边邬、弊、补、丹、依、䏌（róu）、历、华就都是您的国土了。如果拥有了华邑之前、河水之后、雒水右边、济水左边的疆土，主祭羊山和騩（guī）山而饮食溱（zhēn）水、洧（wěi）水的水，修治典章刑则来守卫这片土地，那就可以逐渐稳固了。"

简言之，太史伯的建议就是：用寄存财产、妻儿来引诱贪婪的虢国、邻国君主犯罪，然后以讨伐罪臣为名义、利用司徒的职权调动东都王室军队攻占这两个国家，在此基础上建立中原郑国。按照传统说法，郑桓公将公室财产转运到了中原虢、邻之地，还没有来得及实施太史伯计策的第二步，就在前七七一年和周幽王一起被犬戎所杀。他的儿子郑武公继任王室卿士，最终攻占虢、邻，在中原初创郑国。不过，新公布的清华简第六辑《郑文公问太伯》披露的信息则显示，攻占虢、邻的就是郑桓公本人。由此可见，"养成其恶而后诛之"可以说是郑国统治阶层的"祖传秘方"，当然它要求执行者有很深的城府、很强的定力，只有郑桓公、郑庄公、子产这样的杰出君臣才能成功地运用。

晋国拉拢丰氏，子产斩断联系

让我们的思绪从追溯子产的谋略出处回到前五四〇年。在此时的六卿领导班子里，罕氏宗主子皮、游氏宗主子太叔都是子产的坚定支持者。从前五五一年子张去世前对子石的训诫、前五四七年子产出谋划策帮助印氏赎人成功、前五四三年伯有之乱时子石跟随子产出走来看，印氏宗主子石也应该是支持子产的。驷氏能在前五四〇年下决心"清理门户"杀掉子皙，其宗主子上跟子产关系也应该不差。

在六卿之中，唯有丰氏宗主伯石贪婪、虚伪而且老谋深算，与子产关系一直不好。他辈分高（和子产一起是班子里仅有的两位公孙）、排位高（仅次于子产），又是六卿中"有缝的蛋"，于是顺理成章地成为了晋、楚两个大国争相拉拢、利用的对象。如前文所述，前五四一年，楚国首先出手，王子围（现在已是楚灵王）娶了伯石的女儿作夫人。晋国不甘落后，于是就有了前五三九年的"赐丰氏州县事件"。

这年四月，郑简公到晋国朝见晋平公。伯石作郑简公行礼的辅相，在整个朝见过程中尽职尽责、态度谦卑，繁复的聘礼仪节一项都没有出差错。晋平公嘉奖他，授予他简策，说："你的父亲子丰对晋国有功劳，我听闻之后不敢忘记。赐给你我国州县①的土田，来酬报

①　州，参见书末地图二。

152

你家旧日的功勋。"这回伯石可没有推辞三次,而是马上行两次稽首大礼,接受赐命简策退了出去。

这次晋平公和郑卿伯石之间的互动看似和谐美好,仔细推敲起来却令人疑窦丛生:

首先,位于晋国南部的州县与郑国不仅不接壤,中间还隔着一条黄河,晋平公为什么要把这么一块伯石根本无法实际占有、有名无实的"飞地"赐给伯石?

其次,晋国赏赐州县的理由也是非常蹊跷。且不说《左传》等传世文献对于子丰的旧日功勋没有任何记载,就算子丰真的对晋国有什么不为人知的重大功勋,那么,既然当时的晋国先君都没有赏赐子丰,为什么作为后辈的晋平公突然这么主动地赏赐他的儿子伯石?

实际上,晋平公这次赐州县给伯石,是晋国几大卿族长期争夺州县的明争暗斗中,韩氏所走的一步"迂回棋"。

当初,州县是栾氏族人栾豹的封邑。前五五〇年栾氏被灭族后,范宣子(首卿,六卿领导班子里排第一)、赵文子(排第二)、韩宣子(排第三)[1]都想占有它。在晋国君权衰弱、六卿领导班子实际控制朝政的背景下,如果他们三人能就州县归属达成一致,晋平公也只能点头同意。

在谈判现场,赵文子自信满满,首先发话。他说:"曾经与州县在一起的温县[2],现在是我的县。"赵文子的言下之意是:州县跟我

---

① 韩宣子,参见书末附录。
② 温,参见书末地图二。

现有的封邑关系最密切，我获得州县最合情合理。没想到，两位宣子早就针对赵文子的这条理由做过准备，他们反驳说："自从郤称把温县和州县划分为两县之后，州县已经单独传了三家了。晋将一个县分成两部分，这种情况不止州县，有谁能按划分前的情况去占有治理它？"

赵文子一向以德行高尚而闻名，他看到自己很有把握的理由已经被另外两位卿官驳倒，担心如果陷入不讲道理的争吵甚至暴力冲突会有损自己的名誉，于是决定要名不要利，以高姿态退出这场争夺。两位宣子连赵文子那样的理由都没有，知道这样争下去，除了兵戎相见不会分出胜负，于是说："我们不可以对别人义正词严，然后自己又参与争夺州县。"于是两位宣子也都表示放弃，三方谈判就这样不了了之。

等到前五四八年，范宣子告老或去世，赵文子当上了晋国首卿，族人赵获说："现在您大权在握，可以争取州县了。"赵文子说："你退下！那两位说的话，是合乎正义的。违背正义，是会遭祸的。我连自己现有的县都治理不好，又再多要个州县做什么？难道是为了招揽祸患吗？君子说：'难办的是不懂道理。'如果懂了道理却不遵循它，那就没有更大的祸难了。① 谁敢再提州县，必死！"也就是说，赵文子进一步明确了赵氏在这件事上的立场，那就是一直保持高姿态，要名不要利。

前五四〇年，赵文子去世，韩宣子继任晋国首卿。如前所述，韩

① 《左传·昭公三年》：君子曰"弗知实难"。知而弗从，祸莫大焉。

宣子并没有要求州县的正当理由，但此时与他争夺州县的赵文子、范宣子都已去世或告老退休，赵氏、范氏的接班人赵景子、范献子①在六卿领导班子中分别排第二和第五，都是他的下级。韩宣子作为执政卿，有了主持国政的权力，可以更方便把自己的私事"夹带"到国事中去。

当时，楚灵王已经先下手以联姻为手段拉拢伯石（参见页138），而在韩宣子看来，这正是一个可以"公事私事一起办"的绝佳机会。原来，当时晋国各盟国的卿官往往会在晋国卿大夫中认一个"主"，相当于今天的"靠山"；小国卿官到晋国访问时，没有"主"的只能住在国家宾馆里，而有"主"的可以直接住到"主"家里。这种做法倒未必是什么见不得人的潜规则，而很可能是西周时周王室为了促进各诸侯国卿大夫友好往来的制度遗存。像伯石这样贪图权势利益的人，自然是要在晋国认一个"主"的，而他攀附的卿族正好就是韩氏。

由于韩宣子和伯石有这么一层私人关系，所以韩宣子想出了一个打破州县归属纠纷僵局的妙计，那就是利用自己现在是晋国首卿、伯石会一心一意攀附自己的"势"，以服务国家争霸战略、通过赐地与楚国争夺伯石为名，先把州县从没有归属、众人觊觎的公有资产转变为有明确归属的、在"自己人"手里的封邑。这一步"迂回棋"理由正，其他有争夺之心的卿官举不出什么正当理由来反对。由于伯石根本没有可能真正占有州县这块"飞地"，所以他在这里面所起

---

① 赵景子、范献子，参见书末附录。

到的作用就相当于一个"保险柜",将州县暂存起来,等待韩宣子找到更好的机会将其真正据为己有。

所以,前五三九年晋国将州县赐给伯石,实际上有三个不同层次的理由:

第一层,晋平公在外事活动中公开说出来的理由,也就是为了追认伯石父亲子丰对晋国的重大功劳。

第二层,韩宣子提请晋平公做这件事所用的理由,很可能是反制楚国对伯石的拉拢,从而在与楚国的"暗战"中保持不败:楚灵王娶伯石的女儿,晋国就送伯石一片"飞地"。

第三层,韩宣子想做这件事的私人理由,是为了今后将州县据为己有,先走一步"迂回棋"。

在了解了这些内情之后,我们可以推测,这次郑简公前来晋国由伯石负责相礼,伯石相礼时格外恭敬让旁人挑不出毛病,晋平公因此"感动"而回忆起伯石父亲旧日功劳,为了感谢旧日功劳而把晋国州县赐给伯石,所有这一切应该都源自韩宣子编制、晋平公和伯石事先都已经背熟的"脚本",而伯石在晋国朝堂上的出色表现也使得此次战略性的贿赂行动得以顺利完成。

前五三五年,子产的长期对头、晋楚两国争相拉拢的伯石终于去世。子产抓住机会,在同年访问晋国时,代表丰氏新宗主子旗①把州县土田私下归还给晋国首卿韩宣子,说:"先前贵国君主认为那公孙段(伯石)能够履行他的职责,因而赐给他州县的土田。如今公孙

_____

① 子旗,参见书末附录及郑世系图。

156

段不幸去世了，没机会长久享受贵国君主的恩德。他的儿子不敢拥有州县，又不敢直接告诉贵国君主让他不快，私下里先把它交给您。"韩宣子推辞不接受。子产说："古人有话说：'父亲砍柴砍太多，儿子背都背不动。'①丰施（子旗）唯恐不能承担先人的俸禄官职，更何况是承担大国的恩赐？即使您执政的时候可以平安无事，以后如果晋、郑之人不巧有了边境方面的争执，我国获罪，到那时，曾受晋国重赏的丰氏恐怕就要接受大的惩罚。您取回州县，是免除了我国未来可能会犯的罪，而支持了丰氏。胆敢以此请您收下。"

韩宣子于是接收了州县的土地簿册，然后将其交给了晋平公，请国君定夺如何处置。晋平公接受了州县之后，又把它回赐给了韩宣子。韩宣子表示，当初他和范宣子约定过两人都不要拥有州县，所以这块封地他是不方便接受的。然而国君的赐命也不好违抗，正好当时宋国首卿乐大心②也接受了晋国赐予的"飞地"原县③，于是韩宣子和乐大心做交换，韩宣子最后得到了原县，而乐大心的"飞地"从原县变成了州县。

这一连串的运作背后，是子产、韩宣子、晋平公、乐大心之间微妙的政治博弈：

子产为什么要将州县交给韩宣子？这是因为，通过这样做，子产在国际政治层面消除了晋郑关系的隐患，拉近了与晋国首卿韩宣子的关系；在国内政治层面成功切断了丰氏与晋国之间的

---

① 《左传·昭公七年》：其父析薪，其子弗克负荷。
② 乐大心，参见书末附录。
③ 原，参见书末地图二。

"代理人"联系,巩固了自己的执政卿地位。至于交还州县是子旗主动提出,还是子产强迫子旗同意,已经无从知晓,笔者倾向于后者。子产把州县交给韩宣子而不是晋平公,理由也完全可以摆到台面上说:直接将州县退还给晋平公恐怕有违抗先前赐命、蔑视晋平公的嫌疑,于是交给总领晋国朝政的韩宣子,请他酌情处理。

韩宣子为什么没有将州县直接据为己有,而是秉公办事将其交还给晋平公? 这是因为,如果韩宣子就这么直接占有州县,范氏宗主范献子很可能会重提当年他父亲范宣子与韩宣子达成过的"君子协定",指出韩氏并不比范氏更有理由获得州县(假设赵氏不重新加入争夺),进而指出韩宣子这样做是破坏旧日协定、以权谋私,因为子产将州县交给韩宣子的目的是通过韩宣子将其交还给晋平公,而不是将州县赠与韩宣子。那么,韩宣子难道就不怕晋平公把州县收归公室,或者赐给他人? 这是因为韩宣子对于下一段讲到的晋平公思路了如指掌,知道晋平公一定会把州县再赏赐给他。

那么,晋平公在接受韩宣子交还州县之后,为什么把州县又赐给韩宣子? 从《左传》里的相关记载我们可以知道,晋平公并不甘心做一位傀儡君主,他虽然没有能力彻底改变目前君权旁落卿大夫的格局,却也一直在寻找机会"挑动卿官斗卿官",通过这种方式来破坏六卿集团的内部平衡,从而增强他作为"总调停人"的权威。晋平公将州县赐予韩宣子,在台面上说起来也合情合理:州县从很早开始就是卿官封邑,公室当下只是暂时托管。既然韩氏、范氏都没有什么特殊理由取得州县,那么晋平公当然就按照六卿排序赐给排在首位的韩宣子。而晋平公这样做的实际目的,是希望充分利用围绕在州县上的争议,通过赐州县给韩宣子来激化韩宣子和范献子之间的矛盾,最好把赵氏新宗主赵景子也拉进来,总之是把事情闹大,因为事情闹得越大对他越有利。

韩宣子当然明白,就这样接受晋平公赏赐、直接占有州县很可能会引起范献子甚至是赵景子的挑战,于是他走出了关键的第二步,那就是灵活诠释晋平公的指示精神,把到手的州县理解为一个国君恩赐、不好推脱的"土地占有额度":既然和范宣子有言在先,约定韩氏、范氏都不得占有州县,那么我就通过与宋卿乐大心进行置换,让州县重新变成赐予外国首卿、服务国家战略的"飞地",而自己则最终获得了一个价值相当、而范献子完全没有理由质疑的原县。

最后,对于宋国首卿乐大心而言,反正都是有名无实的"飞地",帮助韩宣子完成扩大封地的资产运作,可以达到讨好晋国首卿的目的,对宋国、对自身都有益无害,何乐而不为?

孔子说:"只有具备仁德的人,才能公允地喜好一个人,公允地厌恶一个人。"[1]伯石被正式任命为卿官时,子产便因为他在接受任命时的虚伪做法而厌恶这个人(参见页109),而伯石后来果然被楚国、晋国争相拉拢,成为这两个大国渗透和操控郑国政局的代理人,可见子产对伯石的厌恶是完全正当的。然而,就算是对待这样一个

---

[1] 《论语·里仁》:唯仁者能好人,能恶人。

无论是从国家利益还是个人情感角度来讲都是敌人的人,子产也只是用各种方法加以敲打、限制,而没有像先前伯有、子晳那样爆发流血冲突,这充分显示了子产的仁德,也显示了他的智慧。

伯有鬼魂杀人,子产机智应对

伯有虽然在前五四三年已经被杀死,他的"阴魂"却仍然不散。前五三六年二月,郑都开始流传这么一个惊悚的说法:有人梦见伯有穿着甲胄在都城街道上走,对人说:"今年三月二日,我将杀死带(驷带,即子上)。明年正月二十七日,我又将杀掉段(公孙段,即伯石)。"郑都国人互相惊吓说"伯有到了",到处奔跑,不知道该躲到哪里。等到三月二日,子上真的去世了,国人更加恐慌。到了前五三五年正月二十七日,伯石也真的去世了,国人的恐慌进一步加剧。到了二月,子产宣布立良止(伯有的儿子)和公孙泄(子孔的儿子)为大夫,这场风波马上就平息了。

子太叔问为什么要这么做。子产说:"鬼魂有所归宿,才不会成为厉鬼害人。我是为伯有的鬼魂找个归宿。"子太叔说:"那您立公孙泄又是为了什么?"子产说:"这是为了给个说法。这个做法本身不合于义,而是图谋给民众一个说法。执政者有时需要违背礼义,来取得民众的爱戴。不取得民众的爱戴,就不能建立信用。没有信用,民众就不会服从。"

从无神论角度分析,子上、伯石之死不可能是因为伯有鬼魂作祟所致。上文所述伯有鬼魂"克死"子上、伯石的事,如果不是杜撰、又不是巧合的话，就只能理解为伯有余党首先散布伯有鬼魂将要杀人的谣言，然后按谣言上所说的日期杀死了子上、伯石，可以说是一次先秦版本的"恐怖主义行动"。当时人普遍相信横死之人可以变为厉鬼害人，而很难猜想到这是一场人为的"定点清除行动"，因此"伯有鬼魂杀人"在民众中造成了很大的恐慌，而且此时正是子产"铸刑书"（见页197）改革的第二年，国内政局本来就不稳定，再发生这种恐怖事件很有可能会触发政治动荡，必须设法迅速制止。子产于是立了伯有的儿子良止，因为无论此事是伯有余党策划实施，来逼迫当局重新任用良氏后代为官（笔者认为这是真相）；还是真的因为伯有鬼魂作祟（如同当时大部分民众相信的那样），如此安排都能满足人/鬼的需求，从而迅速平息此事。

但是，如果只立伯有的儿子良止，则会使民众相信政府害怕厉鬼，这将会为图谋不轨者打开用鬼怪之事胁迫执政者的恶劣门路，为日后的国家治理埋下巨大后患。于是子产同时将子孔（前五五四年因罪被诛杀的卿）的儿子公孙泄也立为大夫，这是给民众一个说法，使民众认为执政者立良止为大夫并非害怕伯有鬼魂胁迫，而是感念伯有鬼魂作祟之事，出于仁慈而体恤被诛杀卿大夫的后代，不仅安抚闹事的伯有鬼魂，也一并安抚并未闹事的子孔鬼魂。这样做一方面让民众感受到执政者的仁慈，从而更加爱戴拥护现政权；另一方面又没有直接向伯有余党的暴行低头示弱，最大程度地保住了执政者的尊严。

伯有和子孔都是因罪被诛的卿大夫，根据礼制的规定，他们的后代应不得立为大夫。此次子产立两人的儿子为大夫，虽然违背了礼法的教条，但这样做迅速平息了事件，获得了民众的爱戴，又保持了执政者的尊严，可以说是一次非常成功的"危机公关"，深得为政大体。

前五三五年子产访问晋国的时候，赵景子问起这件事，说："伯有这样的人，死后还能变成鬼么？"子产回答说："能。人出生后有了形体，形体之灵为'魄'。有魄之后，形体内自有阳气，阳气之神为'魂'。生时衣食用度精美丰富，魂魄就会不断强大。因此有初级阶段称为'精爽'，以至于高级阶段称为'神明'。[①] 普通的男人女人如果横死不得善终，他们的魂魄尚且能够凭借依附在活人身上，成为放肆的厉鬼，何况良霄，他是我们先君穆公的后代，子良的孙子，子耳的儿子，我国的卿，他们家从政已经三代了。郑国虽然不强大，就像俗话说的'弹丸小国'，可是良霄祖孙三代都执掌国政，他用过的好东西很多，从中汲取的精华也很多；他的家族又大，可以凭借的势力很雄厚，而且又是横死街头。他能变成鬼害人，不也是很合适的吗？"

如何理解子产这段话的深意？如果从字面意思去理解，由于鬼神魂魄之学是春秋时期最玄妙深奥的学问，子产这段关于魂魄的精彩论述，说明他的确是位"博学多知的君子"（见页169），用我们今天的话说，就是一位"知识型官员"。如果从郑国国内政治的层面去理解，大族实力雄厚、宗主被杀后能变成"厉鬼"来继续害人，正是伯有余党与执政者继续斗争的绝妙隐喻。如果从外交辞

---

① 《左传·昭公七年》：人生始化曰"魄"。既生魄，阳曰"魂"。用物精多，则魂魄强。是以有精爽，至于神明。

令的层面去理解，子产表面上是论证伯有这样的"弹丸小国"罪臣死后尚且能变成厉鬼继续害人，实际上是强调郑国这个"弹丸小国"不可以被轻视，应该得到晋国的尊重。子产言辞艺术的高超，在此可见一斑。

重塑外交　晋国楚国

子产于是行也，足以为国基矣。

——孔子

巧解晋侯病因,受赞博物君子

前五四一年,晋国的君主晋平公病倒了。郑简公派子产到晋国访问,并探问晋平公的病情。

叔向问他:"我国君主病得很重,卜人说:'是实沈、台骀(tái)在作祟。'我国的太史没人知道这两位神。敢问这些是什么神?"

子产说:

"昔日高辛氏有两个儿子,大的叫阏伯,小的叫实沈。两人居住在空旷的林地,不能和睦相处,每天拿着戈盾,相互征讨。后帝认为他们两个都不是善类,于是把阏伯迁到商丘,主祀辰星,后来商人因袭了阏伯的领地,因此辰星成了商的分星;把实沈迁到大夏,主祀参星,唐人因袭了实沈的领地,服事夏、商王室。商朝末年的唐国君主是唐叔虞。当时周武王的妻子邑姜正怀着太叔,梦见天帝对自己说:'我给你的儿子取名为"虞",将给予他唐国,上应参星,并会让他的子孙繁衍昌盛。'等到孩子出生,手上有字'虞',于是就用它来命名。等到周成王①灭了

---

① 周成王,参见书末附录。

唐国，就把太叔虞封在那里。太叔虞是晋国的始封君，参星也就成为了晋国的分星。由此看来，实沈是参星之神。

"昔日金天氏的久远后代是昧，他是水官之长，生了允格、台骀。台骀能够继承父亲的官职，疏通汾水、洮水，筑堤防拦住大泽，使民众能够在大原安居。帝因此嘉奖他，把他分封在汾水流域，之后分为沈、姒、蓐、黄四国，都祭祀台骀。如今晋国主宰了汾水流域，把这些古国都灭掉了。由此看来，台骀是汾水之神。

"但是这两位天神，不涉及贵国君主的身体。像台骀这样的山川之神，是在发生水灾、旱灾、流行病的时候祭祀的。像实沈这样的日月星辰之神，是在雪霜风雨发生异常的时候祭祀的。如果说到贵国君主的身体，与之相关的则是起居、饮食、情绪等方面的事。山川、星辰的神祇，跟这些又有什么关系？

"我听说，君子一天可以分为四时：早晨听取政事汇报，白天咨询商议，傍晚修治政令，夜晚安养身心。于是根据四时有节律地疏导运用体内的元气，不要让它壅塞不通而导致身体虚弱，心志不明，最终造成百事节度混乱。[1] 如今贵国君主恐怕是把所有的元气都用在了一处，所以就生病了。我又听说：'选取内宫嫔妃不能涉及同姓女子，否则繁衍后代会有困难。'同姓还硬娶的必是绝美女子，美貌到了极致，就容易让人生病，君子因此很厌恶这种事情。因此《志》上说：'买妾不知道她的姓，就要占卜确保不是同姓。'

"按四时节律作息、不娶同姓美女，做违背这两条原则的事，从

---

[1] 《左传·昭公元年》：君子有四时：朝以听政，昼以访问，夕以修令，夜以安身。于是乎节宣其气，勿使有所壅闭湫底以露其体，兹心不爽，而昏乱百度。

古时候起就是很慎重的。男女结合要分辨姓，这是礼制的大事。如今贵国君主的内宫有四位姬姓嫔妃，生病恐怕就是因为这个吧？如果任由这两件事发展下去，那就没法挽救了。四位姬姓嫔妃要是能省掉还有办法，不然的话，就一定会生病的。"

叔向说："好啊！我从没听说过这些。您说的都有道理。"

晋平公听闻了子产的话，说："这是位博学多知的君子啊！"在访问结束时送给他很丰厚的礼物。

子产从晋国太史都闻所未闻的实沈、台骀掌故说起，从容不迫地展现了自己渊博的神学知识，树立起了博学多知的君子形象，为后面的说理做足了气场上的铺垫；然后，他以神学专家的身份，不容置疑地用一句"山川、星辰的神祇，跟这些又有什么关系"，否定了两位神祇在晋平公患病这件事上的作用，转而开始深入探讨毫无神秘色彩的君主修身养性之道，最终点出晋平公的病因在于沉溺女色太过，令人心悦诚服。

如果只看这段，很容易让人认为晋平公就是一个荒淫无道的昏君。但实际上，自从前五五七年即位之后，晋平公在政治上可以说是颇有建树。仅从国际事务来看，晋平公前五五五年亲率诸侯讨伐齐国，取得了峯之战的胜利；前五四八年再次亲率诸侯讨伐齐国，又逼得齐人求和；前五四七年在澶渊之会上出面逮捕无道昏君卫献公；前五四六年与楚国讲和，达成宋之盟。虽然其中很大一部分是众卿的功劳，但晋平公的统领之功还是不可埋没。此外，晋平公明事理、惜人才，能听取批评意见，任用被孔子誉为"古代遗留下来的正直之人"的叔向和说话极为大胆而深刻的师旷，本年还称赞子产是"博学多知的君子"并以礼相待。那么，这样一个很有水平的国君，为什么现在却把大量精力都花在玩女人身上，糟践自己的身体呢？

这是因为，前五四六年晋楚讲和结束武力争霸之后，晋国和楚国走上了两条截然不同的发展道路。在失去了楚国这个大敌之后，晋国的六大卿族不再把团结一致维护晋国霸业作为头等大事，而是致力于发展各自家族的势力，都想要把自己的家族"升级"成为诸侯国。这样一来，代表国家整体利益的晋国公室被进一步架空，公室三军在短短几年内就名存实亡，晋平公成为一个更加纯正的傀儡。而楚国则继续保持着中央集权的体制，国家的实际领导人楚令尹王子围一方面遵守宋之盟的约定，不再与北方的晋国武力争霸，另一方面在南方消灭小国、开疆拓土，使得楚国变得日益强大。

前五三九年，齐贤大夫晏子①到晋国为齐君提亲，事成之后与叔向吃饭，席间叔向一语道破晋平公荒淫的深层次原因："国政旁落到大族家门，民众无所依靠。君主每天也不知改变，只知道用享乐来度过忧愁。"②只看到晚期君主似乎不可理喻的荒淫，看不到他面对已经无可挽回的局面时的痛苦，看不到他满身精力无处可用只能发泄在女人身上的无奈，这也许是我们评价历史人物时经常会走入的误区。

---

① 晏子，参见书末附录。
② 《左传·昭公三年》：政在家门，民无所依。君日不悛，以乐慆忧。

晋侯无奈让霸权，楚王会盟显败兆

　　说完了前五四一年晋平公的病情，我们再来看同一年楚令尹王子围干的大事。这一年秋天，楚国令尹王子围派王子黑肱[①]、伯州犁修筑犨（chōu）、栎、郏[②]这三个靠近郑国的城邑。郑人很害怕。子产说："不用怕。令尹（王子围）要干件大事，准备先除掉这两位。祸患不涉及郑国，怕什么呢？"

　　事情的发展果然如子产所料。这年冬天，王子围前往郑国访问，楚大夫伍举做副手。还没出楚国边境，听闻郏敖生病就立即回国，让伍举继续前行。十一月四日，王子围到达楚都，进入公宫探问郏敖病情，于是用冠缨勒死了郏敖，而且杀了他的两个儿子幕和平夏，断了郏敖这支王族死灰复燃的可能性。王子比[③]出奔到晋国，王子黑肱出奔到郑国，伯州犁在郏邑被王子围的手下所杀。

　　楚灵王即位之后，郑卿子太叔前往楚国，参加郏敖葬礼，并且与新君会面。子太叔回来以后，对子产说："我们要准备诸侯会盟用的行装器用了。楚王骄横自大而且觉得自己这回干得漂亮，一定会要会合诸侯。我们过不了几天就要前往楚国了。"子产说："不用着急。没有几年的时间，楚国还没有能力会合诸侯。"

　　不出子产所料，楚国在三年之后（前五三八年）才正式提出，希

---

① 王子黑肱，参见书末附录。
② 犨、栎、郏，参见书末地图三。
③ 伍举、王子比，参见书末附录。

望能召集天下诸侯在楚国的申县举行会盟。楚灵王先是邀请郑简公(子产陪同)、许悼公①到楚国云梦泽②地区田猎,然后让他们在楚国等着,同时让自己的心腹伍举去晋国,请求晋国同意晋集团诸侯参与申之会。伍举在晋国朝廷上传达使命说:"我国君王让我来传达说:'昔日蒙贵国君主的恩惠,在宋国赐给盟誓,说"跟从晋国和楚国的诸侯国互相访问"。因为年岁不太平,寡人愿意和跟从晋国的诸位国君交好',于是派我来请示跟从晋国的诸侯国何时有闲暇。君主如果没有四方边境的顾虑,那么我国希望借您的尊荣向诸侯请求到楚地会盟。"

晋平公准备不答应。大夫女齐③劝阻说:"不可以。楚王正是自大凌人的时候,上天或者想要让他快意,以加厚他对他国的毒害,然后降下惩罚,上天是不是这么安排,我们没法知道;也可能真让他能得以善终,上天是不是这么安排,也没法知道。晋、楚谁能胜过谁全看上天帮助哪一方,晋国不可以在不明确天命所指的情况下与楚国竞争。君主还是答应他,而修明德行,等待楚王最后的归宿。如果楚王最后也归于美德,那我国都要去事奉他,何况其他诸侯国呢?如果他归于荒淫暴虐,楚国将抛弃他,我们又和谁争斗呢?"

晋平公还不甘心,反驳说:"晋国有三个立于不败之地的因素,有谁能与我们匹敌?国家地势险要,这是一;马匹多,这是二;齐国、楚国多有祸难,这是三。有这三条,往哪个方向努力会不成功?"

---

① 许悼公,参见书末附录。
② 申、云梦泽,参见书末地图三。
③ 女齐,参见书末附录。

女齐回答说：

"仗恃地势险要和马匹多，以及指望邻国的祸难，是三个导致危险的想法。

"四岳山、三涂山、阳城山、太室山、荆山、中南山，是九州的险要之处，然而这些险地从古到今并不属于某一个姓的国家所有。冀地北方的土地，是出产马的地方，然而那里并没有国家兴起。仗恃险要和马匹多，不能够真正成就坚固不破的态势，自古以来就是如此。因此先王致力于修治行为和言论以事奉神和人，没有听说致力于地形险要和马匹的。[①]

"邻国的祸难，是不可以指望的。有的多次发生内部祸难却巩固了国家、开辟了疆土，有的没有内部祸难却丧亡了国家、失掉了疆土，怎么能幸灾乐祸呢？[②] 齐国发生了公孙无知的祸难而得到了桓公，到今天齐国还靠着他当年所建立霸业的余荫。晋国发生里克、丕郑的祸难因而得到了文公，因此成了盟主。卫国、邢国内部并没有祸难，外部的敌人也还是灭亡了它们，所以别人的祸难是不能指望的。

"仗恃这三条，而不去修明政德，挽救危亡还来不及，又怎么能够成功？您还是答应他们。商纣荒淫暴虐，文王惠爱和善，商朝因此灭亡，周朝因此兴起，难道只是因为谁争到了诸侯？"

晋平公不再坚持己见，让叔向回答伍举说："我国君主由于有国

---

① 《左传·昭公四年》：恃险与马，不可以为固也，从古以然。是以先王务修德音以亨神、人，不闻其务险与马也。

② 《左传·昭公四年》：邻国之难，不可虞也。或多难以固其国、启其疆土，或无难以丧其国、失其守宇。若何虞难？

家大事，因此不得在春、秋朝聘时节与贵国君主会见。诸侯，贵国君主本来就拥有它们，何必还要屈尊来请求我国的命令？"其实也就是在原则上同意了楚灵王的请求，但同时表示，晋国本身不会参与此次会盟。伍举又进一步请求晋平公将女儿嫁给楚灵王，晋平公也答应了。

在晋平公和女齐这番争论下所掩盖的，是晋国霸业衰颓的严峻现实。正如一年前（前五三九年）晋叔向与齐晏婴谈话时所说的，宋之盟后晋国"国君戎车的马已经不再驾车，诸卿已经不再率领公室军队。公室的战车部队没有了御者和戎右，步兵行列也没有了官长"，也就是说，长期以来作为晋国国家军事力量与楚国争霸的晋公室三军已经名存实亡。不再需要团结一致与楚国争霸之后，晋国六卿都忙着建设自己的私家军，扩大自己的领地，在治理晋国内政问题上勾心斗角，在维持晋国霸业问题上得过且过。

"荒淫"的晋平公实际上是一个想要有所作为的君主，他为晋国霸业的衰颓感到十分焦虑（后来甚至急得病倒，参见页 183）。他实际上想做的是拒绝楚灵王的请求，从而挑起与楚灵王的争端，然后以此为抓手，倒逼六卿重视公室军队建设、投入人力物力，从而重振晋国霸业。他提出"三个立于不败之地的因素"，其实是在为自己的"主战"主张尽力鼓吹，强调现在与楚争霸还是具备有利条件的（多马、齐楚多难），即使不幸战败，晋国"外有河水，内有太行山"的险要地势也能保证国家本身没有危险。女齐代表的则是六卿的"主和"观点，因此强调天命不明确、三因素不可靠，总之就是在不直指六卿各怀鬼胎、不愿再与楚国武力争霸的前提下，证明晋国现在不能与楚国争霸,告诫晋平公不要折腾,老老实实地继续"修明德行"。晋平公、女齐都有意绕开六卿说事,正说明六卿不愿支持公室重振霸业才是问题的关键,这一点在下面被子产一针见血地指出来了。

不过,晋国毕竟在过去一百多年都是中原霸主,虽然六卿无心再团结起来与楚国武力争霸,但也都不愿意让楚灵王完全得逞。如果楚灵王真的办成一个不仅有南方国家参与、还有各中原主要诸侯国参与的诸侯大会,那么仅就参与诸侯的广度而言,楚灵王的霸业就比历代晋侯还要更伟大。因此,在回答楚国使者伍举时,晋人一方面说,"诸侯,贵国君主本来就拥有它们,何必还要屈尊来请求我国的命令",好像是答应了楚人的请求;但是另一方面又说"我国君主由于有国家大事,因此不得在春、秋朝聘时节与贵国君主会见",表示晋国将不会派代表参加申之会。晋人的这个答复,其实是向晋集团各诸侯国发出了一个明确的信号,那就是:你们的老盟主虽然为了维护和平允许楚王会合诸侯,但实际上并不认可此次会盟,你们谁要是参加,那就是楚国"本来就拥有的国家",也就是对晋国有二心,晋国都会记下的! 晋楚停战能维持多久可说不好,因此,你们是不是要参加,自己掂量着办吧! 从最后结果来看,晋集团的各主要诸侯国都没有参会,即使是参会的宋国也只派了个太子,这位太子还迟到了,可见晋国"瘦死的骆驼比马大",仍然有不小的余威。

当伍举在晋国谈判之时,十分关注此事进展的楚灵王按捺不住心中的忐忑,问当时在国际间已有"料事如神"美名的子产:"晋国会允许我会合诸侯吗?"子产说:"会允许君王的。晋君安于现状,志向不在经营霸业、掌控诸侯。晋国的卿大夫们都有很多的欲求,没有谁会去匡扶国君重振霸业。况且宋之盟的约定又说'晋、楚两国友好如同一家'。晋君要是不允许君王，又能怎么样？"

楚灵王又问："诸侯会来吗？"子产说："一定会来。诸侯遵从宋之盟的精神，奉承您的欢心，又不畏惧大国的制裁，为什么不来？如果会有不来的，那恐怕是鲁国、卫国、曹国、邾国①吧！曹国怕宋国，邾国怕鲁国，鲁国、卫国被齐国逼迫，而且跟晋国很亲近，因此不会来。其余的国家，都是您势力所及的国家，谁敢不来？"

楚灵王似乎对于剩下的国家能够参会已经感到满意，于是他又进一步追问："那么我想要求取的，没有不可以的吗？"子产说："通过欺压和损害他人来求取自己的快意，怕是不行。和他人有共同的欲求一起努力，都能成功。②"

前五三八年夏天，申之会召开。前来捧场的诸侯国君有蔡侯、陈侯、郑伯、许男、徐子、滕子、顿子、胡子、沈子、小邾子③。其中，蔡、陈、郑、许是长期在晋、楚之间摇摆的"二心国"，滕、小邾是两个无关紧要的中原小国，剩下的徐、顿、胡、沈都是一直跟随楚国的南方小国。晋、齐、秦三个大国都没有来，子产明说的鲁、卫、曹、邾四国也都没来，其中曹国、邾国推辞说国内有麻烦，鲁昭公推辞说会期与一场重要的国家祭祀活动冲突，卫襄公推辞说正好身体不适。真正有分量的中原"新面孔"只有宋国，这很可能是因为宋国是宋之盟的倡导国。宋国当然也考虑了自己传统盟主晋国的感受，因此只派了太

---

① 曹国、邾国，参见书末附录及地图三。
② 《左传·昭公四年》：求逞于人，不可。与人同欲，尽济。
③ 徐国、滕国、顿国、胡国、沈国、小邾国，参见书末附录及地图三。

子佐前来①,在礼数上"缺斤短两"。

现在再来回看子产在申之会前为楚灵王所做的分析,可以说是"绵里藏针"。先来分析"绵"在哪里。首先,子产说"晋君安于现状,志向不在经营霸业、掌控诸侯""晋国的卿大夫们都有很多的欲求,没有谁会去匡扶国君重振霸业",这在积极争霸的楚灵王听来,当然是非常顺耳的。其次,子产在回答楚灵王"诸侯会来吗"的问题时,一开头先是给了一个正能量满满的答复"一定会来""诸侯遵从宋之盟的精神,奉承您的欢心,又不畏惧大国的制裁,为什么不来"。如果说子产的话是"绵里藏针",那么这些让楚灵王听起来很舒服的话就是那柔软的丝绵。

接下来分析"针"都有哪些。首先,子产在具体分析会来的国家时,犀利地指出:曹、邾、鲁、卫由于畏惧晋、齐、宋的制裁而不会来,隐含的推论是晋、齐、宋本身就更不会来(宋最后派了太子,这点预测并非完全准确),实际上告诉楚灵王,除了郑、许、陈、蔡这样长期在晋、楚之间摇摆的"二心国",晋集团的重要诸侯国很可能都不会来。第二,当楚灵王问自己是不是想要什么都能得到时,子产虽然没有直说"不可以",但仍然严肃地告诫说,"只想着从他人那里求取快意,怕是不行。和他人有共同的欲求,都能成功"。如果说子产的话是"绵里藏针",这些向楚灵王揭示实情、提出告诫的话就是那锋利的针。

子产"绵里藏针"的说话方式很生动地体现了此时郑国对楚国

---

① 鲁昭公、太子佐,参见书末附录。

颇为微妙的外交策略。一方面，晋、楚已经讲和，武力争霸暂时不会发生；郑国已经"跟定晋国"多年，背后有大国撑腰；子产又已经在国际上树立起了"敢说真话""料事如神"的声誉，因此子产在回答楚灵王的问题时不需要昧着良心一味奉迎，说几句有干货、有洞察力的真话，反而是楚灵王欢迎的，让楚灵王认为自己在子产这里得到了与晋侯同等的待遇。另一方面，晋国现在安于现状，而楚国则在积极争霸，如果楚国真的决定撕破脸再诉诸武力的话，晋国未必会、未必能保护郑国，因此，子产在与楚灵王说话时还是要注意时不时摸摸"顺毛"，给点"阳光"，不能像对待晋国那样坦诚直率。其中的分寸不好把握，能够做到恰到好处的也只有子产这样的杰出人物。

伍举对楚灵王说："我听说让诸侯归服的不是别的，而就是守礼。如今君王刚开始得到诸侯，恐怕要慎重行礼。① 君王所追求的称霸事业能否成功，就看这次大会了。夏启曾召集各方国在钧台举行大型享礼，宣告自己正式即位；商汤曾在景亳向诸侯发布命令，号召共同讨伐夏桀；周武王曾在孟津召集诸侯宣誓，共同讨伐商纣；周成王东征得胜返回，曾在岐山南面检阅诸侯军队；周康王曾在丰宫接受诸侯朝见；周穆王曾在涂山召开诸侯大会；齐桓公②曾率诸侯军队讨伐楚地召陵，后来与楚人在召陵讲和盟誓；晋文公在城濮之战打败楚国之后，曾在践土与诸侯会盟。君王准备用哪次的礼仪？宋国的向戌、郑国的公孙侨都在，他们是诸侯中的贤良之臣，请君王选择一下。"楚灵王说："我要用齐桓公率诸侯在召陵与楚人会盟的

---

① 《左传·昭公四年》：臣闻诸侯无归，礼以为归。今君始得诸侯，其慎礼矣。
② 周康王、周穆王、齐桓公，参见书末附录。

礼仪。"

楚灵王向宋国执政卿向戌和郑国执政卿子产询问具体的礼仪。

向戌说："小国演习它,大国用它,怎敢不进献我所听闻过的礼仪?"向楚灵王进献了六项公爵诸侯会合低爵位诸侯的礼仪。西周初年周公制礼时还没有"霸主"这个概念,周礼里面最接近于霸主会合诸侯的礼仪就是"公合诸侯之礼",后来到了春秋时期在霸主会合诸侯时就直接用它。宋国是公爵,而且春秋初期宋襄公[①]曾经试图称霸,所以宋国备有公合诸侯之礼。到了向戌的时候,宋人已经很久没有施行过这个礼仪,所以向戌说他也只是"听闻过的"。

子产说："小国以供奉大国为职责,怎敢不进献我们所职守的礼仪?"向楚灵王进献了六项伯、子、男爵诸侯会见公爵诸侯的礼仪。周礼里面最接近于诸侯会见霸主的礼仪就是"伯、子、男会公之礼",所以春秋时就直接用它。郑为伯爵小国,处在晋、楚两个争霸大国之间,时常要用到这些礼仪,所以子产说这些礼仪是郑国"所职守的"。

在大会过程中,楚灵王虽然按部就班地行了礼,却没能抓住机会树立一个崇德守礼、诸侯归心的霸主形象,而是如子产所预料的那样"只想着让自己快意"。比如说,太子佐迟到,楚灵王就在武城[②]田猎不见他,还谎称说不见面的原因是自己在武城参加重要祭祀。又比如说,徐子是吴女所生,当时吴国[③]正与楚国为敌,楚灵王

---

① 宋襄公,参见书末附录。
② 武城,参见书末地图三。
③ 吴国,参见书末地图三"吴 2"。

怀疑徐子有二心,于是在申之会上逮捕了他,显示自己霸主的威风。子产见到向戌说:"我不担心楚国了。楚王自大而且听不进劝谏,不过十年就会出事。"向戌说:"有道理。没有十年的狂妄自大,他的恶行不会远播。恶行远播之后就会被抛弃。行善也是一样,德行远播之后就会兴盛。①"

解病因吹捧晋侯,骋雄辩捍卫国家

申之会结束后,楚灵王率领着诸侯讨伐吴国,又灭了赖国,把赖人迁徙到鄢②,还想把许国人迁徙到赖,颇有运筹"南方一盘棋"的架势。前五三七年,晋国史无前例地派出首卿韩宣子和大夫叔向,将公室女子一路送到楚国,嫁给楚灵王。同年,楚灵王召集诸侯讨伐吴国。前五三六年,楚国又出兵讨伐吴国。前五三五年,楚灵王耗费大量人力物力修筑的"超级建筑"章华台落成,鲁昭公专程前去参加落成典礼。

就在楚国在南方的称霸事业风生水起的时候,晋平公又病倒了。在他卧病在床期间,子产来到晋国访问。六年前子产对晋平公病因的精准分析已经使他深得晋国君臣的信任,因此这次韩宣子亲自迎接他,私下会面时向他请教道:"我国君主卧病在床,到现在已经三个月了。名山大川都去祭祀过了,但是病情却只有加重而没有减轻。如今梦见黄熊进入寝宫的门,这是什么厉鬼?"子产回答说:

---

① 《左传·昭公四年》:不十年侈,其恶不远。远恶而后弃。善亦如之,德远而后兴。
② 赖国、鄢,参见书末地图三。赖国,参见书末附录。

"贵国君主英明,您执掌大政,哪里会有什么厉鬼? 昔日唐尧在羽山杀死了夏禹之父鲧(gǔn),鲧的神灵化作黄熊潜入到羽山下的深渊中。鲧是夏朝郊祭天地时配享的对象,夏、商、周三代王室都祭祀他。如今晋国是盟主,大概可能是没有祭祀鲧的缘故吧?"韩宣子马上组织祭祀鲧。晋平公病情果真有所好转,于是把莒国①的两个方鼎赐给子产。

这个事件在《国语·晋语八》里也有记载:

郑简公派公孙成子(即子产)来到晋国访问。晋平公患病,韩宣子帮助安排客人到宾馆住下。

客人问起君主的病情,宣子回答说:"我国君主生病已经很久了,天上地下的神灵都祭祀了个遍,但病始终不见消除。如今梦见黄熊进入寝官的门,不知道这是预示着杀人呢,还是厉鬼作祟呢?"

子产说:"以贵国君主的贤明,您主持国家大政,哪有什么厉鬼?我听说,以前鲧违背了虞帝的命令,被杀死在羽山,化成了黄熊,进入羽山下的深渊,他的儿子禹拥有天下之后,鲧成为夏朝王室郊祭天地时配享的神灵,夏、商、周三代的王室都举行这个祭祀。那鬼神所涉及的,不是他的同族,就是与他同样地位的人,所以天子祭祀上帝,公侯祭祀有大功勋的公侯,从卿以下不过祭祀自己的亲族。如今周王室逐渐卑微,晋国实际上继承了它的地位,恐怕是因为没有祭祀夏代郊祭配享的神灵吧?"

----

① 莒国,参见书末附录及地图三。

宣子把子产的话报告了晋平公，于是祭祀夏代郊祭配享的神灵，董伯作为祭祀的尸①。五天以后，平公病情好转，接见了子产，赐给他莒鼎。

　　晋平公病情好转真的是因为鲧的神灵得到了祭祀（食物）吗？要揭开这件事情的真相，要从理解《左传》和《国语》版本中这句关键的话开始：

　　如今晋国是盟主，大概可能是没有祭祀鲧的缘故吧？（《左传》）

　　如今周王室逐渐卑微，晋国实际上继承了它的地位，恐怕是因为没有祭祀夏代郊祭配享的神灵吧？（《国语》）

　　这两句话读起来都有些突兀，这是因为子产真正想要传达的信息是不能明说的。如果把子产不能明说但晋平公完全能够意会的部分补足出来，大概是这个样子：

　　如今晋国是盟主，而周王室逐渐卑微，晋国实际上已经取代了周王室作为天下共主的地位，因此鲧期待晋国能接替周王室来祭祀他（给他食物）。君主如今被黄熊折磨，大概可能是没有祭祀鲧的缘故吧？（《左传》）

　　如今周王室逐渐卑微，晋国实际上继承了它的地位，因此鲧期

---

① 古代祭祀时，象征死者、代死者受祭祀的活人称为"尸"，一般由臣下或死者的晚辈担任。

待晋国能够接替周王室来祭祀他（给他食物）。如今君主被黄熊折磨，恐怕是因为没有祭祀夏代郊祭配享的神灵吧？（《国语》）

可以看出，《左传》版本更加隐晦，而《国语》版本实际上是把子产的真实意思更多地表露了出来。笔者认为《左传》版本可能更接近于子产的原话，而《国语》版本是为了便于读者理解而进行了部分"剧透"。无论是哪个版本，子产想表达的意思是很清楚的：晋国是中原诸侯实际上的共主，其地位相当于西周时的周王室，因此鲧的神灵黄熊会找上门来，通过以病痛折磨晋平公来要求晋国祭祀它（给它食物）。这看起来是在煞有介事地通过解梦来诊断晋平公的病因，实际上是在用一种非常曲折的方式吹捧晋国：虽然表面上晋国还要打着"尊奉周王室"的旗号来召集诸侯，但是鲧的神灵可是不受周礼约束的，它只管找和三代王室相匹敌的、真正能好好祭祀它的国家求食。也就是说，晋国接替周王室作为天下共主的政治地位，在神灵看来是毋庸置疑的，而且在当下是仍然有效的。

如果我们坚持无神论的立场，不相信晋平公生病真是因为鲧的神灵折磨他的话，那么最靠谱的解释可能是：晋平公的体病是由于心病引起的，而他的心病就是楚灵王霸业日渐昌盛，而晋国内政日渐分裂、霸业遭遇危机。子产的这番头头是道的"神分析"，一方面给了黄熊之梦一个"有理有据"的解释，一方面还给晋平公加油打气，告诉他虽然实际形势很不乐观，似乎楚国马上要取代晋国成为天下共主，但全知全能的神灵仍然认定晋国是接替周王室的天下共主，并没有抛弃晋国而选择楚国。虽然这么说是对周王室大不敬，但是为了找出晋平公的"真正病因"，自己也只能违背一次周礼，斗胆说出大家心里都明白的"实际情况"了。人在生病时特别容易相信神鬼之事（直到今天仍是如此），晋平公听到这么一套说到点子上的宽心话，心病自然得到缓解，体病好转也就是情理之中的事了。

子产在晋国君臣面前又摆了一次"博学多知的君子"的谱，说了一通连晋国太史都没听说过的神鬼知识，还立了帮助晋平公康复的头功，这可以说是郑国外交的又一次重大成功。子产在这件事上的思路实际上跟他在前五三五年平息伯有鬼魂杀人风波时如出一辙：那就是违背礼法的具体规定（这次是不尊周王），求得晋国欢心，提高自己和郑国在晋国君臣心目中的地位。

正如子产、向戌所料，申之会举行后的第十年，前五二九年，就在楚灵王已扫荡大半个南方、即将攻下徐国之际，后方发生叛乱，楚灵王最终自缢身亡。晋国六卿虽然不打算和楚国武力争霸，但是也不会错过楚国白送的机会，于是马上把六大家族的私家军队拼凑在一起，组织了一支四千辆兵车规模的、足以碾压任何一个诸侯国的军队，召集中原诸侯在平丘①举行会盟，并举行大型军事演习来恐吓诸侯，宣示晋国仍然是霸主。

晋人命令各诸侯代表团在八月七日中午从各自营地出发，前往专门为会盟清理出的空地集合。八月六日上午各诸侯国代表进见

① 平丘，参见书末地图二。

晋昭公①完毕之后，子产通过观察和分析，敏锐地意识到，在楚国遭遇沉重打击之后，"晋国独大"的形势已经形成，不少诸侯国都想向晋国表忠心，因此它们有可能会提前到会盟场地占座，于是紧急发令，要求外仆马上到空地搭建营帐。子太叔认为没那么夸张，于是阻止了要去做此事的外仆，让他还是按照通知要求等明天再去。到了晚上，子产听说外仆还没有执行他的命令，于是让他们赶紧去，到现场时发现已经没有空地了。

晋国六卿之所以会暂时合兵一处来举行这次会盟，最重要的目的就是要充分利用诸侯已经没有楚国可以投靠的形势，以霸主名义向诸侯征收更多的贡赋。所以，在举行盟誓的当天，各国最为关注的可能并不是歃血盟誓的空洞仪式，而是确定各国向霸主晋国交纳贡赋额度的实质性商谈。晋国先前在会场举行的大规模军事演习虽然吓住了其他诸侯国代表，却没有吓住子产，子产代表郑国发言说："昔日天子制定诸侯贡赋的班次，是根据诸侯国力的轻重进行排列的。排位越尊贵的国家，贡赋就越重，这是周朝的祖制。排位卑下而贡赋重的，只有甸服里的国家。郑国在公、侯、伯、子、男的五等爵体系中是伯爵、男爵级别的诸侯（子产意思是，郑国虽为伯爵，而实力只在伯、男之间），现在却要让我们按照公爵、侯爵的档次交纳贡赋，恐怕是无法供给的，胆敢请求有所减轻。现在诸侯之间休战，应当致力于相互友好。可是大国使者催促贡赋的命令没有哪个月不来，贡赋没有准限，小国一旦有阙失，就成了得罪大国的原因。诸

---

① 晋昭公，参见书末附录。

侯修治盟誓的目的，是为了存续小国。如果贡赋没有准则，那么小国的衰亡就会很快到来。决定小国存亡的贡赋制度，今天就要有个明确的说法！"①子产从中午开始为郑国争取减轻贡赋，一直争到傍晚，晋人最终答应了，然后举行了盟誓。

盟誓结束后，子太叔埋怨子产说："晋国如果纠集诸侯如果前来讨伐，难道可以轻慢吗？"子产说："现在晋国的政令出自多个卿族的家门，卿族各怀鬼胎、苟且偷安尚且来不及，哪有工夫团结一致出兵讨伐我们？国家如果不为自身利益而力争，也就会被别国欺凌，那还成个什么国家？"②

最终，郑国成为参会中原诸侯国中唯一一个获得贡赋削减优待的国家，而事后晋国也并没有纠集其他诸侯来讨伐郑国，子产在平丘之会上看似莽撞激烈的维权行为再次被证明是力道恰到好处的精准打击，与前五四六年不经晋国许可讨伐陈国、前五四二年拆毁晋国宾馆围墙有异曲同工之妙。

孔子评价说："子产从平丘这一趟的所作所为来评判，足以被称作国家的根基了。《诗》上说：'喜乐的君子，是国家的根基。'子产是那种追求喜乐的君子啊。"③子产追求的这种喜乐，就是前面他自己所说的"有德则乐"（参见页 70），是源于子产爱民仁德的喜乐，是他尽全力维护郑国利益取得成功后所感受到的由衷的喜乐。孔子说"知之者不如好之者，好之者不如乐之者"，就是在诠释子产达到的人生境界。

---

① 《左传·昭公十三年》：诸侯修盟，存小国也。贡献无极，亡可待也。存亡之制，将在今矣！
② 《左传·昭公十三年》：国不竞亦陵，何国之为？
③ 《左传·昭公十三年》：《诗》曰："乐只君子，邦家之基。"子产，君子之求乐者也。

深化改革　丘赋刑书

苟利社稷，死生以之。

——子产

作丘赋：抓住机遇扩军备战

在前五四一年探问了晋平公病情、前五三八年参与了申之会后，子产确认晋平公无力、晋国诸卿也无心重振霸业，楚灵王能力德行也不足以成就霸业，因此可以预判，晋、楚之间在很长一段时间不会撕毁宋之盟、再次爆发争霸战争。在内政方面，大族中的"危险分子"子南被流放、子皙被逼自缢而死，前五四二年启动的第一轮改革也已取得显著成效，得到国人认可。子产抓住这个国际、国内相对有利的战略机遇期，继续推进改革。

前五三八年，子产启动"作丘赋"改革。"丘"是国都外郊野农业地区的基层组织单位（参见页 343"国野制"）。据《周礼》记载，"……乃经土地而井牧其田野，九夫为井，四井为邑，四邑为丘……"。"赋"是指军需物资（兵器、甲胄、牛马、兵车等）和兵员，也就是为什么《左传》常以"赋"来指代军队。所谓"作丘赋"，应该是指居住在"丘"里的野人（从事农业的庶人），此后要以"丘"为单位直接向国家上交一定数量的军赋，既包括交纳军需物资，也包括征发野人当兵。①

春秋时期兵书《司马法》里记载说，九夫为井，四井为邑，四邑为丘，每丘出戎马一匹，牛三头。四丘为甸，出长毂兵车一乘、马四匹、牛十二头、甲士三人、步卒七十二人，以及配套的戈、盾。虽然不能肯定《司马法》里所记载的是不是郑国"作丘赋"时的具体征收方法，但至少能让我们据以想象此次改革实施方案的大概样貌。

在改革之前，国家只向国人中的高级贵族卿大夫征收军需物资，当兵也只是国人中的低级贵族士人的特权。卿大夫最终当然是向其私邑中的野人征收军需物资，所以私邑野人一直就是军需物资的实际生产者。不过，在旧的军赋制度下，由于国都里的士人数量有限，军队规模自然也受到限制，因此私邑野人提供军需物资的潜力并没有被充分发掘出来，而且私邑野人作为士兵来源的潜力则完全没有得到开发利用。春秋时期战争规模小，是与大多数诸侯国实行这种军赋制度密不可分的。

"作丘赋"这项改革的目的很明确，就是要绕过国人贵族，直接将交纳军需物资的任务分解落实到每一个野人聚居的"丘"，并且直接征召野人当兵。根据现有材料无法判断这里所说的野人是否包括公邑的野人，但是从国人贵族的激烈反对来看，这里所说的野人一定包括贵族私邑的野人。"作丘赋"的实质就是推动"全民皆兵"，将私邑野人提供军需物资和兵员的潜力完全挖掘出来，这样才能在

---

① 关于"作丘赋"的概况，参见沙宪如：《子产的"使田有封洫"和"作丘赋"》，《辽宁师院学报》，1983 年第 2 期；辛田：《春秋战国时期社会转型研究》，山西师范大学 2006 年博士论文。

较短时间内大幅提高军需物资和兵员的总量，从而显著增强国家的军事实力。

此次改革之后，一方面，国家开始绕过国人贵族，直接向私邑野人征物资征兵，在经济上加强了国家对私邑野人的直接控制，从而挤压了本属于国人贵族的利益空间，所以下文我们会看到国人贵族的"民意代表"浑罕说，子产制定这项政策的本意就是"贪婪"；另一方面，国家允许野人当兵，缩小了国人和野人在社会地位上的差别，给予了野人一种部分的"公民待遇"。总之，"作丘赋"改革从经济收入和社会地位两个层面损害了国人贵族的利益，侵犯了他们的特权。

国都地区的舆论话语权是由国人贵族控制的，因此，在改革举措开始推行之后，国都里又开始出现当年推行第一轮改革时类似的威胁性言论："他父亲当年横死在路上，现在他自己又要做那蝎子尾巴，在国都内发号施令，国都里的人该拿他怎么办？"

大夫浑罕把这些话转告给子产。子产说：

"何害？苟利社稷，死生以之。且吾闻为善者不改其度，故能有济也。民不可逞，度不可改。《诗》曰：'礼义不愆，何恤于人言？'吾不迁矣。"

"这些话对我有什么危害呢？只要对国家有利，死生都由它去。而且我听说做正确事情的人不改变自己的法度，这样才能取得成功。民众的意见不能一味顺从，既定的法度不能随便改变。《诗》上说：'礼义上没有过错，为什么要担忧别人的议论？'我是不会改变的。"

浑罕其实就是反对这项改革措施的大夫之一，他发现利用舆论恐吓子产不起作用，退出来之后说了这么一段话："国氏（子产所属的宗族）恐怕要先灭亡了！君子制定法度的本意如果不厚道，最终效果尚且会是贪婪。如果制定政策的本意就是贪婪，那最终效果会是什么？……制定政策不遵循祖宗的法度，而是根据自己的心意。民众各有自己的心意，如果每个人都根据心意而不是祖宗法度来做事，那上级还有什么地位？"

浑罕这番话，是反对改革的人能搬得上台面的一番"道理"。首先，他否定了"作丘赋"这个具体的改革举措。他把增收军赋定性为"贪婪"，这样一来，这就不再是一个关于政策得失的理性讨论，而是一个关于执政价值观是否端正的"诛心"之争了。改革举措是基于"贪婪"的心意而制定的，居心不良，政策怎么可能正确？进一步，他对于打破祖宗法度既有安排的改革进行了普遍意义上的批判。在他看来，祖宗的法度是经过了检验的、稳定可靠的、有利于维护统治阶层权威的。"改革"是没有先例依据的，是策划者根据自己一时的"心意"临时制定的，具有很大的随意性。如果统治阶层自己带头抛弃祖宗法度，而根据自己当下的"心意"来制定政策，必然会引起全社会的效仿。如果每个人都根据自己的心意行事，那将是一个多么难以控制的乱局？统治阶层还能凭借什么准则去治理国家？

古往今来，打破既有利益格局、推动改革创新的政治家，都会遇到既得利益集团"据理力争"的反对声浪，那么，子产为什么要押上自己的政治前途去做这么一件"不得人心"的事呢？笔者认为，子产深化改革从争议很大的"作丘赋"开始，源自他强烈的忧患意识和国防意识。他致力于将郑国打造成一个有尊严、不可欺的中原强国，除了发展经济之外，国防建设至关重要。随着时代的演进，战争的规模和花费越来越大；让形势更严峻的是，郑国位于黄淮平原上，可以说是"四战之地"，几乎没有天险可以依靠，全要靠城邑和军队来防守。郑国如果想要在大国夹缝中生存下去，就一定要利用短暂的和平时期扩军备战。"'小国平时忘记防备就会有危险'……国家不被人当作'小国'而受到轻视，是因为有防备的缘故"（参见页264），正是子产国防建设的基本理念。他坚信增收军赋是对国家长治久安有利的正确举措，因此下定了"只要对国家有利，死生都由他去"的决心，要把这件事做成。

实际上，打破国人、野人界限，改革军赋制度，并不是子产的首创。早在前六四五年，晋惠公战败后被扣留在秦国，晋人为了防备秦国和其他诸侯国乘虚来袭，紧急"作州兵"，应该是在国都郊外的"州"向野人征收兵器等军需物资，并征发野人当兵，扩军备战。前五九〇年，鲁国为了防备齐国入侵，开始"作丘甲"，应该是以"丘"为单位向野人征收甲胄等军需物资，并征发野人当兵。这项改革同样受到了保守派的反对，《公羊传》就认为，《春秋》记载此事是讥讽鲁国以"丘"为单位来役使民众。晋"作州兵"、鲁"作丘甲"、郑"作丘赋"都是当时中原各诸侯国打破国人野人界限、加大征赋征兵力度、扩军备战的典型案例。[1]

春秋时期诸侯国军赋制度的改革并没有停留在"作丘赋""作丘

---

[1]　关于春秋时期军赋概况，参见李元：《论春秋时期的军赋制度》，《求是学刊》，1995年第3期；辛田：《春秋战国时期社会转型研究》，山西师范大学2006年博士论文。

甲"阶段。前四八三年,鲁国在"初税亩"的制度框架基础上推行"用田赋",就是不再以丘为单位,而是一律按照田亩数来征收军赋。这样一来,民众的负担应该是比之前按丘征收要进一步加重了。政策正式公布之前,鲁国首卿季康子派自己的心腹、孔子弟子冉求①去向已经告老在家的孔子征求意见,一向主张恢复西周"先王之制"(包括低赋税)的孔子这样评价:"君子推行政事,要以礼制作为法度:向民众施舍要力求丰厚,让民众做事要力求适中,向民众收赋税要力求微薄。② 如果这样,那么按照丘来征收也足够了。如果不以礼制作为法度的话,那么就算按照田亩征收军赋,不久以后又将会不够用的。而且季孙如果想要办事符合礼法,那么周公的典章就在那里,照做即可。如果想要苟且行事,又何必征求我的意见?"

　　班固在《汉书·刑法志》中说,周代"有税有赋,税以足食,赋以足兵"。前面我们已经分析过春秋时期公田税收不足、最终导致国家向私田按亩数收税的变革过程。在这里,纵观晋"作州兵"—鲁"作丘甲"—郑"作丘赋"—鲁"用田赋"的军赋制度改革历程,我们可以看到:春秋时期,一方面井田制和相关旧社会结构逐渐瓦解,一方面国防和战争的需求不断加大,因此国家征收军赋(军需物资)和征发兵役的范围不断扩大:从最开始只向国人征赋征兵,到以"丘"为单位向野人征赋征兵,再到与按田亩数征税合并、根据田亩数向土地所有者征赋征兵。在这个过程中,各国的军队规模和军费开支规模大幅度增长,又反过来支撑战争进一步向大型化、复杂化发展。

---

① 季康子、冉求,参见书末附录。
② 《左传·哀公十二年》:君子之行也,度于礼。施取其厚,事举其中,敛从其薄。

诸侯国军赋体系从春秋向战国演变的脉络，在这里已经可以看得很明显了。

推行"作丘赋"改革时期子产对于国人舆论的态度，与前五四三年子产刚担任执政卿时的态度形成了鲜明对比：

前五四三年子产担任执政卿之后，开始推行第一轮改革。面对"谁想杀了子产，我就支持谁"这样的激烈反对舆论，子产的态度是不毁乡校，虚心听取国人（主要是指卿、大夫、士）的意见，声称"他们称赞的，我就继续坚持；他们厌恶的，我就想法改正"。此时子产虚心听取国人言论，原因有二：其一，第一轮改革包括田制税制、规章法度、职官体系多个方面，涉及面广，内容复杂，牵涉到诸多既得利益格局的调整（前任执政卿子驷就是因为改革田制的方式太粗暴而被既得利益受损的贵族谋杀），必须根据实践来不断调整优化，因此当然需要听取国人的反馈意见；其二，子产刚当上执政卿不久，还没有取得任何推行改革获得成功的政绩，也还没有在国人中间建立起威信，自己对于首次推出的改革措施恐怕也没有很强的信心，因此也想要展现出"从善如流"的态度来缓和矛盾、减少风险。

然而，当前五三八年子产启动"作丘赋"改革时，子产的第一轮改革已经取得成功，他已经获得了"子产要是死了，谁能接替他"的赞誉，他的德行和才干已经获得相当一部分国人的认可。然而，子产这时考虑的不是"见好就收"，也就是维护当下的好名声直到退休，而是要押上这好名声作为资本，闯入改革深水区，挑战"作丘赋"这样的硬骨头。第一轮改革时的政策，比如说大幅度增加公邑税收，虽然在一开始损害了公邑庶人的切身利益，激起强烈反弹，但是增加的税收"取之于民用之于民",最终得到公邑庶人的理解和支持；然而"作丘赋"改革是截留原本属于国人贵族的人力物力资源来扩军备战，还要让粗鄙的野人和国人一同站在军队行列之中，因此国人感受到的只有可见的损害，而没有可见的收益。子产在改革之前就料定国人一定会反对，而且他很清楚，国人反对的目的不是要改进"作丘赋"的细则，而就是要废除它。因此这一回子产宣言说"民众的意见不能一味顺从，既定的法度不能随便改变"，选择了不听取反对意见，拼上自己的政治声誉甚至生命"独断专行"，因为他相信这次改革真的会对郑国有利。韩非子说，"当统治者的，一方面要英明，英明才能知道正确的治国方略是什么；一方面要威严，威严才能实行这些方略。所以，即使违背了民众的心意，也要推行自己的治国方略"①，说的就是子产在强推"作丘赋"时所秉持的信念。

实际上，子产前后两次对待国人舆论的态度虽然截然相反，但却都合于他所信仰的中道，那就是"视民如子"。因为将国人当做自己的子女，所以当然要让他们开口说话；也正是因为将国人当做自己的子女，所以要有父亲的英明和威严，不能他们说什么就是什么。孔子说："君子对于天下的人和事，没有什么僵化不变的态度，而是怎么合乎大义就怎么做"②。这句话一般被认为是孔子对如何践行中庸之道的重要阐述。子产始终根据自己信仰的中道来对待国人舆论，而不是根据僵化的教条，正是他在执政过程中践行中庸之道的明证。

---

① 《韩非子·南面》：人主者，明能知治，严必行之，故虽拂于民，必立其治。
② 《论语·里仁》：君子之于天下也，无适也，无莫也，义之与比。

有人可能会问，子产当年劝阻子孔时说"众怒难犯"，而到"作丘赋"改革时他却自己公然冒犯众怒；第一轮改革子产时宣称要虚心听取民意，而到"作丘赋"改革时却变成拒绝听取民意，这难道不是言而无信吗？实际上，孔子说："说话一定要死守最初许下的承诺，做事一定要达到最初预期的结果，这是小人遵奉的原则。[①]"又说："君子守的是大节而不是小信。"[②]孟子更是直截了当地说："真正伟大的人，说话不一定死守承诺，做事不一定要达到最初预期的结果，而是全看怎么合乎大义就怎么做。"[③]也就是说，君子如果想要践行中庸之道，就不能按照"言出必行"等僵化的教条行事，而是要像打移动靶一样，根据时势的变化而做出调整，这样才能够做到时时事事符合中道。

虽然子产的"作丘赋"改革在国内备受争议，这并没有影响他日益隆盛的国际声誉。前五三七年，子皮到齐国，从齐卿子尾家迎娶新妇。齐国贤大夫晏子屡次与子皮会面。由于子皮自己并没有什么出色的政绩，所以陈桓子[④]问晏子为什么这么看重他。晏子回答说："子皮能够重用子产这样的优秀人才，真是民众的好主子！"

铸刑书：顺应时势推进刑治

前五三六年，子产组织刑狱部门认真研习夏、商、周三代的刑律

---

① 《论语·子路》：言必信，行必果，硁(kēng)硁然小人哉。
② 《论语·卫灵公》：君子贞而不谅。
③ 《孟子·离娄下》：大人者，言不必信，行不必果，惟义所在。
④ 子尾、陈桓子，参见书末附录。

条文（应该就是下文叔向提到的夏代《禹刑》、商代《汤刑》、周代《九刑》），并结合郑国刑狱实践的经验，编制出了一套分为"郑刑"（适用于国都地区）和"野刑"（适用于鄙野地区）两个版本、每个版本由三种刑律组成的新刑律体系，[1]并将这套新刑律铸在一系列铜鼎上，向全社会常年公开，作为国家断案用刑的统一标准，这就是所谓的"铸刑书"改革。这项改革举措让全国民众可以清楚地知道哪些行为是触犯刑律的罪行，每种罪行分别将受到怎样的惩罚，要求各级刑狱官吏依据同一部刑律断案，并允许民众援引刑律条文进行抗辩诉讼。之所以要铸造在铜鼎上，是要让民众知道这套刑律是政府深思熟虑后公布的稳定版本，宣示政府推进"刑治"改革的决心。子产"铸刑书"公布成文法，是中国法制史上一次具有里程碑意义的行动，在国内外立刻引起了轩然大波。

在国际层面，德高望重的晋国贤大夫叔向坚决反对此事，他给子产写了一封信表达他的失望和忧虑：

"开始我对您寄予很大希望，现在我的希望已经破灭了。

"昔日先王度量事情具体情况来断定罪过，不制定刑律，担心依据刑律治国会使民众产生争斗之心。[2] 民众的邪行还不能禁止，因此用道义来约束他们，用政令来纠正他们，用礼制来引导他们，用诚信来保守他们，用仁爱来奉养他们。制定了俸禄职级，来劝勉他们的顺从；从严断定刑罚，来威慑他们的放纵。担心这些还不够，因此用忠道来教诲他们，用善行来劝勉他们，用政务来训练他们，用和煦

---

① 参见页 327 所引清华简第六辑《子产》。
② 《左传·昭公六年》：昔先王议事以制，不为刑辟，惧民之有争心也。

来驱使他们，用肃敬来督促他们，用强威来监临他们，用刚硬来制裁他们。还会寻求聪明睿智的上级、明察是非的官员、忠厚诚信的长者、慈爱惠和的师傅来引领民众。由于实行这一套综合治理措施，民众于是能够被任命驱使，而不会产生祸乱。

"现在民众知道有这么一套成文的、确定的刑律，定罪量刑就是以此为准，就将不再敬畏上级；每个人都萌生了争斗之心，都去征引刑律条文，希望侥幸达成自己的诉求，这样的话民众就没法治理了。① 当年夏朝政事乱了，于是制作《禹刑》；商朝政事乱了，于是制作《汤刑》；周朝政事乱了，于是制作《九刑》。夏、商、周三代刑律的产生，都在王朝的中晚期。

"如今您治理郑国，重新划定田界、挖田沟，推行引发争议的丘赋政策，制作了三种刑律，还把刑律铸在鼎上公示，想用这些不合先王之制的措施来安定民众，不也是很难的吗？《诗》说'效法文王德行，每日安定四方'，又说'效法文王，万邦信服'。如果能这样好好效法先王之制，哪里需要什么刑律？现在民众知道争斗的依据了，将抛弃礼制而征引刑律条文寻找对自己有利的依据，最细小的地方，都将成为争斗的焦点。混乱的狱讼将不断滋长，歪曲司法的贿赂将普遍流行。您一旦过世，郑国就要败乱了吧！②

"我听说，'国家将要灭亡的时候，制度必定繁多'③，恐怕说的就

---

① 《左传·昭公六年》：民知有辟，则不忌于上，并有争心，以征于书，而徼幸以成之，弗可为矣。

② 《左传·昭公六年》：民知争端矣，将弃礼而征于书，锥刀之末，将尽争之。乱狱滋丰，贿赂并行。终子之世，郑其败乎！

③ 《左传·昭公六年》：国将亡，必多制。

是郑国现在这种状况吧！"

子产回信说："道理的确像您说的这样。我没有才能，管不了子孙后代，我做这些只是为了挽救当下的乱世。[①] 虽然没办法按照您的意见去做，又怎敢忘记您对我的大恩惠？"

叔向非常深刻地指出，郑国公布刑律、试点"刑治"会造成两个大问题[②]：

第一，是催生"争心"，引发争斗。对于政府公诉民众的案件，如果官员想要根据自己的主观意志"轻罪重判"，民众可以援引刑律进行抗辩，这将导致民众和官府的争斗；对于民众之间的纠纷案件，原告、被告双方现在都可以援引刑律来保护自己、攻击对方，这将导致民众之间的争斗。"现在民众知道有这么一套成文的、确定的刑律，定罪量刑就是以此为准，就将不再敬畏上级，每个人都萌生了争斗之心，都去征引刑律条文，希望侥幸达成自己的诉求，这样的话民众就没法治理了"，"现在民众知道争斗的依据了，将抛弃礼制而征引刑律条文寻找对自己有利的依据，最细小的地方，都将成为争斗的焦点"，描绘的就是民众的"争心"被激发起来之后会出现的景象。叔向还预料，当社会的整体争斗程度上升之后，通过曲解刑律、行贿官员等"不正当手段"进行争斗的现象也会加剧，从而造成"混乱的狱讼将不断滋长，歪曲司法的贿赂将普遍流行"的社会乱象。

---

① 《左传·昭公六年》：侨不才，不能及子孙，吾以救世也。
② 关于对叔向书信的解读，参见于明：《法律规则、社会规范与转型社会中的司法——〈叔向使诒子产书〉的法理学解读》，《北大法律评论》，2009 年第 2 辑。

第二，是导致"礼治"的加速衰败。在刑律公布之前，礼制是约束国君、卿大夫、士甚至庶人的唯一公开行为规范。[①]"礼"以事先正面引导为主，对人的道德操守要求高，"违礼"所包含的情形范围很宽。"刑"是用来处理严重违礼行为的暴力工具，是以事后负面惩罚为主的，起到的是守住社会秩序底线的作用，真正会用上刑罚的情形范围肯定比违礼的范围要窄。刑律一旦公开，民众就很容易知道哪些违礼行为其实是够不上犯罪、不会受到刑罚制裁的，这就会使民众产生"刑律没有禁止就可以做"的侥幸思想，把对自己的要求从"不违背礼制"降低到"不触犯刑律"，"将抛弃礼制而征引刑律条文"，从而引起新一轮的礼治崩坏和道德沦丧。

正如叔向所预测的那样，刑律的公布激活了民众"依刑律打官司"的巨大需求，用我们今天的话来说就是"纷纷拿起法律武器，维护自己的合法权益"，用叔向的话说就是"现在民众知道争斗的依据了，将抛弃礼制而征引刑律条文寻找对自己有利的依据，最细小的地方，都将成为争斗的焦点"。而最早的研究刑律条文、"钻刑律空子"、为民众提供有偿咨询服务的"律师"也应运而生，这中间的杰出人物就是在法制史中经常被尊为"中国律师鼻祖"的邓析。

《吕氏春秋·离谓》记载了邓析的事迹：

郑国很多人"悬书"。子产命令不要"悬书"，邓析就"致书"。子产命令不要"致书"，邓析就"倚书"。子产的命令无穷无尽，邓析的

---

① 庶人亦有礼，参见陈戍国：《中国礼制史（先秦卷）》，湖南教育出版社，1991年。

应对也无穷无尽。

潮水很大，郑国有个富人淹死了，有人得到他的尸体。富人家里请求赎买尸体，捞尸人索要大量钱财。富人家把这情况告诉了邓析，邓析说："你安心等待。那人一定无处去卖尸体。"捞尸人对此很担忧，把这情况告诉了邓析，邓析又回答说："你安心等待。这死者家属一定无处再去买尸体。"

子产治理郑国，邓析极力刁难他，跟民众中有狱讼的人约定：学习大的狱讼要送上一套长衣，学习小的狱讼要送上一套短衣裳。民众送衣裳学习狱讼的人不可胜数。把错的当成对的，把对的当成错的，对的错的没有标准，可以和不可以每天都在改变。想让人胜诉就依靠诡辩让他胜诉，想让人获罪就依靠诡辩让他获罪。郑国大乱，民众吵闹喧哗。子产对此感到忧虑，于是就杀死了邓析并陈尸示众，民心才顺服，是非才确定，法律才得以推行。

《荀子·非十二子》中也有一段对于邓析的评价：

不效法先王，不认同礼义，却喜欢研究怪异的学说，玩弄奇特的言辞，非常深察却没有实惠，善辩却没有用处，多生事端却少有功效，不能用来作为治国的原则。但是他们立论有根据，说起来头头是道，足以欺骗迷惑愚昧的民众。惠施、邓析就是这样的人。

不过，按《左传》的记载，邓析并不是被子产所杀，而是在前五〇一年被郑卿驷歂（chuán）①所杀。邓析到底被谁所杀，是没有定论的学术公案。②《左传》还提到，驷歂虽然杀了邓析，却将他私人编纂的"竹刑"确定为国家的正式刑律。"竹刑"应该是一部写在竹简上的（应该是由于篇幅更大）、比刑鼎版本更加切合时代需求、更加精密完备的刑律。杀邓析，是因为郑国统治阶层推进"刑治"改革的目的就是为了缓解社会矛盾、巩固政府的统治，因此不可能容忍邓析这样公然拿政府公布的刑律挑战政府、激起社会矛盾的"鲶鱼"；用竹刑，表明郑国统治阶层在社会发展大趋势的推动下，仍然要在政府主导下继续推进"刑治"改革。

铸刑书的政治波谱分析

子产和叔向是春秋时期最为著名的贤臣，他们两位都是孔子钦佩尊敬的人，分别被孔子称赞为是"古代遗留下来的仁爱之人"③和"古代遗留下来的正直之人"④。那么，在公布刑律这个问题上，孔子又是什么态度呢？传世文献没有留下孔子对郑人铸刑书一事的评论，不过他却对二十三年后的晋人铸刑书表达了激烈的反对。

前五一三年冬天，晋卿赵简子、中行文子⑤向晋国民众征收了四

① 驷歂，参见书末附录及郑世系图。
② 关于此事的学术争议，参见朱新华：《邓析及其〈竹刑〉》，《中南政法学院学报》，1987年第 3 期；杨皑：《子产有否杀邓析疑案分析》，《华南师范大学学报（社会科学版）》，1998 年第 4 期。
③ 《左传·昭公二十年》：古之遗爱也。
④ 《左传·昭公十四年》：古之遗直也。
⑤ 赵简子、中行文子，参见书末附录。

百八十斤铁，把赵宣子①在前六二一年夷地阅兵期间制定的刑律铸在铁鼎上公之于众。孔子就此事评论说："晋国恐怕要灭亡了！因为它已经失去了自己的法度。那晋国应该一直遵守始封君唐叔虞从周王室接受的法度，用它来规范民众的行为。卿大夫按照尊卑次序一同来遵守这套法度，民众因此能尊敬贵族，贵族因此能够世代守住他的事业。尊贵和低贱不混乱，这就是所谓先王法度的要义。比如说，晋文公就是以唐叔虞法度为依据，设置了掌管官阶俸禄的官员，并制定了被庐之法，从而成为了诸侯盟主。如今抛弃了这个法度，而制作刑鼎，民众去察看刑鼎就能知晓刑律了，还凭什么要尊敬贵族？贵族还能守住什么事业？尊贵和低贱的次序乱了，还凭什么去治理国家？②而且那赵宣子所作的邢律，是在夷地阅兵期间制定的，是晋国动乱时期的制度，为什么要以它作为法度的标准？"

从上面这段话我们可以看出，在反对公布刑律问题上，孔子跟叔向的立场应该是基本一致的，而且沿着叔向"现在民众知道有这么一套成文的、公开的刑律，国家的刑罚以此为准，就将不再敬畏上级"的思路进行了更深入的阐述。孔子认为，公开并执行一部定罪量刑清晰的刑律会打破官府和民众的"信息不对称"，剥夺贵族的酌情量刑权，让贵族世代保守的政治经验失效，从而破坏贵族被民众敬畏的威权基础，造成"民在鼎矣，不必尊贵""贵无业可守""贵贱无

① 《左传》原文作"范宣子"，应是"赵宣子"之误，参见黄圣松：《〈左传〉"著范宣子所为刑书"考》，《厦大中文学报》2016 年第 3 辑。
② 《左传·昭公二十九年》：今弃是度也，而为刑鼎，民在鼎矣，何以尊贵？贵何业之守？贵贱无序，何以为国？

序"。维护尊卑等级是"礼治"的核心内容,也是各国贵族(国君、卿大夫)赖以安身立命的基础。孔子认为,晋国的贵族绝不能因为短期现实需要去铸刑鼎、推行"刑治",因为这样做最终会反过来革了贵族自己的命。这应该说是一种很有见地的观点:到了战国时期,秦国深度变法,全面推行"以法治国",而这场变法也摧垮了世卿世禄的旧贵族体系。

然而,我们并不能就此认为孔子对于郑人铸造刑书也会持如此激烈的反对态度。如果我们仔细比较两个铸刑书事件,可以发现如下两点不同:

第一,主持者不同。郑人铸刑书的主持者是执政卿子产,他爱民尊贤,推崇礼治,整肃大族,内政外交成绩斐然,是孔子非常认可和崇拜的小国贤相。晋人铸刑书的主持者表面上看是赵简子和中行文子,然而据《左传》记载,在晋人铸刑书之后,晋国太史对参与其中的中行、范、赵三家有如下评价和语言:"范氏、中行氏恐怕要灭亡吧!中行寅(即中行文子)作为下卿,而冒犯上卿才有资格发布的政令,擅自制作铸有刑律的大器,作为国家的法度,这是以奸邪为法度。中行氏又加上范氏,这两家改变了晋国长期遵守的法度,反过来会导致这两家的灭亡。灾祸恐怕会延及赵氏,因为赵孟(即赵简子)也参与了此事。然而赵孟的参与是不得已而为之,如果日后能积德行善,最终可以幸免。"

由此可见,晋人铸刑书的实际主持者是中行文子,而他的德行、政绩跟子产是无法相比的。实际上,据《孔子家语》的记载,孔子认为中行文子"背离正道、丧失正义"(《孔子家语·辩政》)、"表面上尊重贤人却不能任用,表面上轻视不贤之人却不能撤换"(《孔子家语·贤君》),所以最终落得个叛乱失败、流亡他国的下场,由此可以推测,他对于中行文子肯定是没有多少认同感的。

第二,两国公布刑律的制定基础不同。郑国刑律的基础是夏、商、周三代的王室刑律,虽然被叔向看作是王朝政事乱了之后制定的刑律,然而毕竟是先王制度,可以预料孔子对于它们的反感应该会远小于赵宣子在动乱的夷地阅兵期间制定的刑律。

笔者的判断是,孔子对于郑人铸鼎公布刑律这事应该是持不赞成的态度,原因同样是因为,这样做会动摇贵族统治的基础。然而同时,由于他信任子产的本心,也了解春秋时期严峻的现实,所以他对子产的改革举措很可能有一定程度的理解和同情,知道子产是不得已而为之,而且依据的也是先王的刑律,这也许就是为什么我们在传世文献中看不到他公开批评郑人铸刑书的可能原因(当然也可能他批评了但是没有流传下来)。

在这里我们可以仔细分析一下叔向、子产、孔子、邓析在"礼治—刑治"的政治理念"波谱"上各处在什么"波段"。

一、叔向

叔向是一个具有浓重理想主义色彩的"礼治派"。他向往一个完美的"先王之世",在具备极高道德和智慧的先王领导下,运用一系列教化、引导、奖励和惩罚措施来治理民众。在这套措施中,除了明说的"用礼制来引导他们"之外,"道义""政令""诚信""仁爱""俸禄职级""忠道""善行""政务""和煦""肃静""上级""官员""长者""师傅"都是包含在广义的周礼体系中的,所以在叔向的国家治理模型中，"礼治"是绝对的主体。这个模型中有刑罚但无刑律，刑罚是先王用来惩处顽固不化恶人的"最后解决方案"，确定刑罚不是根据成文的、繁复的刑律，而是"度量事情具体情况来断定罪过"，施加刑罚是政府对民众单方面的惩戒行为，就像父母惩戒孩子一样。民众想要反抗没有依据、没有渠道，也就达到了将民众的争斗之心扼杀在摇篮之中的目的。

　　叔向所描述的这个"先王之世"存在过吗？据《史记·周本纪》的记载，周公东征平定叛乱、创制和端正礼乐之后，天下制度从此改变，民众和睦，颂歌四起。在此之后的周成王、周康王统治时期，天下安宁，甚至有四十多年没有用过刑罚。礼乐治国、几乎不用刑罚的"成康之治"，应该是最为接近叔向政治理想的"黄金时代"。孔子弟子仲弓在向孔子请教政、刑关系时也提到，"有极致的政令而不用刑罚，周成王、周康王统治时期就是这样"（《孔子家语·刑政》）。当然，成、康时期社会治理的真实状况是否真的这样完美，我们已经无从考证了。

　　叔向认为，政府内部开始制定和使用成文的刑律就已经标志着政治的衰落（"三代刑律的产生，都在王朝的中晚期"），如果还像子产这样把刑律公布出来作为民众的行为准则，那就会引发更严重的祸乱。他这封信里面最为抓人眼球的一句话莫过于"国家将要灭亡的时候，制度必定繁多"：在他看来，大搞制度建设正是国家衰亡的"症状"，是礼义教化失败的结果。和他这种理想主义的政治观点相匹配的是，叔向直到退休也没有进入晋国六卿领导班子，他在晋国官场一直是一个推崇周礼、直言批判各种官场和社会乱象的"贤大夫"角色,因此孔子称赞他是"古代遗留下来的正直之人"。

二、子产

子产是一个一方面试图重振"礼治"、另一方面不得不推进"刑治"改革的"救世派"。他给叔向回信的第一句话"道理的确像您说的这样"就已经袒露了自己的心迹,那就是,他也相信最理想的社会应该是一个"礼治"的社会,他也向往不用刑罚的成、康"黄金时代"。但是,作为郑国的"大当家",他必须要面对一个单靠日渐崩坏的"礼治"辅以不公开"刑治"已经无法有效治理的郑国。

据《尚书·吕刑》记载,西周时期吕国的刑律①由墨(刺字)、劓(割鼻)、刖(断足)、宫(去势)、大辟(处死)五种刑罚组成,条款共有三千条之多,其中墨刑一千条,劓刑一千条,刖刑五百条,宫刑三百条,大辟刑二百条。罪行达不到"五刑"标准的,还有"五罚""五过"等民事处罚规定。不仅如此,当时已经有了"原告被告对讼、士师判决"的狱讼体系,并且已经有了"区分故意与过失、惯犯与偶犯""罪疑从轻、罪疑从赦"等刑狱理念。由此我们可以推测,先前郑国刑狱部门审理具体案件时,他们所依据的是一套已经非常详细的刑律。然而,这套详细的刑律不向社会公开,刑狱部门拥有很大的自由裁量权,民众维权没有依据,政府和民众之间存在着巨大的信息不对称。比如,根据《尚书·康诰》的记载,周公旦告诫即将前往封地的卫康叔说:"有人犯的是小罪,但他自己不认罪,始终要错到底,自觉地做不法的事,这是故意犯罪,那么他的罪虽小,是不可不杀的。有

---

① 关于《吕刑》的性质,参见顾颉刚、刘起釪:《尚书校释译论》,中华书局,2005年。

的虽然犯有大罪,但不是坚持错误到底,而能认罪悔过,这是偶然犯罪,既已对他用了适当的责罚,这就不该杀了",就是对这种由司法者内心掌握的自由裁量权的写照。实际上,"刑罚轻重不可预知,所以政府的威力不可预测"[①],这正是政府想要达到的威慑效果。需要指出的是,各诸侯国一直都有定期公布、宣讲"刑象"的做法,但这种"刑象"都是没有具体定罪量刑规定的整体原则,其主要目的是教化民众而并非指导狱讼实践。

春秋时期,随着荒地开垦、经济发展,郑国国内人口不断增长,民间财富不断积累,经济社会关系日趋复杂,刑狱案件总量不断增大,新型、疑难案件不断涌现。在这种情况下,旧有的刑狱体系日益暴露出定罪量刑标准不透明,各地各级刑狱机关执行刑律做法不统一(相当于各自执行不同版本的刑律),很多条文的具体内容已经不适应剧变的时局,权力干预和操纵空间大,容易导致审判不公和官民纠纷等诸多弊端。在这种时代背景下,郑国政府重新修订并向全社会公开刑律,一方面将民众从来不曾享受过的知情权、监督权和依律抗辩权赋予民众,显著地缩小了官民之间的信息不对称;一方面将各级、各地刑狱机关自行酌情实施的、很多个版本的刑律统一成为一套全国通行的刑律,极大地限制了刑狱官员长期享有的自由裁量权,从而将官民之间的权利天平摆到了一个相对平衡的位置,可以说是一次力度空前的"简政放权"改革。

成文刑律的公布,对各级刑狱机关来说可以显著提高案件处理

---

① 《左传·昭公六年》孔颖达疏:刑不可知,则威不可测。

质量、预防狱讼不公、减少官民纠纷，对广大民众来说可以更好地维护自身利益，从总体上说能为转型期社会治理提供宝贵的"公平性"和"确定性"，是挽救乱世的良方，也是民众渴求的善政，所以心怀仁德、"视民如子"的子产下定决心迈出了这一步，即使这样做在长远来看会引发贵族统治基础的动摇。与此同时，子产一直都没有放松在卿大夫政治生活中重振"礼治"的努力。可以说，子产是一面继续推进"依礼治官"，一面大胆试点"依刑治民"，试图在贵族贤大夫美好的"礼治"理想和社会发展带来的"刑治"需求之间，求取一个两全其美的平衡。

三、孔子

孔子是一个试图在现实中有所作为的"复古派"。一方面，孔子明确指出，治理民众，"用政令来引导他们，用刑罚来整顿他们，民众只是暂时地免于犯罪，却没有羞耻之心"；他更加推崇"用道德来引导他们，用礼制来整顿他们，民众不但有了羞耻之心，而且真心归服。"[①]但是，另一方面，孔子曾经在鲁国担任过的最高官职是大司寇，主管的正是刑罚狱讼工作，知道刑律在实际政治运作中必不可少，因此，在批评晋人铸刑书时，他没有像叔向那样去高谈阔论那种高度理想化、没有刑律的"先王之制"，而是提出了一个看似切实可行的方案，那就是向"成功典范"晋文公那样，遵从晋国始封君唐叔虞从周王室领受的、在晋国典籍中有详细记载的"唐叔虞法度"，并根据这个"唐叔虞法度"来制定执秩等具体规章制度。这里说的"法

---

① 《论语·为政》：子曰"道之以政，齐之以刑，民免而无耻。道之以德，齐之以礼，有耻且格"。

度"都是一种宽泛的概念,既包括公开的、非暴力的、以引导规范为目的的礼制,也包括不公开的、暴力的、以禁止惩戒为目的的刑律,与今天我们所说的"法律"不是一个概念。简而言之,孔子的主张就是要"复古"。

这里要强调的是,"晋文公遵守唐叔虞法度"应该是选择性的。比如说,根据我们对于西周时期政治制度的一般性了解,孔子所尊崇的唐叔虞法度一定包括以"亲亲""尊尊"为原则的经典宗法制,也就是国君嫡长子世袭君位,为大宗;其他儿子在朝堂上担任卿大夫,是小宗;小宗服从大宗。然而,晋文公的父亲晋献公上台后杀光了自己的长辈群公子,逼死了太子申生,驱逐了公子重耳(即后来的晋文公)、公子夷吾,并在此之后颁布了一条禁令:除了被立为太子的国君之子(公子)之外,禁止其他公子留在国内。这条禁令得到了晋献公之后历任晋君(包括晋文公)的遵守,晋国从此建立起"无亲"的奇特宗法制度。在这个问题上,晋文公是不可能遵守唐叔虞法度的。我怀疑历史真相是:晋文公上台之后,为了改善晋国的国际形象,为自己称霸积攒德望,于是宣称自己尊崇先君唐叔虞的法度,并且根据唐叔虞法度制定了多项政策(比如执秩之法),不过并没有废除像"无亲"宗法制这样明显不符合唐叔虞法度的制度。

孔子之所以提出这种主张,是因为他相信,一个时代的治乱,就是由那时所推行的制度决定的。他认为,晋国最好的时代是西周初期,这是因为当时的晋国完全遵守"唐叔虞法度";西周灭亡之后,晋国最好的时代是晋文公时期,这是因为晋文公能够"复古",重新开始遵守西周"黄金时代"的"唐叔虞法度"。因此,如果春秋晚期的晋国能够再次"复古",再次重新遵守"唐叔虞法度",就能够遏制晋国当下礼崩乐坏、逐渐走向分裂的颓势,进而有希望重现晋文公时期的强盛局面。基于这种观点,孔子坚决反对晋人用赵宣子在夷地阅兵这个内乱时期制定的刑律,因为实行这个乱世的制度,只会将晋国带入更深的动乱。不过,在务实的晋国高层看来,这样做的理由是显而易见的:治理春秋晚期的"乱世",当然要用先前动乱时期制定的较为严密、打击力度大的刑律。总而言之,晋人要通过推行赵宣子重刑来挽救春秋晚期的"乱世",而孔子希望复辟唐叔虞法度来重启晋文公时期的"治世"。

我们知道,从西周早期到春秋晚期,社会生产力已经有了长足的发展;井田制已从兴盛走向了衰亡;公室长期地、单向地封赏土地给卿大夫,加上卿大夫家族持续地开垦私田,已经使得绝大部分的资源和财富聚集到了卿大夫阶层。正是这样的经济基础发展趋势,决定了公室衰弱、卿族专权、礼治衰败、刑治兴起的上层建筑发展趋势。现在孔子想要罔顾经济基础不可逆的发展趋势,通过在上层建筑领域直接"开倒车",从而将晋国拖回到先君"治世",这是违背社会发展基本规律的错误设想,是注定要失败的。孔子周游列国,到处推销自己以"效法先王先君"为基本策略的复古政治学说,却没有取得任何实质性的政治成就,这可以说是他和他的学说无可逃避的宿命。

然而,如果设身处地地站在孔子的角度考虑,他的主张其实很有令当时的人信服的地方。孔子是一个实践派,他需要向他所游说的诸侯国君主所提供的,实质上是一个能够迅速成就"治世"的解决方案。首先,变革是必然的,关键是看往哪个方向变革。如果探索新"治世"的话,变革的政策主张是要临时拼凑的,效果如何是没有先例印证的,能否达到新"治世"、需要多久才能达到新"治世"、达到一个什么样的新"治世",都是无法预测的。然而,如果重建旧"治世"的话,变革(复辟)的政策主张就是有详细记载的先君法度,变革(复辟)的目标就是真实存在过的、世代歌颂的先君"治世","依样画葫芦"难道不是最具有可操作性、见效最快、效果最好的路径吗?孔子深深着迷于自己复古政治主张的合理性和可行性,自我感觉特别良好,认为"假如有任用我来主持国家政事的,一年就差不多了,三年便会很有成绩"(《论语·子路》)。这也就是为什么他虽然在现实中到处碰壁,却仍然抱着"知其不可而为之"的态度而不懈努力,晚年还要开班培养接班人,把自己的政治理想传承下去。

四、邓析

邓析则是一个激进的"刑治派"。他敏锐地发现了新刑律公布实施带来的巨大社会变革潜力,潜心研究政府公布的刑律条文,一方面积极投身于处于萌芽期的"律师"实践中,利用自己的研究成果来帮助"客户"实现利益最大化,同时为自己牟取经济利益;另一方面当起了体制外的"刑律专家",私下开始编纂更能反映时代需求、更加完备和精密的"竹刑",在这个过程中开创了对战国法家影响巨大的"刑(形)名之学",被认为是先秦"名家"的先驱人物。他"不效法先王,不认同礼义",希望通过自己的创新努力产生"鲶鱼效应",激发更多的人来利用刑律维护自己的利益,并倒逼执政当局不断深化"刑治"改革。邓析向往一个"以刑律(法律)为准绳"的"后礼治"

新时代,并奋不顾身地进行了开创性的努力。他的超前思维和革新热情成就了他的声名,也让他最终丢了性命。有意思的是,郑国政府最终却采用了他所编纂的"竹刑",这可以说是对这个狂热"刑治派"最好的祭奠。①

所以,如果我们设想一个"礼治——刑治"的政治波谱,"礼治"在左边,"刑治"在右边(左右并没有特殊含义),那么叔向的波段应该非常靠近左边"礼治"的极端;子产位于"礼治"和"刑治"的中间位置,两不偏废;孔子位于叔向和子产之间,比子产更加偏向于"礼治";而邓析非常靠近右边"刑治"的极端,如下图所示。

根据《中庸》的记载,孔子说:"舜恐怕是有大智慧的人吧!舜喜好发问,而且喜好审查身边日常的言语;他善于隐藏邪恶而弘扬良善;他能把握住事物的两个极端,而采用不偏向任何一个极端的中道来治理民众,②这就是他能够成为舜的原因吧!"在"礼治"vs"刑治"问题上,子产不像叔向和邓析那样走极端,而能够"用其中于民",采取"礼治""刑治"双管齐下的方式来治理郑国,这是子产践行中庸之道的明证。

我们还可以从战国时期法家的角度来思考子产此次改革的性

---

① 关于邓析和《竹刑》的分析,参见朱新华:《邓析及其〈竹刑〉》。
② 《中庸》:执其两端,用其中于民。

质。韩非子认为："法律，是编写进图籍，陈设在官府、公布在百姓中的东西。……推行法律没有比公开更好的了。"[①]实行"法治"，必须以公布成文法为前提。从这个角度看，子产"铸刑书"无疑是战国法家思想和实践的先驱。然而，司马迁在《史记·太史公自序》中说"法家不别亲疏，不分贵贱，一概用法律裁断"[②]，子产所试点的"刑治"绝没有、也没有想要达到这样的目标，实际上，子产/驷歂杀邓析正表明了郑国当局并无意建立一个"以刑律（法律）为准绳"的社会，"刑治"在子产的治国方略中仍然是不能凌驾于"礼治"之上的。实际上，因为推行战国法家治国方略的秦朝二世而亡，所以此后的中原王朝对于纯任"法治"的危害性都保持了高度的警惕，它们的治国方略其实更接近于子产"礼法并用"的中道策略。

劝阻无谓浪费，培育礼治氛围

前五三二年，晋平公去世，子皮代表郑国前往晋国参加葬礼。子皮准备带着进见嗣位新君晋昭公的隆重财礼出发。子产说："吊丧为什么要用财礼？根据礼制，见新君用财礼一定要一百辆车，一百车财礼一定需要一千人陪同。一千人到了晋国，一时半会走不了。走不了，很快会用光这些财礼。搞几次这种千人行动国家会不灭亡？"然而子皮坚持带着这些财礼上路了。

---

① 《韩非子·难三》：法者，编著之图籍，设之于官府，而布之于百姓者也。……故法莫如显。

② 《史记·太史公自序》：法家不别亲疏，不殊贵贱，一断于法。

子产根据所掌握的情报料定，在叔向等贤臣的辅佐下，嗣位的晋昭公将遵守丧礼制度，拒绝在服父丧期间与前来吊丧的卿大夫以外国大臣进见新君的方式相见。既不会面，那吊丧本身根本不需要带这么多财礼。如果郑人真的派出一百辆车、一千人将大量财礼运到晋国，必然动静很大、人尽皆知。倘若请求会见晋昭公被拒绝后又不作停留，而将这些财礼原样运回郑国，则不仅是在彰显子皮自己判断失误，而且"宁可拉走也不送人"的做法也肯定会得罪晋国卿大夫。晋昭公虽然会依礼拒绝见面礼，而晋国卿大夫则没有理由不去见面打点。"晋政多门"，谁也不能怠慢，方方面面打点一遍，财礼必然耗尽。

子产作为执政，"当家知道柴米油盐贵"，认为这样送礼劳民伤财，而且有可能会成为晋人要求今后再送礼时援引的先例，而且他恐怕也认为这种送礼对于进一步加强晋郑关系并没有什么实质性的帮助，所以建议不要开这个坏头。子皮则认为搜刮诸侯财富早已成为晋国维持联盟体系的最重要目的，因此晋昭公大概率将违背礼制与郑人会面，并接受他带来的见面礼。他作为郑国的当国，从晋郑关系对郑的极端重要性出发，认为在这个新君即位的节骨眼上要舍得送礼，赛过其他财礼带得少的诸侯国，为晋昭公时期的晋郑关系打下一个良好的基础。

不出子产所料，根据叔向对各国卿大夫的统一答复，晋昭公以服丧为由，婉拒与各国卿大夫以外国大臣见新君的礼仪会面，子皮带去的财礼没能风风光光地在朝廷上陈列然后送进晋国府库，而都在与卿大夫私下会面的场合送光了。子皮回来后，对子羽说："知道什么是正确的并不难,难的是去做正确的事。夫子懂得这个道理,我就做不到。《书》上说'欲望败坏法度,放纵败坏礼制'①,说的就是我。夫子(子产)懂得法度和礼制并能付诸实践,而我则经常放纵自己的欲望而不能自我克制。"

一方面,子皮是子产的上级,全力支持子产推进各项工作;另一方面,子皮又是子产的晚辈,真心尊敬和佩服子产,甚至经常通过坦诚的自我批评来进一步放低自己、抬高子产。可以说,两人形成了一种难能可贵的上下级关系,这种关系是子产整肃大族、推进改革、开展外交的重要保障。

子产一方面务实地试行"刑治"以挽救时局,一方面注意在具体事务的处理中践行仁恕、和睦、平衡等"礼治"基本原则。前五三○年三月二十七日,郑简公去世。春秋时期,郑都内人口和建筑不断增长,道路两旁私搭乱建严重,平时车马还能勉强穿行,但是用于国君出殡就太窄了。因此执政当局进行了一次专项清道行动,某一天,清道进行到了游氏占道修建的家庙。游氏宗主子太叔跟子产要起了心眼,让干活的徒役们拿着工具站在庙旁边,对他们说:"子产如果巡视经过你们这里,而问你们为什么不拆,你们就说:'不忍心拆人家的家庙啊! 好吧,您命令我们拆的话,那我们就开始拆了。'"等到徒役真这么说时,子产命令徒役避开游氏家庙不拆。

清道进行到司墓②住宅时,发现他的房子也有占道的情况。如果拆掉,那么早上就能下葬;如果不拆,由于要绕远路,所以要到中

---

① 《左传·昭公十年》:欲败度,纵败礼。
② 司墓,官职,负责管理公室墓地。

午才能下葬。由于不是自己的房子，子太叔这下子变了个人，主动建议拆了司墓的房子，说："不能让诸侯的宾客久等啊！"但子产认为不能够对子太叔和司墓区别对待，他说："诸侯的宾客，能够远道前来参加我国的丧事，哪里会怕等到中午？对宾客不造成实质性的损害，又能够让民众的利益不受损害，为什么不做？"于是也没有拆掉司墓的房舍，最后中午下葬。

君子评论说："子产在这件事情上可以说是真正懂得了礼。礼的基本原则就是，在不损害别人的基础上成就自己。"[①]既不损害别人，又能成就自己，这当然是符合中庸之道的。子贡曾经问孔子："敢问如何做才能使得言行合乎中道呢？"孔子回答说："礼啊礼！礼的用处就是规范人们的行为使之合乎中道"[②]。子产在春秋晚期礼崩乐坏的大环境下，仍然在一切可能的情况下坚持根据周礼的原则来处理政务，这也是他践行中庸之道的重要方式。

---

① 《左传·昭公十二年》：礼，无毁人以自成也。
② 《礼记·仲尼燕居》：礼乎礼！礼所以制中也。

独掌国政　鞠躬尽瘁

唯有德者能以宽服民，其次莫如猛。

——子产

子皮英年早逝，子产痛哭哀叹

前五二九年恐怕是子产心情最为跌宕的一年。在这年八月的平丘之会上，子产据理力争，成功捍卫了郑国的国家利益，国际声誉达到一个新的高度。然而，当他返回郑国的路上，国内信使传来了首卿子皮去世的噩耗。子产痛哭，道出了自己对未来执政局势的深切忧虑："我完了！没有人支持我做正确的事了！只有夫子真正理解我。"

子皮比子产低一辈，年龄应该比子产小，而且做的是"甩手掌柜"，具体事务都是子产在操办，为什么会先于子产去世？我们从《左传》的相关记载中可以找到一些线索。罕氏是个大家族，其中子罕（公子喜）—子展（公孙舍之）—子皮（罕虎）这一支是大宗，世袭罕氏宗主之位，到了子皮这一辈，除了宗主子皮，还有个弟弟叫罕魋（tuí）。此外，子罕（公子喜）—公孙锄—罕朔这一支是小宗，世袭马师这个官职，分出为马师氏，现在的宗主是罕朔[①]。子皮这一家饮酒

---

① 罕魋、罕朔，参见书末郑世系图。

无度，还经常酒后闹事欺负马师氏的族人，两家关系很差。到了前五三五年二月，马师氏宗主罕朔在武斗中杀了罕魋，然后出奔到了晋国。从这里我们可以大胆推测，子皮过早离世，很可能不是因为过度操劳，而是与他长期酗酒有关。

子皮虽然在私生活上可能有不小的问题，但是他在工作中绝对是一位出色的大领导。伯有之乱后，他定下了郑国今后国家治理的基调，那就是重振礼治。他力排众议，保下了同样崇尚礼治且能力超群的子产，并且委以重任，让子产放手开展各项改革，同时在子产因"祭品风波"出奔时果断出手，驱逐子张，向其他卿族亮明了自己坚决支持子产的态度。前五三二年，他可能是"甩手掌柜"当得有点厌烦了，不听子产意见，带上大批财礼去晋国吊丧，但是出了差错后马上真诚悔过，并且大度地用自己的"愚蠢"来衬托子产的英明。他虽然比子产辈分低、年纪轻，处理具体事务的能力也无法与子产相比，却一直被子产当作是领导班子里真正理解自己、支持自己的"带头人"加以敬重，真可谓是帅才！韩信在狱中对刘邦说的那句"陛下不能将兵，而善将将"，用在子皮身上是再贴切不过了。

子皮"帅才"诸德中最让人印象深刻的，就是"甘居人下"。他虽然贵为"当国"首卿，却一直把自己的位置放在子产的下面、后面，默默地当好子产的"总后台"，全力支持子产在前台开展各项工作。《老子》里说，"江海之所以能够成为所有河流的王，是因为它善于处在最低下的地方，所以能够成为所有河流的王。因此，圣人要想长久地处在民众之上，就要在言辞上处在民众之下；圣人要想长久地

222

走在民众之前，就要把自身的利益放在民众利益之后"①。春秋时期的英主楚庄王在称赞郑襄公时也说，"郑国的君主能甘居人下，这样的君主一定能信任和驱使他的民众"。由此可见，"能甘居人下"是先秦时得到高度推崇的上位者之德，而子皮正是这种美德的化身。

有意思的是，作为子产"铁杆粉丝"的孔子对这位子产的"伯乐"也推崇备至，认为子皮从某种角度说比子产更称得上是贤人。据《孔子家语·贤君》的记载：

> 子贡问孔子："当今的人臣，谁是贤人呢？"孔子说："我不知道。从前齐国有鲍叔，郑国有子皮，他们都是贤人。"子贡说："齐国不是有管仲，郑国不是有子产吗？"孔子说："赐，你只知其一，不知其二。你听说自己努力成为贤人的人更贤能呢？还是举荐贤人的人更贤能呢？"子贡说："举荐贤人的人更贤能。"孔子说："对。我听说鲍叔使管仲显达，子皮使子产显达，却没有听说两位（指管仲和子产）使比他们更贤能的人显达。"

子皮这样的人才如果在秦穆公时期的秦国做官，估计也会大受这位英主的赏识和重用。在前六二七年殽之战失败之后，秦穆公悔悟，对群臣发表了一篇反映自己思想斗争的讲话，被史臣录下，即《尚书·秦誓》篇。其中，秦穆公描述了他所推崇的贤臣，与我们在《左传》里读到的子皮非常神似：

---

① 《老子》：江海之所以能为百谷王者，以其善下之，故能为百谷王。是以圣人欲上民，必以言下之；欲先民，必以身后之。

我默默地思考着两类不同的臣下。有这样一个臣子，纯正专一，没有什么其他的技能；他的内心宽大，有容人之量。看到别人有技能，就像自己有一样；看到别人美好圣明，他打心里喜爱，不仅仅是从嘴里说出来的赞扬。这样能够容人，因此保育我的子孙黎民，也应当有利吧！[1] 还有另外一种人，如果别人有技能，就妒忌而厌恶他；别人美好圣明，就违背他，使他无法通达。这样不能容人，因此不能保育我的子孙黎民，也很危险啊！国家的危殆不安，由于用了这么一个恶人；国家繁荣安宁，也应该是由于这么一个贤人的善良啊！

　　子皮去世后，他的儿子子齹（cuó）继位任首卿当国。至此罕氏已经三代"世袭"当国之位（子展、子皮、子齹），而当国就是摄政君，也就是说，罕氏俨然就是世袭君位的公族，它在郑国卿族中的地位可见一斑。子上、子石此前也已去世。子上的儿子子游、子石的儿子子柳[2]入局，计有公孙一人，公孙之子二人，公孙之孙三人，六卿领导班子排位如下：

　　一、子齹（罕婴齐，罕氏）当国

　　二、子产（公孙侨，国氏）执政

　　三、子太叔（游吉，游氏）

　　四、子游（驷偃，驷氏）

---

[1]　《尚书·秦誓》：如有一介臣，断断猗无他技，其心休休焉，其如有容。人之有技，若己有之。人之彦圣，其心好之，不啻若自其口出。是能容之，以保我子孙黎民，亦职有利哉！

[2]　子齹、子游、子柳，参见书末附录及郑世系图。

五、子旗(丰施,丰氏)

六、子柳(印癸,印氏)

此时子产已成为郑国六卿领导班子的绝对核心,享有的实际权威已与专权无异。然而,与子孔当年不择手段想要获得的专权地位不同,子产此时的专权地位植根于他的德行、能力、政绩和年资,没有人敢公开挑战。但是,在这看似稳定的政局里,却仍有暗流在涌动。

孔张蹊跷失位,子产罕见发怒

前五二六年三月,晋国首卿韩宣子到郑国访问,郑定公[①]设享礼款待。子产高度重视此次外事接待活动,专门给参加活动的本国卿大夫提出了明确要求:"只要是在享礼现场有固定席位的高级官员,决不能发生不恭敬的事情!"

可是,在享礼举行的当天,高级官员之一的孔张[②]还是迟到了。他到之后,没有到自己应该去的区域,而是站在了一般宾客中间。司礼官制止他,他就站到一般宾客后面。司礼官又制止他,孔张最后站在了悬挂的钟磬乐器中间。在场的宾客看到孔张被司礼官驱赶乱窜的狼狈样子,不禁哄笑起来。就这样,一场本来庄重典雅的享礼,在一段时间内完全被孔张"抢镜",成了一场闹剧。

享礼结束后,郑大夫富子向子产进谏说:"那大国来的人,不能

① 郑定公,参见书末附录及郑世系图。

② 孔张,参见书末附录及郑世系图。

不慎重对待，几次被这样嘲笑之后他们会不欺凌我们？我们处处都依礼应对，他们尚且还把我们当作边鄙小国；我国如果无礼，还怎么能够在大国那里求得尊荣？孔张在享礼上失去了自己应有的席位，这是您这个执政的羞耻。"

奇怪的是，子产并没有接受富子的批评，而是勃然大怒，反驳说：

"如果我发布命令不恰当，推出政令不可信；我执政期间国家刑罚偏颇，狱讼纷乱；我对待诸侯盟会、国君相朝等重大外交活动不严肃认真，我布置使命不被执行外交任务的使者所听从；我从大国招致欺凌，我折腾民众却没取得功绩，罪过来了我还不知道，这些是我应该感到羞耻的。

"孔张是先君郑襄公兄长的孙子，子孔的后代，执政的后嗣，继位做了大夫。孔张承接君命出使，遍访了各诸侯国，国人尊敬，诸侯知晓；在朝中担任官职，在家中主持祭祀，享受国家分封土地产生的俸禄，分担军队所需的军需物资和兵员；在丧事、祭祀有固定的职事，接受国祭之后国家分送的祭肉，进献家祭的祭肉给国君；他辅助国君在宗庙里祭祀，已经有了固定席位。孔氏在大夫的地位上已经好几代，世代守着这份职业，如今孔张却忘记了自己在朝堂上的位置在哪里，我为什么要感到羞耻？

"僻陋邪恶的人把什么都归罪于我这个执政者，这是先王没有制定相应刑罚的缘故。您宁可用其他的事情来规劝我！"

这就是郑国历史上非常蹊跷的"孔张失位事件"，具体说来由"孔张失位""富子批评子产""子产愤怒反驳"组成，其主要疑点有如下几个：

第一，孔张为何在享礼现场表现得如此荒唐？他的一连串出洋相的行动到底是惊慌失措，还是蓄意为之？

第二，富子的批评，在子产看来，是就事论事总结经验教训，还是针对子产的政治攻击？

第三，此时的子产，为何完全没有了当年"不毁乡校"时的雅量，而是断然拒绝接受批评、完全撇清自己的责任、还发那么大的脾气？

理解这一切的关键就是子产辩驳之词的最后两句："僻陋邪恶的人把什么都归罪于我这个执政，这是先王没有制定相应刑罚的缘故。您宁可用其他的事情来规劝我。"由此可见，子产是把富子这次批评不是当成"就事论事"地总结"孔张失位事件"的经验教训，而是看做近期一类不正常现象中最新的一起。这类不正常现象就是：卿大夫中"僻陋邪恶的人"在恶意攻击子产，而他们攻击的手法有共同性，那就是抓住子产是执政卿的身份，利用很多人认为"执政卿就要为各条线、各部门所有具体工作的失误负责"的看法，把各种实际上不归子产负责的工作失误都炒作成执政卿的罪过。子产明确表示，这种恶意攻击是应该受到刑罚惩处的，只是因为先王对此没有刑罚规定（很可能是为了保护进谏言路），而子产所推行的"刑治"又是以三代刑律为依据，还没有针对这种"政治诽谤罪"设立新的刑罚，所以没有追究。

据清华简第三辑《良臣》的记载，子产的辅臣中有一位"富之厚"（参见页323），应该就是这位向子产进言的"富子"。富子此番进言，到底是站在子产辅臣的立场真诚地劝谏，还是受反对派卿大夫蛊惑来攻击子产,还是已经完全投身反对派来攻击子产,在当场是难以分辨的。因此,子产对富子所说的最后一句话"您宁可用其他的事情来规劝我"既是一句劝告,也是一句警告。当做劝告来听就是:您如果想要不被我子产划入"邪恶的人"的行列的话,就请你以后拿我真应该感到羞耻的事情来规劝我。当做警告来听就是:如果你再这么干,那我子产就要把你划入我要对付的"邪恶的人"的行列之中了!

分析到这里,我们可以更加真切地理解为什么子产在子皮去世后会一边痛哭一边说"我完了!没有人支持我做正确的事了",可以更加真切地理解子产现在所面临的国内政局的凶险。正如前面已经详细叙述的那样,子产所推动的多轮全面改革,很多都是历史上前所未有的"新政",一方面,许多涉及利益调整的改革举措必然损害了一部分人的既得利益(比如说"作丘赋"改革导致卿大夫家族的利益空间被压缩,又比如说"铸刑书"改革导致刑狱官员的司法裁量权大为缩水),这些人中间必然有一部分对子产产生了不可消弭的厌恶甚至仇恨;另一方面,改革举措在执行过程中肯定出现了不少问题和差错,从而造成了另外一部分人对子产的不满。此外,在郑国卿族中很可能有人不满子产强势"独裁",想要找机会取而代之。这几群人叠加在一起,构成了郑国都城内反对子产的一股政治势力。

笔者认为,子产最强有力的"保护伞"子皮去世后,这股反对子产的政治势力蠢蠢欲动,各种针对他的"明枪暗箭"攻击性言论多了起来,"僻陋邪恶的人把什么都归罪于我这个执政",很可能就是对当时郑国政坛"新动向"的真实写照。子产当年宽宏大度地"不毁乡校"听取国人批评是为了避免重蹈周厉王覆辙、把第一轮改革做成，而如今"心胸狭窄"地回绝富子的批评是要"杀鸡儆猴"，坚决击退反对势力的猖狂进攻。

在探究了子产对于此次事件的政治定性之后，我们可以回过头来看子产讲话的另外一个主要观点，那就是：自己不应该为孔张失位感到羞耻，也就是不应该为此次事件承担任何实质性的责任。子产在一开头就阐明了自己应该负责的范围，其中与此次风波直接相关的有"我对待诸侯盟会、国君相朝等重大外交活动不严肃认真""我发布命令不恰当""我从大国招致欺凌"三项。子产撇清自己责任的论证逻辑是：

我子产在事前已经专门告诫"只要是在举行享礼的朝堂有固定席位的高级官员，决不能发生不恭敬的事情"，已经仔细考虑过孔张这样参会官员人选的家世背景、礼仪素养和实践经验，因此，我对于重大外交活动的态度是非常严肃认真的，活动之前发布的命令是恰当的，绝不能算是"我对待诸侯盟会、国君相朝等重大外交活动不严肃认真"，也绝不能算是"我发布命令不恰当"。此外，虽然享礼现场出了事故，被晋人取笑，但从富子所说的"几次被这样笑话之后他们会不欺凌我们"也可以看出，这次事故的后果距离被晋国欺凌还很远，绝不能算是"我从大国招致欺凌"。既然我态度端正、发令得当、并未遭到晋国欺凌，那么我就不应该为孔张失位承担责任。既然这件事不是我执政的责任，也不可能是恪尽职守的司礼官的责任，那就只能是孔张自己的责任了。

责任明确之后，我们还可以进一步探讨一下孔张失位到底是经验不足、精神错乱还是蓄意为之。笔者认为，子产之所以要喋喋不休地描述孔张的家世背景和从政经验，就是要堵住"孔张这次事故是由于没有经验、不懂规矩"这个可能性。既然不是因为子产没有事先提醒，也不是孔张没有经验、不懂规矩，那么孔张失位的可能原因就只有两个：要么是孔张当时突然精神错乱，要么就是他在蓄意制造事故。结合当时郑国国内的政治局势，很明显后一种的可能性更大。实际上，子产这句充满讽刺意味的"孔氏在大夫的地位上已经好几代，世代守着这份职业，如今孔张却忘记了自己在朝堂上的位置在哪里"，已经在指向孔张蓄意制造事故这个方向。

根据《左传》记载的事情经过以及子产所言，孔张迟到后没有尽量低调地前往自己的席位就坐，而是神奇地"忘记了自己在朝堂上的位置在哪里"，从而"稀里糊涂"地站在了一般宾客之间。如果孔张是蓄意制造这次事故，那么这个站位绝对不是随便挑选的，而是事先精心谋划好的。也就是说，孔张知道，只要站在这个位置，根据享礼制度的规定，就会触发司礼官的制止和驱赶，而自己被驱赶后，根据现场的人行通道安排就只能跑到一般宾客后面，而这就会触发下一波的驱赶，最后他就会一脸茫然地被驱赶到乐器区，这样就可以引发一系列洋相不断扰乱享礼进行，而且可以把脏水泼到制止驱赶他的司礼官身上。

分析到这里，一场由反对子产的政治势力策划、由孔张和富子（故意或者受蛊惑）具体实施的政治攻击的全貌已经大体明朗。"孔张失位"是第一波攻击,其目的就是要在晋国执政韩宣子首次来访的关键时刻,把子产最希望举办好的享礼"搅黄"。"富子进谏"是第二波攻击,其目的是叫嚣子产要为"孔张失位事件"负责,为可能到来的晋国欺凌负责。

从文辞风格来看,子产和富子很可能是在一个公开场合进行的这番论辩。我们知道,政治人物在公开场合"发飙",往往有表演的成分在里面,是为了达到特定的目的。在当时波诡云谲的政治情势下,子产抓住富子进谏这个由头,作出"金刚怒目"的样子,放狠话给明里暗里的那些"邪恶的人"听:你们不要以为子皮死了就可以恶意挑战我作为执政卿的地位和权威,我会坚决回击居心叵测的政治诽谤,就算是我的辅臣富子我也不会心慈手软!我作为执政根本无需为"孔张失位事件"负任何责任,这次事故到底是怎么回事大家心里都有数,你们如果正盘算更大的政治诽谤,我绝不会让你们得逞!然而,"树欲静而风不止",子产虽然在本年成功平息了"孔张失位事件",然而短短两年后,他又将要迎来"四国火灾"这场更为严峻的政治考验。

前五九二年,晋国卿官范武子在退休前这样教导他的儿子范文子,说:"燮(范文子)啊!我听说,'欢喜和愤怒合于礼法的很少,违背礼法的却很多。'《诗》里说,'君子如果发怒,动乱差不多可以很快停止。君子如果喜悦,动乱差不多可以很快停歇。'君子欢喜或者发怒,不是为了发泄情绪,而是为了平息动乱。"[1]范武子这里讲的"君

---

① 《左传·宣公十七年》:《诗》曰"君子如怒,乱庶遄沮(jǔ)。君子如祉,乱庶遄已"。君子之喜怒,以已乱也。

子",就是指以卿官为代表的高级贵族。按照这个标准,前五六五年子国为了维护家族和国家利益而发怒斥责子产(参见页 31),前五四〇年子产为了整治大族而发怒斥责子皙(参见页 146),以及本年子产为了震慑反对派势力而发怒斥责富子,都可以算是范武子所说的"君子之怒"。

晋首卿买玉碰壁,郑六卿赋诗和谐

韩宣子家里藏有一套玉环,缺少的一件在郑国商人手里。从前面"巧取州县"我们已经知道,韩宣子善于把私事夹带在公事里一起办。此次前来郑国访问时,韩宣子私下请求郑定公帮他弄到这件玉环,认为这是打个招呼就能办好的小事。没想到事情到了子产这里被拦了下来。子产说:"这件玉器不是官府收藏的宝物,我国君主不知情。"

子太叔、子羽一起劝子产说:"韩子也没有什么太多的要求,对待晋国也不可以有二心。晋国、韩子,都是不能轻视的。如果恰巧有坏人在中间挑拨离间,鬼神再帮着激化矛盾,激起大国的凶怒,后悔怎么来得及?您为什么这么爱惜一件玉环,难道是为了从大国招来憎恶?为什么不从商人那里求得它并送给韩子?"

子产说:"我正因为不轻视晋国并对它有二心,而是要自始至终地事奉它,所以不给韩子玉环,这是为了坚持坦诚(忠)、信实(信)的礼制原则。我听说君子不为没有财富犯难,而是为在位却没有好名声而忧虑。我听说治理国家难的不是不能事奉大国、养护小国,而是不能坚守礼制来稳定国家的国际地位。[①] 那大国的人，对小国发号施令，如果要什么就得到什么，小国怎么能供给得上？一次给了、一次不给，小国的罪过更大。大国的过分要求，如果不依礼驳斥，大国的人哪里会有满足的时候？如果这一次满足了韩子的要求，我国就成了晋国的边境城邑，也就失去了作为一个国家的地位了。另一方面，如果韩子奉国君之命出使我国，而到了我国却利用使臣身份求取玉环，这也太贪婪了，难道就不是罪过吗？我国献出一件玉环却引起两桩罪过：我国失去国家地位，韩子成了贪官，有什么用处呢？而且我们拿美玉去购买罪过，不也太不值得了吗？"

韩宣子见子产拒绝帮忙，也知道自己理亏，于是就自己去商人那里买。商人本不愿出售，迫于买主的身份地位，和他达成了成交意向，但又不甘心，于是编造了一个前提条件："一定要报告君大夫，得到许可才能交易。"从下文子产所言"你有好买卖、奇珍异宝，我不去打听"可知，"君大夫"其实对商人并无此要求。

韩宣子于是又来向子产请求说："日前我请求那玉环，执政（即子产）觉得不合道义，我也不敢再提。如今我从商人那里购买，商人说'一定要把这件事告知君大夫'，胆敢请求您同意这笔交易。"

子产一听就知道这是商人在向他求助，于是回答说："昔日我们的先君桓公和商人一起从宗周迁出来到了中原，并肩协作清除这片土地上的蓬、蒿、藜、藋等各种杂草，共同定居下来。郑人与商人世代有盟誓，据此相互信任，说：'你不要背叛我，我不会强买你的货

---

① 《左传·昭公十六年》：侨闻君子非无贿之难，立而无令名之患。侨闻为国非不能事大、字小之难，无礼以定其位之患。

物,不乞求、不掠夺。你有好买卖、奇珍异宝,我不去打听。'双方仗恃着这个有信用的盟誓,所以能够互相保全,直到今天。如今您本着增进友好的目的屈尊前来,却叫我国强夺商人不愿贱价出售的宝物,这是教唆我国背弃盟誓,恐怕不可以吧!您得到玉,却失去了诸侯的拥护,您肯定不会这样做。如果大国发号施令,而我国供应大国没有原则,我国就成了大国的边境城邑了,我国也不会这么做。我如果献出这玉,不知道能成就什么。胆敢私下里跟您陈述。"

韩宣子说:"是我做事不恰当,怎敢通过求玉来获取两项罪过?胆敢辞谢不要了。"

四月,韩宣子结束访问回国,郑六卿在国都郊外为他饯行。宣子说:"诸位君子请都赋诗一首,我也可以从中体会郑国的志趣。"

六卿中排第一的当国子蟜朗诵了《野有蔓草》:

《诗经·郑风·野有蔓草》

野有蔓草,零露漙(tuán)兮。
有美一人,清扬婉兮。
邂逅相遇,适我愿兮。

野有蔓草,零露瀼(ráng)瀼。
有美一人,婉如清扬。

邂逅相遇，与子偕臧。

野草蔓延成片，露珠闪亮润圆。
路上一位美人，眉眼清秀明艳。
二人碰巧相遇，处处合我心愿。

野草蔓延成片，露珠浓密闪光。
路上一位美人，眉眼温婉清扬。
二人碰巧相遇，情投意合心欢。

这正是前五四六年子太叔在接待韩宣子前任赵文子的享礼上所赋的诗。子蟜想表达的意思也差不多，表示很高兴与韩宣子初次见面。子蟜虽为首卿，但资历尚浅，而子产才是当时六卿领导班子的真正核心，关键的话得留给子产和他的亲密搭档子太叔来说，所以子蟜选择的是这首轻松活泼的《野有蔓草》，代表六卿向韩宣子表示欢迎，并没有其他深意。韩宣子回应说："罕氏的继承人不错啊！我对郑国的未来有指望了。"

排第二的执政子产朗诵了《羔裘》：

《诗经·郑风·羔裘》

羔裘如濡，洵直且侯。
彼其之子，舍命不渝。

羔裘豹饰，孔武有力。
彼其之子，邦之司直。

羔裘晏兮，三英粲兮。
彼其之子，邦之彦兮。

身穿柔滑羔皮袄，为人正直又美好。
这样一位君子，舍命不变节操。

羔裘袖口豹皮饰，身形威武真力士。
这样一位君子，实为邦国司直。

羔羊皮袄光鲜，三道豹皮绚烂。
这样一位君子，实为邦国模范。

　　子产称赞韩宣子就像诗中所描述的君子，正直美好，孔武有力，舍命不变节操，是国家的司直、模范。韩宣子回答说："我可担当不起啊。"联想到韩宣子私求玉环的事情，可以体会到子产选择这首诗很可能有调侃韩宣子的意思，而韩宣子在回答时很可能也是面带惭愧神色的。在郑国六卿中，也只有子产有这个资格和能力来调侃晋国的首卿，力度把握可以说是恰到好处。
　　排第三的子太叔朗诵了《褰裳》：

《诗经·郑风·褰裳》

子惠思我,褰裳涉溱。
子不我思,岂无他人?
狂童之狂也且!

子惠思我,褰裳涉洧。
子不我思,岂无他士?
狂童之狂也且!

你若爱我想念我,提起下裳过溱河。
你若变心不想我,难道再没情哥哥?
傻小子你真傻啊!

你若爱我思念我,提起下裳过洧河。
你若变心不想我,难道再没情哥哥?
傻小子你真傻啊!

　　子太叔用这首俏皮的情诗委婉地提醒韩宣子,如果晋国顾念郑国,就要有"过河来看我"的实际行动;如果不顾念,郑国可不是没有其他大国可以事奉。韩宣子回应说:"我跋山涉水坐在这里,怎敢劳动您去事奉他人呢?"子太叔拜谢。韩宣子说:"好啊,您把这话坦诚地说出来! 如果没有这个提醒,怎么能够从始至终地友好下去呢?"

韩宣子这番话,正是在表达对于子产所坚持的"坦诚""信实"原则的认同。

到此为止,子产和子太叔已经把郑国想要表达的政治信息都说清楚了,而接下来三卿所朗诵的诗都是比较单纯地向韩宣子表达善意,很有"拍一下揉三揉"的意思。

排第四的子游朗诵了《风雨》:

《诗经·郑风·风雨》

风雨凄凄,鸡鸣喈喈。
既见君子,云胡不夷?

风雨潇潇,鸡鸣胶胶。
既见君子,云胡不瘳?

风雨如晦,鸡鸣不已。
既见君子,云胡不喜?

风雨凄凄,雄鸡打鸣。
已经见到那君子,还有什么不安宁?

风雨潇潇,雄鸡打鸣。
已经见到那君子,还有什么相思病?

风雨昏暗,鸡鸣不停。

已经见到那君子,还有什么不高兴?

子游表示见到韩宣子就像见到了诗中所描述的君子,非常安心愉悦。

排第五的子旗朗诵了《有女同车》:

《诗经·郑风·有女同车》

有女同车,颜如舜华。

将翱将翔,佩玉琼琚。

彼美孟姜,洵美且都。

有女同行,颜如舜英。

将翱将翔,佩玉将将。

彼美孟姜,德音不忘。

美女同车坐,容颜美如花。

一同在外遨游,美玉身上佩挂。

姜家美丽大姐,确实漂亮文雅。

美女同车坐,容颜如木槿。

一同在外遨游,玉佩碰撞叮叮。

姜家美丽大姐,言行铭记在心。

子旗幽默地把韩宣子比作诗中的大美女，表示不会忘记他的有德言语。

排第六的子柳朗诵了《萚（tuò）兮》：

《诗经·郑风·萚兮》

萚兮萚兮，风其吹女。
叔兮伯兮，倡，予和女。

萚兮萚兮，风其漂女。
叔兮伯兮，倡，予要女。

枯叶枯叶，风吹叶落。
叔叔伯伯，你唱我和。

枯叶枯叶，风吹叶飞。
叔叔伯伯，你唱我随。

子柳表示愿意顺从盟主晋国首卿韩宣子的领导，就像诗中小妹跟着哥哥唱歌一样。

韩宣子非常高兴，说："郑国差不多算是大治了吧！诸位根据君主的命令给我恩赐，所赋的诗都不超出郑国志趣的范围，都表达了增进睦邻友好的意思。诸位君子都是能够开启数代家业的宗主，我可以不用为郑国忧惧了。"

韩宣子给每位郑卿都进献了马,然后朗诵了《我将》:

《诗经·周颂·我将》

我将我享,维羊维牛,维天其右之。
仪式刑文王之典,日靖四方。
伊嘏(gǔ)文王,既右飨之。
我其夙夜,畏天之威,于时保之。

我捧我献,有牛有羊,上天请您品尝。
效法文王言行,每日安定四方。
上天嘉奖文王,也请他来尝尝。
我早晚奔忙,惧怕上天威严,永保福禄安康。

韩宣子表示,自己将畏惧上天威严,志在安定四方。子产下拜,并让五卿都下拜,说:"您致力于平定动乱,我等怎敢不拜谢您的大德?"

这一回,郑国六卿所赋的《野有蔓草》《羔裘》《褰裳》《风雨》《有女同车》《萚兮》,都是采自郑国的诗歌,在今本《诗经》的《郑风》中都还可以读到。这不大可能是巧合,而应该是子产事前制定接待方案时就特意做的安排,其目的应该是向韩宣子展现一个团结、守礼、爱国的六卿领导班子。回顾前五四六年郑简公在垂陇接待晋国首卿赵文子时六卿所赋的诗(参见页 86),一首出自《召南》,一首出自《鄘风》,两首出自《小雅》,一首出自《唐风》,只有一首出自《郑风》,而且当时伯有还借赋《鹑之奔奔》咒骂首卿和国君,两相对比,可见子产上台后整肃卿族、重振礼治的努力的确取得了令人瞩目的成效。

韩宣子在饯行宴会结束后,又私下与子产会面,送给他玉和马作为礼物,说:"您命令我舍弃那玉,实际上是赐给了我像玉一样珍贵的美德而免除了我的死罪,怎敢不借手上这些礼物来拜谢?"

郑国接待韩宣子来访,以孔张迟到、被宾客嘲笑开场,以韩宣子对子产心悦诚服、加赠礼物结束。子产在公开场合驳斥富子,这是在对国内宣示,他在失去子皮庇护之后完全有魄力主持国政;两次拒绝韩宣子的私人请求,这是在向晋国宣示,他所倡导的"尊严外交"策略在子皮去世后没有丝毫动摇。就这样,子产凭借着他过人的胆识和强有力的辞令,进一步稳固了他在国内的地位,也进一步稳固了郑国在晋郑关系中的地位。

四国火灾事件(一): 文献记载

前五二五年冬天,一颗大彗星出现在天空中,彗头在大火星(心宿二)附近,彗尾朝西延伸直至银河。在二十八宿①中,属于东方青

---

① 我国古代天文学家将夜空中可见之星分成二十八组,称为二十八宿,分属东、西、南、北四方,每方各七宿。北方玄武七宿:斗、牛、女、虚、危、室、壁;东方青龙七宿:角、亢、氐、房、心、尾、箕;南方朱鸟七宿:井、鬼、柳、星、张、翼、轸;西方白虎七宿:奎、娄、胃、昴(mǎo)、毕、觜(zī)、参。

龙七宿的心宿,其中包含一颗赤色一等星心宿二,古人认为这颗星在夜空中的出现和消失与人间火政(比如用火、禁火、火灾等)密切相关,因此古人将心宿二称为"大火"。

鲁国大夫申须预言说:"彗星,是上天用来除旧布新的。天事一直象征着人事吉凶。如今彗星扫除大火星,明年大火星再次出现时,火灾必然要在人间散布。诸侯恐怕会有火灾吧!"

鲁国善于星占的大夫梓慎进一步预言火灾将在明年周正五月壬午日(十三日)在宋、卫、陈、郑四国发生:

"往年我就见到过,当时的天象就是今年的征兆:大火星出现而彗星也跟着出现。今年大火星出现时彗星更加明亮,必然要到今年晚些时候大火星消失时,彗星光芒方能隐伏。彗星与大火星相随已经很久了,难道不是如此吗?

"大火星在黄昏出现,夏历在三月,商历在四月,周历在五月。夏历的数与上天配合得最好。

"如果火灾在人间发作,大概是四个国家面临火灾,就是宋、卫、陈、郑吧!宋国,是大火星所对应的区域;陈国,是远古圣王太皞的旧居之地,木火出自此地;郑国,是高辛氏火正祝融的旧居之地;这三个国家都是火所居住的房舍,所以会起火。彗星到达银河,银河,是水的征兆。卫国,是远古圣王颛顼(zhuān xū)的旧居之地,因此是帝丘,它所对应的星是大水星(营室)。水是火的雄性配偶,火像妻子伴随丈夫一样伴随着水,因此卫国也将起火。

"火灾恐怕会在丙子日或者壬午日发作,因为水火将在这两个日子配合①。如果今年大火星消失而彗星潜伏的天象再次发生,则火灾发生的日子一定在明年的壬午日,不会超过大火和彗星再次相随出现的那个月(周正五月)。"

这段话的核心是预测宋、卫、陈、郑四国都城将有火灾。如果说宋、陈、郑三国还勉强算是跟火扯上了点关系,那么卫国对应的星明明是大水星,却还能用"水是火的雄性配偶"这样匪夷所思的理由将其与火灾联系起来,就实在是强词夺理了。结合转年四国都城果然同时起火的事实进行考虑,这段预测到底是梓慎根据占星理论进行的预测,还是梓慎在确知四国都城必然会起火的前提下编造的预言,其实已经比较明显了。

这段话中另一个值得推敲的地方是对于起火日期的预测。本处梓慎预测起火时间为丙子或壬午,又说如果大火星消失而彗星潜伏的天象再次出现,则应该是壬午。而梓慎在预言最开始时又已经说过,"必然要到今年晚些时候大火星消失时,彗星光芒方能隐伏",也就是认为这个天象会发生的可能性很大。这样说来,则梓慎其实已经指出起火之日应为壬午,但又留有一丝不确定性,那就是他所预测的这个"大火星消失而彗星潜伏"天象是否真会出现。

郑国善于星占的大夫裨灶也对子产说:"宋、卫、陈、郑四国都城将在同一天发生火灾。如果让我用国家礼器中的瓘斝、玉瓒来祭神,郑国都城就一定不会起火。"子产没有给他。

---

① 丙子,丙为火日,子为火位,故丙子为火。壬午,壬为水日,午为水位,故壬午为水。水火合而相迫,或者火不胜水发生水灾,或者水不胜火发生火灾。但此次彗星头在大火星,尾在银河,预示着火多而水少,因此水不胜火,火得势,将发生火灾。

前五二四年夏五月，大火星开始在黄昏出现。七日（丙子），鲁国都城地区开始刮风。梓慎又预言说："这是融风，是火灾开始酝酿的征兆。七日后，恐怕火灾要发生了吧？"去年梓慎预测起火时间为丙子或壬午，具体是哪天要看"火入而伏"天象是否发生。此后此天象应该的确发生了，因此本年梓慎有把握地进一步阐述说，丙子是火灾开始酝酿的日子，而七日后的壬午是火灾将要发生的日子。

九日，鲁国都城地区风力加大。十三日（壬午），鲁国都城地区风特别大，宋、卫、陈、郑四国都城都发生了火灾。梓慎登上大庭氏之库的房顶瞭望了一下就自信地说："起火的是宋、卫、陈、郑。"几天后，这四个国家的使者果然派人来到鲁国通报起火。

预言应验的裨灶又在郑都内公开放话说："如果不听我的话拿宝物出来祭神消灾，郑国又将发生火灾。"郑人请求这回按裨灶说的做。子产还是不同意。子太叔说："宝物是用来保养民众的。如果再来一场火灾，郑国就要濒临灭亡了。宝物可以挽救危亡，您爱惜什么呢？"子产说：

"天道远，人道迩，非所及也，何以知之？灶焉知天道？是亦多言矣，岂不或信？"

"天道悠远，人道切近，天道不是人道能够触及的，人怎么能够知晓天道？裨灶也是人，因此裨灶哪里知晓什么天道？这人预言很多，难道不会偶尔说中一回？"

于是坚持不拿出宝物给禳灾。最后郑国也没有再发生火灾。

在郑国还没有发生火灾的时候，大夫里析告诉子产说："将会有大的变异，民众震动，国都几乎要毁灭。到那时我应该已经死了，不能赶上这场灾异的发生了。迁徙都城人口到别处来避过这场大灾，有可能吗?"与对待禳灾的态度形成鲜明对比的是，子产并没有斥责里析胡说八道，而是严肃地回答说："虽然迁都是个办法，但是我不足以仅凭您的这一番话就决定迁都这么大的事情。"从子产的答话来看，他似乎认为里析所说的"大的变异"真会发生。等到火灾发生时，里析已经去世，还没有下葬。子产派了三十个人把他的灵柩迁移到安全的地方。

《穀梁传·昭公十八年》也记载了这件事，说法与《左传》有所不同：

有人对子产说："某一天有火灾发生。"子产对这个预言者说："上天是神的领域，你哪里能够知晓?"因此这次是人祸，在同一天造成了四个国家的火灾。

四国火灾事件(二)：背景概述

占星术是一种很古老的"通天预测术"，通过分析天象来预测人间祸福，其理论基础是天人之间的互动关系。根据《慎子》《黄帝内经》等传世文献的记载，地上的物体，即生成的形类，他们的精气是列在天空(太虚)中的星辰。地上形类的变动，会通过天上星辰的变化反映出来，就像大树根干的摇动，会引起枝叶的摇动一样。所以观测天象的变化就能推知人世的变动。《左传》虽然没有记载裨灶的推算过程，但我们可以从鲁国大夫梓慎的推算过程中感受到，当时占星专家已经有了一套成形的理论体系，来把"天道"和"人道"关联起来。这套体系的成熟版本也就是所谓的"分野"学说，该学说将天上的星宿、星次[①]和地上列国精确地对应起来。《晋书·天文志》中所记载的"分野"细则如下[②]：

星　　次	星次包含星宿	列国对应星宿	列　国
星纪（斗十二度至女七度）	斗、牛、女	斗、牛、女	吴、越
玄枵（xiāo）（女八度至危十五度）	女、虚、危	虚、危	齐
娵訾（jū zī）（危十六度至奎四度）	危、室、壁、奎	室、壁	卫
降娄（奎五度至胃六度）	奎、娄、胃	奎、娄、胃	鲁
大梁（胃七度至毕十一度）	胃、昴、毕	昴、毕	赵
实沈（毕十二度至井十五度）	毕、觜、参、井	觜、参	魏（晋）
鹑首（井十六度至柳八度）	井、鬼、柳	井、鬼	秦
鹑火（柳九度至张十六度）	柳、星、张	柳、星、张	周
鹑尾（张十七度至轸十一度）	张、翼、轸	翼、轸	楚
寿星（轸十二度至氐四度）	轸、角、亢、氐	角、亢、氐	郑
大火（氐五度至尾九度）	氐、房、心、尾	房、心	宋
析木（尾十度至斗十一度）	尾、箕、斗	尾、箕	燕

---

① 木星，古代称为"岁星"，每年停留在一定的天区，大约每过十二年绕天一周。据此，古人把黄道带均匀地划为十二个等份，西向东依次称为星纪、玄枵、娵訾、降娄、大梁、实沈、鹑首、鹑火、鹑尾、寿星、大火、析木，合称为"十二次"。
② 参见卢央：《中国古代星占学》，中国科学技术出版社，2007年。

梓慎推断四国将起火灾时，称"宋国，是大火星（心宿二）所对应的区域""它（卫国）所对应的星是大水星（营室）"，已经属于"分野"学说的范畴，而且也都与《晋书·天文志》版本的"分野"细则相合。不过春秋时期"分野"学说到底发展到了什么程度，传世文献没有留下完整的记录。

首先我们要讨论一下，子产驳斥裨灶预言的话体现了怎样的天道观。从《左传》《穀梁传》的说法综合判断，子产的基本观点是：人类不能知晓天道。他的逻辑是：上天距离人间太遥远了，是神的领域，而人类的认知能力极为有限，根本就够不着。裨灶也是人，因此裨灶也不可能知晓天道。因此，裨灶关于四国火灾的预言，并不是从天道推导出来的结论，而只是由于此人经常预言灾异、偶尔猜中了一回而已。

需要指出的是，不少学者把"天道远，人道迩，〔天道〕非〔人道〕所及也"解释成"天道远，人道迩，〔天道、人道〕互不相及也"，①从而认为子产完全否定了天道和人道之间的关系，或者认为子产根本不信天道，②这是由于对原文释读不准确而造成的错误理解。实际上，子产是以"裨灶不知晓天道，因此无法根据天道预言人间祸福"为理由来否定裨灶再次预言火灾的可靠性，而并没有用"裨灶即使知晓了天道也不能预言人间祸福"为理由来否定裨灶，正说明子产只想要否定人道上及天道的可能性，并没有想要否定天道下达人道的可

① 参见陈泳超：《关于子产天道鬼神观的误解与探正》，《湖南师范大学社会科学学报》，1998 年第 5 期；桑东辉：《子产思想的内在冲突与超越》，《石河子大学学报（哲学社会科学版）》，2014 年第 2 期。

② 参见杨伯峻：《春秋左传注》。

248

能性，也并没有想要否定天道预示人间祸福的"效力"。

当然，在二十一世纪的今天，随着物理学、天文学、航天技术的长足发展，人类对于"天道"，或者说至少是"天道"的一部分，也就是宇宙中各类天体的物理化学本质和运行规律，已经有了非常深入的认识，子产"人不能知晓天道"的观点已经被证明是错误的。那么反过来，宇宙中那些遥远天体的运行，是否能预示人间的祸福吉凶呢？平心而论，这仍然是一个没有定论的问题。对于大多数人来说，答案毫无疑问是否定的；但是对于笃信中国或西方占星术的人来说，答案可能还是肯定的。

然而，裨灶的预测能力并不是那么容易被否定的。实际上，除了前五二五年这最后一次"成功"的预言之外，《左传》还记载了裨灶先前好几次"灵验"的星占预言：前五五四年，预言伯有死期在岁星运行到娵訾和降娄之间时；前五四五年，预言周灵王、楚康王都将在当年去世；前五三三年，预言陈国（当时为楚国陈县）将在五年内复国，复国后五十二年将最终灭亡；前五三二年，预言晋平公死期为本年七月三日。对于后世的读者，特别是古代相信星占学说法力的读者而言，这几次事例足以证明裨灶的确是一位高明的"星占大师"，司马迁在《史记·天官书》中也将其列为"昔日传承天数的人"。

那么，到底该如何解释裨灶这些"应验"的预言？笔者认为，要探讨这个问题，首先要对春秋时期的社会思想潮流有一个定性的认识，正如《春秋战国的社会变迁》一书所描述的那样：

在阶级关系的变动中，人的价值受到更多的重视。在春秋时期,重民轻天,重人轻神成为社会思潮里面方兴未艾的潮流。随国的季梁说:"夫民,神之主也,是以圣王先成民而后致力于神。"鲁国的曹刿说:"夫惠本而后民归之志,民和而后神降之福。"郑国(应为鲁国)的申繻说:"妖由人兴也,人无衅焉,妖不自作。"子产说:"天道远,人道迩,非所及也。"虢国的史嚚(yín)说:"吾闻之,国将兴,听于民;将亡,听于神。神,聪明正直而壹者也,依人而行。"宋国的子鱼说:"民,神之主也。"这些典型的言论虽然没有否定天、神的存在,但人的地位却大为提高。列国统治者如果使民以时,重视民事,就会为舆论所赞许;反之,如果残民以事神则会受到谴责。这样的人也多没有好下场。春秋时期人们虽然还时常占卜,但是许多先进者和有识之士,已经不怎么相信,态度也不怎么虔诚,甚至对占卜的作用提出怀疑。

实际上,在四国大火发生四十年前的前五六四年,宋国都城也发生过一场大火,并且也引起了关于"天道"的社会讨论。在五帝时代,唐尧火正阏伯居住在商丘,祭祀大火星,根据其春季出现和秋季隐伏以指导人间春季用火、秋季收火,并以根据大火星的运行轨迹纪录时节。后来,商人先祖相土因袭阏伯居地商丘以及大火星祭祀,因此商朝以大火星为祭祀主星。商人总结历次重大祸乱,竟然都发端于火灾,而商朝又主祭大火星,商人认为这不可能只是巧合,而是天道使然,具体说来,是上天降下火灾以预示祸乱。商朝灭亡后,其王室后裔微子启被分封在商丘建立宋国。宋公室既是商王室后裔,其居地又正好是商丘,因此宋国在天上对应的星就是大火星。

由于这些历史渊源,前五六四年,当宋国都城在春季大火星出现的同时发生火灾后,中原诸侯国之间就有了这么一种传言,说"宋国都城发生火灾,从这件事可以知道天道是确实存在的"。这句传言虽然是为"天道"造势,却也正反映出当时"天道"论在春秋中晚期社会思想市场中逐渐边缘化、许多人已经不大相信的状况。

这种"重人道""轻天道"的社会思想趋势对于包括申须、梓慎、裨灶在内的各国卜、筮、星占、梦占专家而言,无疑是危及他们的社会地位和政治话语权的结构性"利空"因素:君主、卿大夫越来越依据人间常理来分析预测大事,他们祖传的这些"通天预测术"逐渐退出政治决策过程,而伴随而来的就是这些专家政治社会地位的下降。在这种背景下,笔者认为,《左传》记载的裨灶五次"灵验"预言中,前五五四年、前五四五年、前五三三年、前五三二年做的这四则"灵验"预言实际上是春秋末期至战国前期的星占专家根据已经发生的史实倒编出来的"灵验案例",本来是用来为他们这个"夕阳产业"续命的"广告软文",后来被战国前期的《左传》作者当作史料抄进了正文。从内容上看,正因为是倒编出来的,所以它们所作出的预言与史实高度吻合,预言晋平公死期甚至精确到了几月几日;从结构上看,这些有关占卜的记载往往是头尾完整、独立于核心史事叙述的小故事,即使删去也不影响史事叙述的完整性。

不光是与裨灶相关的这些案例,《左传》中绝大多数"灵验"甚至惊人准确的卜筮、星占、梦占预言应该都是看到了史事结局的后人倒编出来的,然后被热衷于搜集灵验预言的《左传》编者当作值得后人学习借鉴的史料抄入正文,这些预言在结构上也都有明显的"加塞"特点。杨伯峻先生正是依据这个思路来推断《左传》的最终成书年代：如果预言准确，说明此段材料的作者看到了这件史事的结局；如果预言不准确，则说明此段材料的作者没有看到这件史事的结局。比如说，因为《左传》记载了辛廖用《周易》占筮"准确预言"魏国将会重新成为公侯，所以《左传》最终写定年代可能是在前四〇三年魏斯被周王策命为诸侯之后。①

然而，前五二五年梓慎、裨灶首轮预言——前五二四年梓慎再次预言——四国火灾，预言应验——火灾后裨灶第二轮预言——郑不复火，第二轮预言没有应验，这一系列事件则很有可能是史实，因为占星家绝不会去编造一个当时公认的贤明之人彻底否定占星大师、而占星大师再次预言又不灵验的案例，而且在结构上看，这一系列事件深深嵌入《左传》的核心史事叙述中，很难剥离。如果"多国占星家成功预言四国同日火灾"事件（以下简称"四国火灾事件"）在历史上真的发生过的话，那这件事的诡异之处可实在不少。比如，为何四个国家都城会在同一天起火？为何这个匪夷所思的大灾异会被多国占星家准确预言，时间、地点都完全正确？为何裨灶第一次预言郑都起火惊人地准确，而第二次预言起火却不再灵验？下面，我们将试图重新审视并重构这一事件的来龙去脉。

四国火灾事件（三）：真相探寻

首先我们试图确定这个"四国火灾事件"真相的基本框架。

---

① 参见杨伯峻：《春秋左传注》。

第一，四国火灾是一场有预谋的人为纵火。四个相距遥远、不可能互相波及的国家都城同时起火，而且起火的时间、地点与大半年前占星家预言的时间、地点一模一样，这是天灾或意外的可能性近乎于零，而基本上可以确定是占星家事先知情的人为纵火。如上所述，西汉成书的《穀梁传》明言"因此这是人祸，在同一天造成了四个国家的火灾"，说明最迟到西汉时，"人为纵火"说已经是当时学者的重要观点。

特别"烧脑"的地方是，梓慎的预言还不是直接定死一个日期，而是提出了这么一个"复合式预言"：我预言的起火日期是丙子或壬午，到底是两个中的哪个，要看我预言的"大火（心宿二）消失而彗星潜伏"天象是否真会出现，如果出现了就是壬午，没出现就是丙子。这种复合式预言听起来，的确比直接说死一个日期更加"高深"，更能显示出占星家的理论水平。"大火（心宿二）消失而彗星潜伏"的天象在去年应该是确实出现了，而人为纵火的日期——丙午日也就由此确定下来。

最可能的情形是：多国占星家（至少包括郑国裨灶、鲁国梓慎、鲁国申繻[xū]）先根据彗星扫过大火星的奇异天象炮制出一份"有理有据"的、宣称四国将同时起火的预言，然后再由他们在四国的团伙在预言设定的时间进行人为纵火。然而，在普遍相信天人感应、又难以想到"跨国预言＋纵火行动"这种"天方夜谭"式阴谋的各诸侯国人士看来，"四国火灾事件"最合理的解释是：上天降灾给政事有阙的四国，知晓天道的占星家做出了完全准确的预测，而四国政府由于不重视占星家预言而错失了消灾的宝贵机会。

实际上，梓慎在火灾发生时登高观测起火国的行为，已经透露出人为纵火的真相。鲁都（今山东省曲阜市）与宋都（今河南省商丘市）直线距离在一百八十公里左右，与卫都（今河南省濮阳县）直线距离在一百八十公里左右，与陈都（今河南省淮阳县）直线距离在二百八十公里左右，与郑都（今河南省新郑市）直线距离在三百三十公里左右。在科学理性的现代人看来，登上一座古代大库房的屋顶，是决不可能看到这么远的火情的。合理的解释只有一个：那就是当梓慎在登高观望时，虽然他可以对外宣称说是通过"望气"之类的"超视距"观测技术看到了四个国都起火的情况，但实际上，这是因为他事先知道这四个都城一定会按照预言设定的时间被人为纵火。一个有意思的细节是，梓慎和裨灶散布的预言中就没有提到鲁国都城会起火，这说明梓慎团伙只承担了散布预言的"轻省活"，而并没有承揽在鲁都纵火的"脏活"。

裨灶两次高调预言火灾并要求政府拿出宝物消灾的言行，也与人为纵火的假说高度相符。前五二五年，裨灶预言说，"宋、卫、陈、郑四国都城将在同一天发生火灾。如果我用国家礼器中的瓘斝（guàn jiǎ）、玉瓒（zàn）来祭神，郑国都城就一定不会起火"。前五二四年火灾真的发生、预言应验之后，裨灶的态度变得更加自信满满，他说"如果不听我的话拿宝物出来祭神消灾，郑国都城又将发生火灾"。对于裨灶的高调行为，最为合理的解释是：火灾是否发生本来就是由裨灶所在的团伙掌控的，也就是说，火灾发生前"如果给我宝物用于消灾，我就不放火，郑国都城就一定不会起火"，火灾发生后"如果不给我宝物用于消灾，我就再放一把火，郑国都城就会再次发生火灾"。

第二,各国纵火行动背后有本国高层政治势力的介入。在都城纵火是非常严重的罪行,如果没有来自高层政治势力(卿大夫)的保护甚至是指令,各国的纵火者恐怕不敢铤而走险。支撑这个定性判断的证据主要来自对郑大夫里析言行的分析。首先,里析很确定这次灾异将会非常惨烈,并为此十分焦虑,因此不顾病重向子产报告;第二,里析并没有运用任何星占、神启的理论来推导出他的结论,这似乎是暗示子产,此次灾异不是天灾,而是人祸;第三,里析只说了灾异的惨烈程度,以及惊人的迁都建议,却并没有透露更多的信息来证明他这些言论可信,甚至只敢含糊地说是"大的变异"(原文为"大祥"),连"火灾"都不敢明言,似乎有难言之隐。最合理的解释是:里析确知了裨灶团伙纵火行动的基本信息,感到事态严重,希望告知子产,让其早作准备;然而,由于这次纵火行动有高层卿大夫参与和支持(可能就是前五二六年"孔张失位事件"背后的势力),里析担心自己和家族的安全,所以不敢把自己知道的全部信息和盘托出。

如果郑国纵火事件背后真有卿大夫介入的话,那么我们还可以对裨灶的两次预言和索要宝物作更为深入的、可能更合理的解读,那就是:裨灶之所以要在散布火灾预言的同时提出可以用国家宝物消灾,并不是要贪图那点宝物,而是算准了子产根本不会相信裨灶的预言,更不会拿出宝物去消灾。这样一来,在纵火之后,反对派卿大夫就可以谴责子产由于蔑视裨灶、吝惜宝物而错失了消除火灾的宝贵机会,从而达到动摇子产执政地位的政治目的。在此基础上,裨灶再次预言火灾、并再次提出可以用国家宝物消灾,如果子产还不接受,那么反对派势力就可以谴责子产在裨灶预言能力已被证明的情况下仍然吝惜宝物、轻视民众生命财产,从而进一步抹黑子产。实际上,子太叔就进了这个圈套(很可能是受反对派卿大夫的怂恿),并按照这个思路请求子产拿出宝物,幸好他只是站在为子产着想的劝谏角度说话,并没有向子产直接发难。

郑国之外,宋国、郑国纵火事件背后的高层政治势力也有迹可循。值得注意的是,就在四国都城大火之后两年,也就是前五二二年,宋国、卫国先后发生卿大夫反对国君的武装叛乱。这年夏天,长期与宋元公敌对的宋国卿大夫华定、华亥、向宁及其党羽发动叛乱,逮捕了支持宋元公的群公子,杀了四位公子、两位公孙,扣押了不愿意参与叛乱的向胜、向行,并且一度劫持了前往华氏请求放人的宋元公。秋天,长期与卫灵公及其长兄公孟絷敌对的卫国卿大夫齐豹、北宫喜、褚师圃、公子朝及其党羽发动叛乱,杀了公孟絷,驱逐了卫灵公。笔者认为,前五二四年宋国、卫国纵火事件背后的高层政治势力,很可能就是上面所说的宋国、卫国乱党。

第三,纵火行动的动机和酝酿过程。如果各国的预言-纵火团伙在台面上有占星家造谣惑众,暗地里有卿大夫的参与和支持,这两种人的目的分别是什么,他们能得到什么好处?笔者认为,占星家的目的,一是通过这样一次超级灵验的跨国预言行动来提高自身的地位和话语权,二是从卿大夫那里获得其他的利益;而卿大夫的目的则主要是利用火灾来达到他们的政治企图,就郑国而言,恐怕主要是因子产改革而利益受损或不满子产"独裁"的卿大夫想要动摇甚至颠覆子产的执政地位。

考虑到春秋时期诸侯国内乱的一般情形，笔者认为此次"四国火灾事件"的酝酿过程可能是这样的（假设以郑国为策源地）：反对子产的卿大夫（们）想要利用一场包装成"天灾"的都城火灾来诋毁攻击子产，这样一则事态足够严重可以掀起大的政治风浪，二则托言"天灾"可以逃脱罪责。卿大夫（们）找到占星家裨灶等人来谋划此事，谋划的结果是：孤立的预言-纵火行动容易让民众怀疑是人为纵火，并导致政府以占星家为突破口"顺藤摸瓜"彻查此事。为了让人们相信这不可能是人力所能为、而只可能是上天降灾，最好是联络其他国家同样有作乱需求的卿大夫以及愿意配合的占星家，组织实施一次超出普通人想象力范围的、只能被理解为上天降灾的多国同时起火事件。就这样，在郑国卿大夫/占星家团伙的策动下，一个多国占星家发布预言、多国团伙同时纵火的联合行动逐渐成形。

　　第四，子产的认识过程和应对策略。如果"人为纵火"假说是真的话，那么子产是在什么时候意识到四国火灾是源于人为纵火的？笔者认为大概经过了这样一个认识过程：

　　前五二五年裨灶第一次预言次年四国将同时起火时，子产按照常理思维，认为这不过经常预言灾异、绝大多数又不准的裨灶又一次大放厥词而已，于是直接拒绝了裨灶索要宝物的要求，没有太当回事。

　　前五二四年四国火灾发生前，里析抱病告知子产，不久之后将有"大的变异"发生，其烈度足以毁灭郑国都城。从子产的回答来看，他已经意识到裨灶的预言可能不是空穴来风，并且很可能从这时就开始准备救灾和维稳预案。

前五二四年四国火灾真的发生之后,子产通过综合分析如下几方面的信息:(1)四国都城同时起火这种小概率事件真的发生,(2)里析冒着风险向他报信而又遮遮掩掩,(3)火灾发生后裨灶放话说"如果不给我宝物,郑国还会起火"(就差直说"如果不给我宝物,我就会再放火"了),应该已经确认裨灶的预言不是瞎猜,四国起火不是天灾,整个事情是一场有预谋的、背后有高层反对派势力支持的人为纵火行动,而子太叔等人的劝谏就进一步坚定了子产的判断。

因此,在火灾发生之后,子产反驳子太叔等人劝谏的那番话其实是"半真半假":第一部分"裨灶根本不知晓天道"是子产的真实看法,而且说出来也不泄露秘密;第二部分"裨灶预言灵验是多次瞎猜偶然说中"则既否定了裨灶,还放了"烟雾弹"迷惑裨灶团伙,让他们误认为子产并不知道裨灶预言灵验是因为先预言然后根据预言纵火。

如我们所知,裨灶叫嚣"郑国将再次起火"的预言没有灵验,而这也是裨灶最后一次出现在《左传》记载中。笔者认为,子产先是公开宣称"裨灶根本不知晓天道,他这次预言灵验是多次瞎猜偶然说中"以否定裨灶的"法力"、反击卿大夫对自己的诘难、稳定灾后人心、迷惑裨灶团伙,然后便对裨灶及其团伙采取了强制措施,杜绝了裨灶第二次预言灵验的可能性。

此外,由于子产知道了这是一场有政治企图的人为纵火,因此在实施救火行动时,将确保政治敏感人员和场所安全放在最重要的位置,尽全力防止反对派卿大夫们抓到把柄发动新的朝堂政治攻击

（详见下）。

　　如果我们将上面所有这些碎片拼接起来，可以尝试着重构四国火灾事件来龙去脉如下：

　　前五二五年彗星扫除大火星的奇异天象发生后，至少包括宋、卫、陈、郑、鲁五国在内的多国卿大夫和占星家们勾结了起来，决定组织一次先散布预言、再根据预言日期在国都纵火的联合行动，以达到他们各自的目的，其中宋、卫、陈、郑团伙将负责在本国散布预言并组织纵火，而鲁国梓慎团伙则只答应帮助散布预言。

　　初步计划确定之后，鲁国梓慎发布预言，开始为行动造势；郑国裨灶也发布预言，要求政府拿出宝物给他消灾，其他相关国家的占星家应该也发布了类似的预言。执政卿子产对此并没有特别在意，依照常理拒绝了预言极少灵验的裨灶。其他国家发出火灾预言的占星家是否也向其本国政府提出了"交宝消灾"的要求已不可知，但无论如何，没有任何一国的纵火行动由于"消灾"而被终止。

　　病重的里析得知了郑国纵火行动的内幕情况，虽然畏惧高层势力，最终还是良心占了上风，抱病向子产报告，透露了他能够透露的部分信息。里析的诚恳引起了子产的警觉，但是里析"夸张"的迁都建议又让子产感到疑惑：这个里析是不是纵火团队的一员，他这番话是想要引导自己去组织迁都，然后纵火团队停止纵火计划，转而在朝堂上攻击自己为了一场最终并没有发生的火灾去迫使整个都城的民众背井离乡。因此，子产一方面和气地拒绝了里析的迁都建议，另一方面可能已经在谋划救灾和维稳预案。

前五二四年五月十三日，宋、卫、陈、郑四国的占星家团队在各自都城同时纵火。随后，占星家们便活跃了起来：鲁国的裨慎登上房顶一望便确认了几百里之外的起火国；郑国的裨灶在都城公开放话，要挟政府交出宝物，不然国都还会起火。

火灾发生后，子产综合分析四国都城同时起火、里析抱病向自己报告"大的变异"、裨灶两次高调预言火灾并宣称可以消灾等信息，确认这是一场有预谋的、背后有反对派卿大夫支持的纵火行动，并据此进行了以下几个方面的应对：

第一，针锋相对地抛出"裨灶不知天道，预言应验是瞎猜偶尔猜中"的激烈批判言论，打压奸臣裨灶鼓吹自己"知晓天道、可预言人间祸福"的嚣张气焰，回击反对派卿大夫发出的"子产因不信裨灶去年预言、不给裨灶宝物而错失消灾机会"的诘难，并放出"烟雾弹"，让纵火团队误以为子产并没有认识到这是人为纵火；

第二，立即按照一个"政治挂帅"的预案开展救灾工作，在全力救助灾民、保持社会稳定的同时，尽量不给反对派卿大夫留下发难的新把柄；

第三，对裨灶及其党羽采取强制措施，不让裨灶的第二次预言再有应验的机会；

第四，派出三十人转移忠臣里析的灵柩，表明政府对于里析病重不忘忧国、冒风险向政府报信的嘉许。

但是，出于某种原因，可能是对预言-纵火行动背后卿大夫势力"狗急跳墙"的顾忌，也可能是不愿在执政晚期引发高层动乱/杀戮，子产并没有彻查火灾真相、深挖幕后"大人物"，而是采取了一种"息事宁人"的善后处理方式。

如果"四国火灾事件"的确是占星家勾结卿大夫所为,我们就能更好地理解为什么郑国高层对于钻研天文星占的人一向非常警惕,因为这种人有能力通过解读天象来影响舆论、干预政治。据《左传·僖公二十四年》记载,前六四四年郑文公杀了叛国的太子华后,太子的弟弟公子臧出奔到了宋国。郑文公得知,公子臧在宋国很积极地收集用鹬鸟羽毛装饰的冠,而这种冠是当时通晓天文的人戴的。很可能是出于对公子臧结交天文星占术士背后动机的恐惧,郑文公派出杀手引诱公子臧出了宋国,前六三六年八月在陈国、宋国之间的道路上杀了公子臧。

这场先秦版的"国际恐怖主义行动"让我们想起前五三六年至前五三五年在郑国都城发生的另一起"国内恐怖主义行动",那就是伯有的余党先散布一个恶梦故事说,伯有冤魂变成的厉鬼将在前五三六年三月二日杀死子上、在前五三五年正月二十七日杀死伯石,然后按照故事里设定的时间杀死了两人,从而在城内引起了极大的恐慌。如此相似的"定时炸弹"套路,不禁使我们怀疑,此次"四国火灾"很有可能受到了那次"伯有厉鬼杀人"的启发,甚至可能是同一个心肠狠毒、思路诡谲的"地狱谋士"策划的。

四国火灾事件(四):灾后应对

火灾发生后,子产根据一个以"政治挂帅"为鲜明特色的救灾预

案,思路清晰、缓急有序、有条不紊地组织应对:

第一,送当时在郑国的晋国公子、公孙出城,并亲自在都城东门送别他们,以确保其安全离开郑国。此举凸显了子产对维护晋、郑关系这一堪称郑国"生命线"的外交关系的极度重视。从下文所述晋国边境官员前来问罪之事可以推知,如果仅仅在晋郑边境陈兵戒备就能引来晋国的责问,那么如果晋国公族在郑火灾中发生意外,则很有可能引起晋国的武力讨罪行动,所以这第一条举措其实是为了防止"国之大事,在祀与戎"中的"戎"领域发生重大事故。

第二,命令司寇把刚来到郑都还未安顿下来的其他国家新客人送出城,禁止已经安顿下来的旧客人出门。这第二条举措是为了防止由于人员伤亡而引起郑国与其他国家的外交纠纷甚至是军事冲突。当然,由于此时的郑国在子产的长期治理下已经比较强大,其他国家前来讨伐的可能性远不如晋国大。

第三,派子宽、子上①巡视城内各处祭祀场所,一直到达太庙;派公孙登把国家重大占卜用的大龟迁到安全的地方;派太祝、太史②把历代先君的牌位用防火的石函装好,集中到周厉王庙里存放,并且祭告先君在天之灵说明情况。此举是为了确保国家祭祀的核心器物安全,其实也就是防止"国之大事,在祀与戎"中的"祀"领域发生重大事故。

上述三条并不涉及国都民众生命与财产,却被放在最优先的地位,明显都是"政治挂帅"的举措。除了上面分析的浅层目的之外,

① 子宽、子上,参见书末附录。子宽参见书末郑世系图。
② 太史,官职,掌典籍、占筮、历数、策命、顾问、箴谏之事。

这三条举措共同的深层目的是保证在国家安全、国家祭祀这些政治上高度敏感的领域不出差错,从而不让反对派势力抓到把柄向子产发难。以下所述的举措则是较为常规的救灾维稳措施。

子产命令掌管国家文书、财物、车辆、武器等仓库的官员高度戒备;商成公带领司宫①在公宫中戒备,把曾服侍先君的年长宫女送出宫,在火烧不到的地方妥善安置;司马、司寇巡行过火区域,一方面救火,一方面维持治安;城下的士兵排好队登上城墙,武装戒备。

到了第二天,城外的郊野逐渐得到了都城起火的消息,于是子产命令野司寇②各自管束他们所征发的徒役让他们不趁机逃散;郊人③帮助太祝、太史在国都以北清除出场地,举行禳祭向水神玄冥、火神回禄乞求消灾,并且在国都四面外城举行祈祷;有关部门登记被烧房舍,减免受灾户赋税,并发给他们重建房屋的材料;开始为期三天的全国悼念性哀哭,在此期间市场停业。

在各项救灾、赈灾、维稳工作顺利开展、局势基本稳定之后,子产再派出行人向各诸侯国通报情况。

到了七月,在灾后重建工作步入正轨后,子产隆重地祭祀土地神,并祭祀四方之神,以驱除火灾带来的凶邪,从而进一步安定国都地区的人心。

在大规模祭祀之后,子产决定举行大阅兵来振奋民心、警示有不良企图的邻国。阅兵之前,又需要清理拓宽军队所经过的国都内

---

① 司宫,官职,职掌内宫之事,由阉人担任。
② 野司寇,官职,职掌"野"内民数及刑狱之事。
③ 郊人,官职,职掌国都郊区政事。

道路。子太叔家的占道建筑由于前五三〇年郑简公去世时没拆,如今又被通知要限期拆除。他家的家庙在道路南边,住宅在道路北边,拆除其中任何一边都可以满足要求。子太叔这回又跟子产耍起了"小聪明"。首先是拖,一直拖到期限过后三天还没有动工。实在不能拖了,子太叔就让拆房队站在道路以南的家庙旁边,说:"子产路过,如果命令你们赶紧拆,那就拆你们面前的庙。"

子产上朝路过时,果然发了脾气,命令赶紧拆。于是拆房队就按子太叔先前的吩咐,开始向南拆庙。子产的车到了十字路口,回头一看发现情况不对,马上派随从拦住拆房队,说:"拆北边的住宅!"

依据周礼"慎终追远"的原则,家庙是祭奠先人的地方,地位当然高于住宅,如果依礼行事,必须要拆一个的话,肯定是要拆住宅。子太叔的如意算盘很清楚,一边想保住舒适的占道住宅,一边还想把违背礼制拆家庙的责任推给领导。无奈子产思路清楚,杀了个回马枪,没有上套。《史记·滑稽列传》篇末记载的古代传记说"子产治郑,民不能欺",反映的就是子产这种明察秋毫的过人才干。

在五月火灾刚起的时候,子产命令边境城邑分发兵器,让士兵登上城墙戒备。子太叔当时就提意见说:"晋国恐怕会来责问吧?"子产说:"我听说,'小国平时忘记防备就会有危险',何况是有大灾呢? 国家不被人当作'小国'而受到轻视,是因为有防备的缘故。①"

子太叔这回预料得不错,晋国的边境官员果然前来责备郑国:

———————————

① 《左传·昭公十八年》:国之不可小,有备故也。

"郑国发生火灾之后，我国国君、大夫不敢安心居处，龟卜、占筮、奔走望祭名山大川，不敢吝惜牺牲玉帛。贵国有灾祸，是我国君主的忧虑。如今贵国却突然分发兵器、让士兵登上城墙，是打算治谁的罪？我国边境的民众感到害怕，不敢不前来告知。"

子产回答说："就像您所说的那样：我国的灾祸，是贵国君主的忧虑。我国政事有缺失，上天降下灾祸，又担心谗言罪恶之人挑拨谋划，开启贪人的恶念，再次对我国不利，从而加重贵国君主的忧虑。我国在火灾、外敌入侵双重打击下如果幸运不灭亡，还能有个交代；如果不幸灭亡了，贵国君主就算是忧虑，也来不及了。我国一旦有了其他边境的问题，肯定是盼望和投奔晋国。我国既然确定事奉晋国，又怎么敢有二心？"

子产在面对这次大火灾时，坚决打击裨灶借"天道"要挟政府的行为，严密防范国内反对势力趁机作乱，采取了一系列切实有效的救灾、赈灾措施，组织了多场安定抚慰民心的国家祭祀活动，还通过阅兵、加强戒备应对可能的外国侵犯，做到了刚柔并济、虚实结合、考虑周全，体现了非常高的执政水平。不过，反对派势力还是部分地达到了他们的目的：应对这场情况复杂、任务繁重的危机消耗了子产的大量精力，他剩下的时日已经不多了。

末年威服内外，逝世倍受追慕

前五二三年，驷氏宗主、卿官子游去世。当年子游娶了一位晋国大夫的女儿，生下了驷丝。子游去世时，驷丝年纪小，驷氏族人担心他在相当一段时间里无法承担驷氏宗主的责任，于是立了子游年长的叔父子瑕①作宗主。由于卿族的宗主同时也是世袭的卿官，因此驷氏将此事报告给子产，请他表态同意。子产憎恶子瑕的为人，而且认为立叔父而不立嫡子是不顺宗法的行为，因此他没有同意，但也没有出面阻止。

子产的这种不置可否的态度不由得让人回想起当年驷氏族人子皙的经历。前五四一年子皙强行挤入卿官行列时，执政卿子产也不置可否，让子皙错误判断形势，进而想要杀死子太叔而成为掌握实权的卿官。然而，到了前五四〇年，子产抓住机会突然发难，强势逼死子皙，顺便敲打了驷氏。本年子产对驷氏家乱又"没有同意，也没有出面阻止"，与当年设局诱骗子皙时颇为相似。驷氏很可能是担心子产这一次不置可否背后又有深谋，因此感到非常害怕，不知道他下一步想要干什么。而被废黜的驷丝也从子产的不置可否中看到了一丝翻盘的希望，过了几天，他把族人立子瑕的事情告诉了他母亲的娘家人（晋国大夫），请他们出面干预此事。

到了冬天，晋国官方派人带着财礼来到郑国，质问为什么立子瑕为驷氏宗主，实际上是希望郑国执政当局出面支持驷丝，这让驷氏那些支持立子瑕的族人感到非常害怕。子瑕想要逃跑，子产不批准；子瑕请求国家赐予龟甲来占卜吉凶，子产也不给。大夫们开会商议如何回答晋人，子产不等大夫们商量出结果就径直代表郑国回答说：

---

① 子瑕，参见书末附录及郑世系图。

"郑国不获上天保佑,我国君主的几位臣子都疾病短命而死,如今又失去了我们的先大夫偃。他的儿子年幼,族里的父兄担心宗主位子会不稳,于是族里私下商量,立了年长的亲人(指子瑕)。我国君主跟几位大臣商量说:'上天要搅乱这些事,我能知道什么呢?'谚语说:'不要从发生内乱的家族门口经过。'民众家里发生武斗,旁人尚且不敢路过,还哪里敢去打听上天要搅乱的卿大夫家政呢? 如今贵国大夫来问这件事的缘故,可这是连我国君主都不敢去打听的事情,谁还能知道呢?

"平丘之会上,贵国君主重温旧日的盟誓,说:'不要丧失了旧日周王任命的职责!'我国的旧职,是与晋国平起平坐、辅弼王室的中原诸侯。如果我国君主的大臣中,有人过世了,晋国的大夫就要专断地干涉他家继承人的地位,这就是把我国当作晋的边境县城了,那我国哪里还成其为一个国家?"

子产推辞了晋人带来的财礼,而依礼回报来访的使者,晋人畏服,不再干预此事。从子产处置驷氏家乱的全过程来看,此时子产无论是处理国内政事,还是应对盟主晋国,都已经达到了"不怒而威"的境界。

从执政后在前五四二年首访晋国拆毁宾馆院墙高调维权,到前五二九年平丘之会上为减轻郑国贡赋与晋人据理力争,到前五二六年两次拒绝韩宣子强买玉环,到前五二四年火灾之后强硬回应晋人质疑,最后到本年拒绝晋人干涉驷氏家政,在处理晋郑关系这个对郑国而言最为重要的双边关系问题上,子产非常重视维护郑国的尊严和利益,是晋集团小国中最高调、最敢维权的执政卿。子产成功地让晋国高层相信，郑国"维权"不是要闹事或者叛变，而正是想要长久地事奉晋国，因此把晋国当作"自己人"，以"坦诚"（忠）"信实"（信）为原则来处理两国关系（参见页 232 子产论述为何拒绝韩宣子强买玉环）。这种战略上的高度互信，是晋郑之间这些年来外交关系良性发展的基石。

另一方面，子产对晋人说的这段话也解释了为什么子产对于此事一直不置可否。这是因为子产一方面尊崇周礼，另一方面也非常务实，而驷氏废驷丝立子瑕一方面违背了周礼嫡子继承制的基本原则，另一方面也是出于务实的考虑。子产如果以违背周礼为由公开反对、要求改变既成事实，可能会卷入乱局难以收场；如果公开表示赞成，又与他尊崇周礼的政策导向不合。由此可见，到了春秋晚期，卿大夫家族为了现实利益破坏礼制已经是不可阻挡的趋势，就像子产这样的强势人物也无力回天。

同年，郑国发大水，在时门外洧水流经形成的深潭里，有人看到龙在打斗。国人认为这是不祥的征兆，请求举行禜（yǒng）祭来消灾。子产不同意，说："我们争斗的时候，龙并不会过来旁观。龙在打斗，我们为什么要去旁观呢？如果举行祭祀以求消灾，那水潭本来就是它们的家，祭祀也不能让它们离开。我们对龙没有什么需求，龙对我们也没有什么需求，两不相干，无需祭祀。"于是就没有采取任何祭祀措施。

孔子说："致力于民众应当遵行的人间道义，尊敬鬼神的同时又与鬼神保持距离，可以说是有智慧的做法"[①]。"尊敬鬼神"，是指执

---

① 《论语·雍也》：务民之义，敬鬼神而远之，可谓知矣。

政当局应该利用鬼神在当时人心中仍然具有非常强大的影响力,通过举行各种符合于礼制的祭祀活动,起到团结、教化民众的目的,所谓"圣人利用鬼神之道来设立教化,天下就都归服了"①。"远离鬼神",则是执政当局应该坚持周礼"以人为本"的基本宗旨,不在礼制规定之外去推崇对于鬼神的迷信,并严防别有用心的人以鬼神名义干预政事。子产在都城大火之后积极组织对水神、火神、土地神、四方神等"正规"神祇的祭祀活动,是为了遵从礼制、安抚民心;本年拒绝祭祀洧渊中的龙,则是表明执政者与礼制祀典范围外的庞杂鬼神保持距离,不因为龙神内斗就大惊小怪。这两个做法看似截然相反,却都反映了子产"尊敬鬼神的同时远离它"的执政理念,与孔子可谓是心心相印。

前五二二年,在执政位置上殚精竭虑地为郑国操劳了二十二年的子产病倒了。他在病榻上对和自己共事了大半辈子的子太叔交代说:"我死之后,您一定会当上执政。只有德行很高的人能够用宽大的政策来使民众顺服,次一等的办法就没有比猛酷的政策更好的了。火猛酷,民众看到就害怕,所以被烧死的人少;水懦弱,民众轻视而戏玩,所以被淹死的人多。因此宽大不容易。"②

子产重病几个月之后就去世了。盖棺定论,谥号为"成"。据《逸周书·谥法解》的说法,"安民立政曰成";《金史·礼志》引《谥法》又云"爱民立政曰成",实际上,无论是哪种说法,都是对子产一

---

① 《周易·观》:圣人以神道设教,而天下服矣。
② 《左传·昭公二十年》:唯有德者能以宽服民,其次莫如猛。夫火烈,民望而畏之,故鲜死焉;水懦弱,民狎而玩之,则多死焉。故宽难。

生事功颇为恰当的概括。

据《史记·循吏列传》《孔丛子·杂训》等的记载,民众得知子产去世的消息后,青壮年放声号哭,老人像孩童那样啜泣,男女都取下身上的佩饰,各种娱乐活动销声匿迹,街巷里的哭声三月不绝。民众发出这样的悲叹:"子产扔下我们走了啊!我们今后该依靠谁啊?"

据《史记·郑世家》的记载,孔子曾经到郑国见过子产,两人一见如故,关系就像兄弟一样亲近。据《孔子家语·辩政》的记载,孔子说:"那子产就治理民众而言是广施恩惠的执政者,就学问而言是见多识广的君子;晏子就治理民众而言是尽心竭力的大臣,就行为而言是恭敬审慎的君子。因此我把他们二人都当作我的兄长来对待,而且在事奉兄长的常礼之上还要更加地爱慕和尊敬。"①因此,听到子产去世的消息,孔子不由得潸然泪下,说:"他是古代遗留下来的仁爱之人啊。"孔子对子产的这段评价,点出了子产执政理念的核心价值观,那就是"德仁爱"(参见页 308)。

子太叔当上执政之后,不忍心用猛政而试图推行宽政。郑国的盗贼随之多了起来,盘踞在芦苇丛生的水泽里。子太叔这时才感到后悔,说"我要是早听夫子的话,不会弄成这样",于是下决心调动军队攻打水泽里的盗贼,抓到就杀掉。这样"严打"之后,治安状况才有所好转。

孔子说:"子产说得好啊!政策宽大民众就轻慢,轻慢就要用猛

---

① 《孔子家语·辩政》:夫子产于民为惠主,于学为博物;晏子于民为忠臣,于行为恭敬。故吾皆以兄事之,而加爱敬。

酷的政策来纠正。政策猛酷民众就凋残，凋残就要用宽大的政策来施惠。用宽大来调剂猛酷，用猛酷来调剂宽大，政治就能够达到'和'的境界。① 《诗》上说'民众已经很辛劳，差不多可以稍稍安康。赐恩给中原各国，用以安定四方'，就是说的用宽大的政策来施惠；'不要放纵盲从的人，以约束不良善的人。应当制止暴虐的人，他们从来不怕法度'，就是说的用猛酷的政策来纠正；'柔抚远近邦国，来安定我王'，就是说的用柔和的政策来平抚；又说'不急不缓，不刚不柔；施政平和宽裕，各种福禄齐聚'，这就是最高境界的'和'。"孔子对子产的这段评价，点出了子产执政理念的基本方法论，那就是"道中庸"(参见页308)。

---

① 《左传·昭公二十年》：政宽则民慢，慢则纠之以猛。猛则民残，残则施之以宽。宽以济猛，猛以济宽，政是以和。

评说

崇礼与改革并重：
子产的为政策略

礼，天之经也，地之义也，民之行也。

————子产

周礼：日渐崩坏的先王正道

前五一七年，子产去世五年后，子太叔在黄父[①]参加中原诸侯大会，会见了当时的晋国首卿赵简子。赵简子向子太叔请教揖让、周旋之礼。

子太叔回答说："这是仪，不是礼。"

赵简子说："敢问什么是礼？"

子太叔回答说：

吉也闻诸先大夫子产曰："夫礼，天之经也，地之义也，民之行也。"天地之经，而民实则之：则天之明，因地之性，生其六气，用其五行，气为五味，发为五色，章为五声。淫则昏乱，民失其性。是故为礼以奉之：

为六畜、五牲、三牺，以奉五味；为九文、六采、五章，以奉五色；为九歌、八风、七音、六律，以奉五声。

---

① 黄父，参见书末地图二。

为君臣上下，以则地义；为夫妇外内，以经二物。

为父子、兄弟、姑姊、甥舅、昏媾、姻亚，以象天明；为政事、庸力、行务，以从四时。

为刑罚威狱，使民畏忌，以类其震曜杀戮；为温慈惠和，以效天之生殖长育。

民有好恶、喜怒、哀乐，生于六气。是故审则宜类，以制六志：哀有哭泣，乐有歌舞，喜有施舍，怒有战斗；喜生于好，怒生于恶。是故审行信令，祸福赏罚，以制死生。生，好物也；死，恶物也。好物，乐也；恶物，哀也。哀乐不失，乃能协于天地之性，是以长久。

我从先大夫子产那里听过这么一段话："那礼，是天的常理，地的大义，民众的行为准则。"天地的大道理，民众效法他们：效法天上日月星辰的光明，因循大地高下刚柔的本性，产生六气，运用五行，六气化为五味，表现为五色，彰显为五声①。这些基本元素一旦过度就会昏乱，民众就会丧失本性。因此先王要制定礼制来奉养它们：

制定六畜、五牲、三牺之礼，来奉养五味；制定九文、六采、五章之礼，来奉养五色；制定九歌、八风、七音、六律之礼，来奉养五声②。

制定君臣上下之礼，来效法地有高下的大义；制定夫妇内外之礼，来效法物有阴阳的常理。

制定父子、兄弟、姑姊、甥舅、连襟之礼，来比象天体的光明；制

---

① 六气、五行、五味、五色、五声，参见书末附录。
② 六畜、五牲、三牺、九文、六采、五章、九歌、八风、七音、六律，参见书末附录。

定君政臣事、民功治功、行教务实之礼,来顺从四时的节律。

制定刑罚威狱之礼,使民众畏惧敬戒,来类比上天的雷电杀戮之威;制定温慈惠和之礼,来效法上天的生殖长育之恩。

民众有爱好、厌恶、欣喜、愤怒、悲哀、欢乐六种心志,这是从六气产生出来的。因此审慎地制定礼则来调节它们:哀伤时有哭泣之礼,欢乐时有歌舞之礼,欣喜时有施舍之礼,愤怒时有战斗之礼;欣喜源于爱好,愤怒源于厌恶。因此审慎地行使可信的命令,通过祸福赏罚,来节制死生。生,是令人爱好的事物;死,是令人厌恶的事物。令人爱好的事物,产生欢乐;令人厌恶的事物,产生悲哀。无论悲哀还是欢乐都不失礼,才能够与天地的本性相协调,因此能够长久。

赵简子说:"礼的意义太宏大了!"

子太叔说:"礼,是上下的纲纪,天地的经纬,民众生活的依据,所以先王非常尊崇它。因此,那些能经由或曲折或直接的途径、不断努力奔赴礼制要求的人,可以叫作'成人'。宏大,不也是应该的吗?"[①]

子太叔是子产的忠实追随者,他的这番话可以被认为是全面、准确地反映了子产对于礼制起源和在国家治理中地位的见解。

这段话中,关于"成人"的定义特别耐人寻味。在子太叔看来,"成人"与否,关键不在于年龄,而在于心志。当一个人开始认同社会主流价值观和行为规范(礼)、并且开始追求这种价值观和行为规

---

① 《左传·昭公二十五年》:礼,上下之纪,天地之经纬也,民之所以生也,是以先王尚之。故人之能自曲直以赴礼者,谓之'成人'。大,不亦宜乎?

范所设定的目标（"赴礼"），他就是"成人"了。其实直到今天，中国人说一个人是否"长大了""成熟了"，还是用的这个标准。

无独有偶，一年后（前五一六年），在齐侯寝宫，贤大夫晏子也和齐景公①谈起了礼在国家治理中的关键作用。

齐景公感叹说："很美啊这宫室！谁会拥有它呢？"

晏子说："敢问您是什么意思？"

齐景公说："我认为谁能拥有它的关键在于德行。"

晏子说："如果按君主这样说的话，这宫室未来的主人恐怕会是卿族陈氏吧！陈氏虽然没有什么大的德行，但是他们对民众有施舍。他们执行公务给民众借粮时，用容量较小的法定量具从公家领粮，用容量较大的私家量具借贷粮食给民众，差额由自己补贴，用这种办法向民众施舍。公家从民众那里搜刮很多，陈氏向民众施舍很多，民心自然就归了陈氏。《诗》说：'虽然没有美德给你，至少让你唱歌跳舞。'陈氏的施舍，民众是唱歌跳舞称颂的。您的后代如果懒惰，陈氏如果不灭亡，这个国家早晚会成为他们的国家。"

齐景公说："对啊！怎么办呢？"

晏子回答说："唯有重振礼治可以止住这种势头。根据礼制的规定，卿大夫家族的施舍不能超越私邑的范围而涉及国都的民众，民众不迁徙，农民不流动，工匠、商贾不改变职业，士人不失职，官长不怠慢，大夫不收取公室的利益。"

齐景公说："对啊！可惜我不能做到这些。我从今天之后知道

---

① 齐景公，参见书末附录。

了礼是可以用来治理国家的。"

晏子说："礼可以用来治理国家已经很久了，与天地诞生同时。国君良善、臣下恭敬，父亲慈爱、儿子孝敬，哥哥爱护弟弟、弟弟敬重哥哥，丈夫宽和、妻子温柔，婆婆慈爱、媳妇听话，这是礼所规定的行为准则。国君良善而不违背道义，臣下恭敬而没有二心；父亲慈爱而教育儿子，儿子孝顺而规劝父亲；哥哥爱护弟弟而友善，弟弟敬重哥哥而顺服；丈夫宽和而有义，妻子温柔而正直；婆婆慈爱而肯听从规劝，媳妇温柔而能委婉陈辞：这都是由于遵循礼制而产生的好行为。"①

齐景公说："好啊！寡人今天才知道这礼的高尚。"

晏子说："礼是先王从天地那里秉承而来治理民众的法则，因此先王都崇尚它。"

晏子的话语有两处很引发人思考：

第一，周礼不仅推崇美德，也约束美德；"以德治国"是有风险的，"以礼治国"才能长治久安。如果像齐景公理解的那样，只要有德就能拥有国君寝宫，那么比齐景公更有德的陈氏是否就可以名正言顺地取代齐景公成为齐国君主呢？在周礼的框架中，与鼓励君臣修德同样重要的是维护君臣的尊卑等级。

第二、周礼对君臣、夫子、兄弟、夫妻、婆媳这几组主要人际关系中的双方都有要求，而绝不是单方面要求"臣下恭敬""儿子孝敬"

---

① 《左传·昭公二十六年》：礼之可以为国也久矣，与天地并。君令、臣共，父慈、子孝，兄爱、弟敬，夫和、妻柔，姑慈、妇听，礼也。君令而不违，臣共而不贰；父慈而教，子孝而箴；兄爱而友，弟敬而顺；夫和而义，妻柔而正；姑慈而从，妇听而婉：礼之善物也。

"弟弟敬重""妻子温柔""媳妇听话"。

其实早在前五三七年，晋国大夫女齐就有过一段关于"仪"和"礼"的精彩论述。当时，鲁昭公前往晋国，从朝礼的第一项"郊劳"到最后一项"赠贿"，所有环节毫无失礼之处。

晋平公对女齐说："鲁侯不也是善于礼的吗？"

女齐说："鲁侯哪里真正懂得礼？"

晋平公问："为什么这么说？他从郊劳到赠贿，礼节一条都没有违背，为什么说他不懂得礼？"

女齐回答说："这是仪，不能叫作礼。礼是使得国君能够守住国家、推行政令、不失去民众拥护的法则。① 如今鲁国的政令在卿大夫家，鲁侯不能把政权夺取回来；有一位忠于国君的能臣子家羁，鲁侯却不能重用他。鲁侯违背与大国的盟誓，欺凌虐待莒国这样的小国；从别人的危难中牟取利益，却不知道他自己有更大的祸难。鲁国公室的直属土地已经分成四份被三个大族瓜分，民众的生活依靠其他人，心思早已不在公室，没人为鲁侯能善终而谋划；作为国君，大难马上就要降临到自己身上，却不为自己的归宿而担忧。礼的出发点和落脚点就是在如何正确处理这些重大问题上，而鲁侯却整天忙着学习这些琐碎的仪节。说他善于礼，不也差太远了吗？"

君子评论说："女齐这番话可以说是懂得了礼的精髓。"

"礼治"是周朝政治的最大特色。根据传世文献的记载，西周初年，周武王的弟弟周公旦在辅弼周成王、主持政事期间，曾组织力量

---

① 《左传·昭公五年》：礼所以守其国，行其政令，无失其民者也。

对夏、商两代之礼进行斟酌损益，加上周族原有的礼制，初步制定了一套通行于天下的"周礼"，包括"礼义"（政治、伦理、道德原则）、"礼制"（体现"礼义"的基本制度）、"礼仪"（符合"礼制"的具体礼节仪轨）和"礼器"（行"礼仪"过程中使用的具体器物服饰）四个层次[①]，其内容非常广泛，是包括政治、经济、军事、宗教、婚姻家庭、伦理道德等各方面的社会规范体系。

周礼的基石，是西周的基本政治和社会组织制度，包括确定周王室和诸侯国、诸侯国之间、公室和卿大夫家族基本地位关系的分封制，确定周王室、诸侯国、卿大夫家族继承规则和权力分配结构的宗法制，以及确定城邑、郊野"二元结构"的国野制。其中：

分封制确定了周王（天下）和诸侯（国）、君主（国）和卿大夫（家）这两对基本的尊卑等级关系，诸侯服从周王，卿大夫服从君主；

宗法制确定了在周王族、诸侯公族和卿大夫家族中，嫡长子（大宗）和庶子（小宗）的尊卑等级关系，嫡长子继承宗主之位为大宗，或为周王，或为国君，或为家长，而庶子则别出为小宗，小宗服从大宗；

国野制确定了国人和野人的尊卑等级关系，国人是国家政治生活的主体，野人则专注于农业生产，野人服从国人。

周礼在国家层面的功能，在于维护一个"亲亲""尊尊"的"和谐社会"。正如曾宪义《中国法制史》中所论述的那样：

所谓"亲亲"，是要求在亲族范围内，人人都应亲爱自己的亲属，

---

① 关于周礼的四个层次，参见赵晓斌：《春秋官制研究》。

按照自己的身份行事，做到"父慈子孝，兄爱弟敬，夫和妻柔，姑慈妇听"，亲疏远近、尊卑长幼都有明确的次序。同时，"亲亲父为首"，在家庭和家族关系中，应该承认并维护父家长的地位和权威，以父家长为家庭和家族的中心。所谓"尊尊"，是要求在社会范围内，人人都要尊敬一切应该尊敬的人，人人都要恪守自己的名分，君臣、上下、贵贱都有明确的分野，有明确的等级秩序。而且，"尊尊君为首"，整个天下的中心在于得到天命的君主。

如果绝大多数人能够做到"亲亲""尊尊"，在家庭和社会中严守各种等级，从整体看社会就能达到"和"的美好境界。所以孔子的学生有子说："礼的作用，以达到'和'为可贵。先王遵行的道，这部分是最美好的。"①

处在春秋乱世的贤大夫们普遍相信，在"周公制礼"之后，礼在国家治理中曾发挥着"使国家运行有原则、使社稷安定、使民众有序、使后代得利"②的基础性、关键性作用。如果用现代社会关于"法"的几个要素——规范性、国家意志性、国家强制性——来分析的话，周礼其实也完全符合现代"法"的基本条件，可以说是一种非暴力性的法制体系。

与此同时，西周王室治理天下还要用到另外一套暴力性的制度体系，那就是刑律，相当于现代的刑法。先秦典籍中经常"礼""刑"并举，说明这两者间既有显著区别，又有密切联系。再录一段曾宪

---

① 《论语·学而》：礼之用，和为贵。先王之道，斯为美。
② 《左传·隐公十一年》：礼，经国家，定社稷，序民人，利后嗣者也。

义《中国法制史》中关于两者关系的论述：

从宏观上看，西周时期的"礼"与"刑"都是当时维护社会秩序、调整社会关系的重要社会规则。两者相辅相成，互为表里，共同构成了西周社会完整的法律体系。其中，"礼"是积极、主动的规范，是禁恶于未然的预防；"刑"是消极的处罚，是惩恶已然的制裁。也就是说，"礼"总是从正面主动地提出要求，对人们的言行做出正面的"指导"，明确地要求人们应该作什么，不应该作什么，可以作什么，不可以作什么。"礼"的功能，重在"教化"。"刑"则相对处于被动状态，对于一切违悖"礼"的行为，进行刑罚处罚。凡是"礼"所禁止的行为，亦必然为"刑"所不容，即所谓"礼之所去，刑之所取"，"出礼则入刑"。"刑"的功能，重在制裁。

据《史记·周本纪》的记载，周公东征平定叛乱、创制和端正礼乐之后，天下制度从此改变，民众和睦，颂歌四起。在此之后的周成王、周康王统治时期，天下安宁，刑罚弃置不用达四十多年。既然不用刑罚，则国家治理完全依靠礼治。因此，"成康之治"应该说是最为接近礼治社会理想的"黄金时代"。康王去世之后，周昭王继位。周昭王之时，"王道开始略有缺损"（《史记·周本纪》），礼治社会的衰变，从这时已经开始。到了西周晚期，如叔向在书信中所叙述的那样，"周朝政事乱了，于是制作《九刑》"。"礼治"衰则"刑治"兴，当然，此时制作的刑律是不向社会公开的。

到了春秋时期，东迁后周王室的经济、军事实力已经衰落到与小国无异,礼乐征伐自诸侯出,国际秩序的基本格局由晋国、楚国这样的大国掌控,小国在大国的地缘政治博弈中经常成为被讨伐和利用的对象。与此同时,在各诸侯国内部(除去楚国、秦国),一方面,由于推行"以土地换忠诚"的国内分封制,公室控制的公邑不断减少,公室的经济、军事实力不断削弱;另一方面,卿大夫家族(主要是卿族)积极经营和扩大私邑,发展私家武装,卿族集团作为一个整体而言实力不断壮大。

这种硬实力对比的根本性改变,导致以周礼为核心的国家政治生活秩序遭到越来越严重的挑战和破坏。比如说,按照周礼的规定,国君地位最尊贵,卿大夫服从国君。然而在现实政治中,国君被不同程度地"架空",国家政权实际上由卿大夫中地位最高的诸卿把持,首卿不仅是"执政",在某些情况下甚至拥有了摄政君的权力(如郑国首卿"当国"),当与国君发生正面冲突时,卿弑君、逐君成为经常发生的现象。又比如说,按照周礼的规定,同为臣子的诸卿之间应该和睦相处。然而在现实政治中,各卿族之间争权夺利,甚至爆发武力冲突,前五四三年驷氏子皙和良氏伯有之间的武斗就是一个典型案例。

子产的逆势崇礼与顺势改革

子产就是在这么一个公室权力旁落、卿族斗争加剧、礼治社会崩坏的乱世成为了郑国这个"弹丸小国"的执政。自从前五六五年在郑国政坛崭露头角以来,子产一路政绩斐然、平稳升迁,前五五四年进入六卿领导班子,前五五一年任少正,前五四四年排位已经仅次于执政伯有,在内政外交领域已经充分展现了他的崇礼理念、改革意识和卓越才能。最关键的是,在伯有之乱中,他因为不选边站队、坚持按同僚之礼对待武斗中失败被杀的伯有,得到首卿子皮的高度赏识。这说明,卿族集团内部礼治的败坏和政治斗争的暴力化已经到了危及统治阶层整体利益的程度。

首先,从理念层面来说,子皮、子产和孔子、叔向、晏子、女齐等同时代"贤大夫"一样,相信周礼从整体上说仍然是合理的、正确的。如前所述,子产相信,周礼的基本原则是从自然界的基本元素和基本规律中提炼和总结出来的,因此具有天然的合理性和正确性。礼是"天的常理、地的大义",天地不变,礼的原则也不会变。因为礼是天经地义,所以它可以被用来作为天地间民众的行为准则。这一派崇尚周礼的政治人物认为,应该淡化"礼仪",而强调"礼义"和"礼制":一方面,周礼的许多繁琐"礼仪"已经不适应于春秋时期的实际,没有必要过分重视和坚守;但另一方面,"礼义"的基本原则没有问题,"礼制"的基本框架和主要规定也没有问题,"依礼治国"仍是正道,问题在于执行不力。天下以及郑国之所以会出现各种乱象,就是因为规范人们行为的礼治体系在执行层面崩坏废弛了。《礼记·经解》里的一段话,就是对他们这种观点的准确阐述:

　　昏姻的礼制废弃了,夫妇相处的常道就难以维系,而淫乱邪僻的罪行就多了;乡饮酒的礼制废弃了,长幼之间的次序就丧失了,而争夺斗殴的狱讼就多了;丧葬祭祀的礼制废弃了,臣子的恩情就淡薄了,违背死者、忘记生者的人就多了;聘问朝觐的礼制废弃了,君臣之间的位分就丧失了,诸侯的行为变得丑恶,而背叛侵凌的败乱就兴起了。

既然国家治理中的种种乱象都来源于礼治体系的崩坏,那么如果能重新树立礼制的权威、用它来约束君臣上下的行为,就能够挽救时世、使国家重新和谐安定。这种对周礼正确性、礼治有效性的坚定信仰是子产为政策略的基础,当然,这种信仰在他为政过程中不断受到来自现实的拷问和挑战。

其次,从实际层面来说,当子产在伯有之乱后正式执掌郑国政事时,他和他的大领导子皮都认为,要挽救乱世、振兴郑国,除了发展经济、改善民生、增强国防等务实举措之外,在核心价值观领域也必须进行"拨乱反正"。其实,早在前五六五年,当子产还是他父亲子国口中的"毛头小子"的时候,他已经认识到,如果小国没有让民众团结一心、让大国有所顾忌的"文德"(也就是核心价值观建设成就),侥幸取得军事上的胜利反而会带来更大的祸难。在春秋中晚期,虽然周礼所依凭的经济社会基础已经遭到严重破坏,许多具体规定已经与当时的社会现实严重脱节,但是它不论在国内还是国际,仍然是意识形态领域的"正道",是唯一具有正当性、公信力,能够凝聚统治阶层和民众最大程度共识的核心价值观体系。因此,子产试图重振礼治,不仅是基于理念信仰而做出的选择,也是基于现实情况而做出的选择。

子产上台后,做了不少"逆势而为"、在统治阶层内部重振周礼权威的大胆举措。这些举措，从狭隘进化论的观点看可以说是"复古倒退"，但从整顿高层乱象、重建统治秩序、稳定国内政局方面看则是不折不扣的改革。子产拿丰氏宗主伯石的儿子子张开刀，禁止他在祭品问题上僭越国君，就已经向其他卿族发出了明确的信号："整肃大族"开始了，"亲亲""尊尊"的礼制规矩不再是可以被任意践踏的东西。在积极团结罕氏宗主子皮、游氏宗主子太叔和印氏宗主子石这三位认同自己为政策略的同僚基础上，子产抓住卿族内斗的机会，在两年内接连打掉了子南、子皙这两个目无礼制规矩、习惯于诉诸暴力来满足自己私欲的"明虎"，并充分利用这两次机会向国内贵族阶层喊话，重申"敬畏君主的权威，听从他的政令，尊敬比自己高贵的人，事奉比自己年长的人，养护他的亲人"等礼治基本原则，强调依礼行事的重要性；另一方面，子产在不引起暴力事件的前提下，想方设法限制和削弱虚伪贪婪、勾结大国的"暗虎"伯石和他的宗族丰氏。

除了在高层努力重振礼治之外，子产改革中的多项重要举措也都与周礼的原则相契合。比如说"使上下有服""使都鄙有章"，就明显是巩固君臣、上下、都鄙等级制的有力举措，而严守尊卑等级是礼治的基本原则。又比如说用提高税收后的公室财政收入兴办教育，提高民众子女入学率，这正与周礼高度重视教育的特点相一致。再比如说不毁乡校、广开言路，许多人把这一条跟现代的"言论自由"理念相类比，其实大可不必。前文已经提到，在孔子看来，这是符合"仁"之大义的做法。实际上，前五五九年，晋国乐太师师旷就详细描述了周礼中关于广开言路的制度设计（类似的论述在《国语·周语上》也有记载，参见页 127）：

自周王以下，每级官员都有父兄子弟，来通过向官员提意见为他的政事察漏补缺。此外，各阶层都有自己向国家提意见的渠道：史官通过书写国史，乐师通过演唱诗歌，乐工通过朗诵箴言，大夫通过在朝会上规劝训诲，士人通过大夫传话，庶人通过议论国事，商旅通过在集市中陈列货物，百工通过进献技艺。

其实，子产所支持的乡校议政，就是继承和发扬周礼中广泛听取各阶层臣民意见的既有制度。

高层整肃与各项改革举措同步推进，逐渐使得政治和社会风气发生了积极的变化。除了前五四二年北宫文子对于郑国高层“有礼”的赞颂之外，《史记·循吏列传》还有一段“美好得不真实”的记载：

子产为相一年，年轻人不再轻浮嬉戏，老年人不必手提负重，儿童也不必下田耕种。第二年，市场上买卖公平，不预定高价。三年过去，人们夜不闭户，路不拾遗。四年后，农民收工不必把农具带回家。五年后，士人无需服兵役，守丧期间的礼数不需命令就能自觉遵守。

《史记》这段记载应该是有所凭据，但是“水分”也一定不少：如果民风真的变得如此纯良，为什么在前五六七年要公布刑律？为什么刑律公布后狱讼产业会蓬勃发展？

　　需要指出的是，子产自己也是卿族宗主，也是春秋时期公室衰微、卿族壮大的既得利益者，所以，他在强化"礼治"方面所做的是改良性、调整性的工作，而不是从根本上削弱卿族、重建公室实力和权威。实际上，礼治走向崩溃的历史大势不是他这样一个"体制内"有限改革者可以逆转的。虽然前五二六年郑六卿在晋国执政韩宣子面前上演了一出"郑国高层礼治风采秀"，可是到了前五二三年，在卿族驷氏内部又发生了废嫡子立叔父这样公然违背宗法制基本原则的恶性事件，而子产对此也只能采取不置可否的态度。前五二二年，当子产在病榻上跟子太叔交班时，他直截了当地告诫自己的政治继承人：你不是那种"大德之人"，最好放弃"以宽服人"的幻想，果断采用猛政，治理乱世之国。所谓"宽政"，当然是以礼治为主；所谓"猛政"，当然是以刑治为主。可以说，子产刚上台时试图力挽狂澜的"礼治梦"到这时候也已经是奄奄一息。但是，即使是这样，他在各国执政中已经是鹤立鸡群的异类，也因此受到孔子、晏子这些贤大夫的尊敬和推崇。

　　当然，当时和后世的人们谈论得最多的，还是子产以"作封洫""作丘赋""铸刑书"为代表的"顺势而为"的经济、法制改革措施。叔向认为，子产重新划定田界、挖田沟，推行引发争议的丘赋，制作三种新刑律，还把刑律铸在鼎上公开，这些做法都不合于先王礼法。作为一个理想主义色彩浓厚的"礼治派"，叔向的批评无可厚非。但是子产作为郑国执政卿，他的首要任务本来就不是复辟先王礼法，而是带领郑国在春秋中晚期的大变局中求生存、求发展。子产推行的这些在当时颇有争议的举措,都是本着"救世"的迫切现实需要进行的大胆改革探索,其目的是顺应当时经济和社会发展的潮流,增强郑国的经济和军事实力,缓和社会矛盾,着力改善民生,从而从根本上巩固贵族统治。虽然它们在先王礼法条文里面找不到对应的文句,但其实都合于女齐所说的"礼的出发点和落脚点",那就是使得贵族阶层能够在乱世继续"守住国家、推行政令、不失去民众拥护"。也许正是由于对子产有这样的同情和理解,同样具有强烈现实关切的孔子虽然对于公布刑律明显持反对态度,但是他却出人意料地没有对子产"铸刑书"发表任何公开的反对言论。

然而,子产一方面逆势而为重振"礼治",一方面顺势而为试点"刑治",这种"南辕北辙"的为政策略内部还是存在着不可调和的矛盾。比如说,正如叔向、孔子所指出的那样,成文刑律的公布会造成"架空"贵族阶层、破坏等级制度的严重后果。刑律公布后造成的社会震荡也的确超出了子产的预测,以邓析为代表的"无证律师"们的各种开创性(从现代法治社会的视角)/破坏性(从郑国当局的视角)的举动也确实踩到了郑国统治阶层维护社会稳定的底线。子产/驷歂杀邓析这种"踩刹车"的决然行动清楚地表明,郑国的"刑治"试点,与战国时期以"不别亲疏,不分贵贱,一概用法律裁断"为指导思想的法家改革相比较,还是有本质上的区别。

如果说,"礼治""刑治"是子产为政策略的两大组成部分,那么子产是如何看待这两者的关系呢?

这个问题的答案似乎跟子产所处的人生阶段有关。前五四八年,当子产在六卿中排第四、还没有成为执政卿时,他所认同的理念是"视民如子。见不仁者,诛之,如鹰鹯之逐鸟雀也"(参见页61)。"视民如子",自然是偏重礼治;"诛不仁者",自然是偏重刑治。也就是说,在他还没有真正成为郑国的当家人时,他对于礼治-刑治关系的看法应该是"礼治、刑治缺一不可,礼治为先,刑治托底",重点落在礼治上。应该说,这种看法与西周时期王道政治的理念没有本质区别,在春秋时期的时代背景下看是比较理想主义的。

然而,到了前五二二年,当病危的子产向子太叔交代工作时,他所认同的理念是"唯有德者能以宽服民,其次莫如猛。夫火烈,民望而畏之,故鲜死焉;水懦弱,民狎而玩之,则多死焉。故宽难"(参见页269)。"以宽服民",自然是偏重礼治;"以猛服民",自然是偏重刑治。也就是说,在他实际执掌郑国政事二十二年后,他对礼治-刑治关系的看法变成"礼治难,刑治易;高人可以做到以礼治为主,中人应该以刑治为主",重点落在刑治上。应该说,这种看法与春秋时期"礼崩乐坏"、社会深度变革和重构的现实状况更加贴合,具有非常鲜明的现实主义色彩。实际上,韩非子说"世上的统治者接连不断地产生于中等人才之中……这种资质中等的君主,往上比够不着尧、舜,往下比也没到桀、纣。他们如果坚守法度、占据权势,就可以把国家治理好;如果背弃了法度、离开了权势,就会使国家陷于混乱"[1],其核心思想与子产临终前的看法是完全相融的。从这点上,我们也可以看出,子产的确是战国法家的思想先驱之一。

子产为时人和后世所称道的另一方面政绩,就是他在外交领域

---

[1] 《韩非子·难势》:世之治者不绝于中……中者,上不及尧、舜,而下亦不为桀、纣。抱法处势则治,背法去势则乱。

最大程度地维护了郑国的利益和尊严,重新塑造了郑国的国际形象和地位。在前五六五年子产首次在《左传》记载里露面的时候,郑国还是一个朝晋暮楚、民无宁日的悲催小国,而到了前五二六年晋国执政韩宣子访问郑国时,他向郑国请求一件玉环被拒绝、向商人购买被拒绝、再向子产请求又被拒绝,最后还倒送礼物给子产,感谢子产教诲,两相比较,真是天差地别!

但是,在看待子产在外交方面"奇迹"般的成就时,我们不要忘记,这些成就有一部分要归功于子产执政前整个郑国高层的努力,以及前五四三年子产担任执政时的天下形势。从"跟定晋国、走出困境"这一章节我们已经很清楚地看到,自从前五六二年郑国在子展的领导下成功跟定晋国,跳出晋楚交伐的困局之后,郑国的外交局面已经在不断改善。前五四八年,子展、子产以讨伐陈国为契机,上演了一场"国家新形象秀"。到了前五四六年,晋楚讲和,南北争霸战争结束,郑国最大的地缘政治威胁宣告解除。实际上,由于郑国特殊的地缘政治区位,它反而成了晋国、楚国想要争相拉拢的对象。

子产执政之后,在这些有利条件的基础上,运用自己的过人谋略、渊博知识、雄辩口才,在自己一手打造的精英团队支持下,一方面与郑国决心长期服从的霸主晋国发展一种更加坦诚、信实、可持续的新型关系,一方面以"刚柔并济""绵里藏针"的态度事奉野心勃勃、但并非不通情理的楚灵王。在这期间,他前五四二年访问晋国时拆毁宾馆院墙高调"维权",得到晋平公加倍礼遇;前五四一年严词拒绝楚令尹王子围(同年篡位成为楚王)带军队进入郑都迎亲,在楚灵王心目中树立了郑国不可轻侮的新形象;同年访问晋国指出晋平公生病缘由,被称赞为"博学多知的君子";前五三八年为楚灵王准确地预测了诸侯参会情况,又为楚王献上会盟礼仪;前五三五年访问晋国时,还巧妙地疏解了晋平公的心病。

前五二九年楚灵王暴亡之后,楚国进入战略收缩状态,不再对郑国构成实质性威胁;而晋国内部"政令出自多个卿族的家门,卿族各怀鬼胎、苟且偷安尚且来不及",霸业也在继续走下坡路。在这种形势下,子产在处理晋郑关系时更加自信和强势:前五二九年率团参加平丘之会,据理力争使得晋国大幅度减少郑国所需交纳的贡赋;前五二六年两次拒绝来访的晋首卿韩宣子强买玉环的请求,得到韩宣子的敬佩和称赞;前五二四年国都火灾后严词驳斥晋国边境官吏的指责;前五二三年强硬回应晋人质询,打消晋国干涉郑国内政的图谋。

前五二六年,子产在回应子太叔、子羽质疑,解释自己为何要拒绝韩宣子求玉时,说了这么一段话:"我正因为不轻视晋国并对它有二心,而是要自始至终地事奉它,所以不给韩子玉环,这是因为忠、信是国家间关系良性发展基础的缘故。我听说君子不为没有财富犯难,而是为在位却没有好名声而忧虑。我听说治理国家难的不是不能事奉大国、养护小国,而是不能践行礼制来稳定国家的地位。那大国的人,对小国发号施令,如果要什么就得到什么,小国怎么能供给得上? 一次给了、一次不给,小国的罪过更大。大国的过分要求,如果不依礼驳斥,大国的人哪里会有满足的时候? 如果这一次满足了韩子的要求,我国就成了晋国的边境城邑,也就失去了作为一个国家的地位了。"

　　从这段话我们可以看出，子产对晋外交策略的依据仍然是他试图重振"礼治"的为政策略，只不过这里所涉及的具体礼制是诸侯国之间的相处之礼。小国尊奉大国而有尊严，大国爱护小国而不欺凌，这是符合周礼"和为贵"原则的国际关系正道。子产认为霸主控制、利用甚至欺凌小国的"单边主义"现状是可以调整和改变的，他牢牢抓住晋国希望拉拢郑国、从而让郑国长期尊奉自己为霸主的战略需求，用足晋国为了让郑国不叛变投靠楚国而能够容忍的"维权空间"，通过自己的大胆作为和不懈努力，将晋郑关系逐步重塑成为坦诚、双向、公平、可持续的新型外交关系，并将这种关系一直保持到他生命的最后岁月，在春秋时期小国外交史上写下了惊心动魄、浓墨重彩的篇章。

德仁爱与道中庸：
子产的为政理念

子产之所以能够取得带领郑国实现中兴的巨大成就,外因是充分利用了前五四六年晋、楚讲和后的战略机遇期,而内因之一则是在治国理政过程中出色地践行了一套以"德仁爱""道中庸"为核心的为政理念。从前面所叙述的子产一生事迹中,我们可以先试图归纳出子产为政理念的几个主要特点。

一、诚心爱护民众,狠心惩处恶人

　　郑大夫然明那句让子产赞叹不已的话是这样说的:"把民众看成自己的子女一样。遇见不仁的人,果断惩处,就像老鹰追捕鸟雀一样不留情面。"子产一方面诚心爱民,一方面狠心诛恶,用恩威并施的执政实践引领郑国摆脱乱局、走向中兴。根据《列子》的记载,子产担任执政三年之后,"良善的人顺服他的礼乐教化,邪恶的人害怕他的刑罚禁令,郑国政治清明,诸侯都敬畏子产"①,这正是子产"两手抓,两手都要硬"取得成功的写照。

　　孔子说"仁者爱人",在政治领域践行仁德,自然就是爱民。子产爱民有这样几个层次:

---

① 《列子·杨朱》:子产相郑,专国之政。三年,善者服其化,恶者畏其禁,郑国以治,诸侯惮之。

第一，"人之爱人，求利之也"。子产爱民，就是要给民众带来实惠，这是他每一次改革的根本宗旨，所以孔子说子产是一位"惠人"。比如说，子产执政后第一轮改革的核心内容是田制和税制改革，改革田制的主要内容是将大量新增私田纳入国家税收体系中来，从而能够征收更多田税；改革税制的主要内容是增加了以前没有的资产税，总而言之就是大幅度地增加中央财政的税收。然而，子产增加税收的目的，是"取之于民用之于民"，是为了给民众带来教育、农田水利等方面的实惠，所以第一年号称要杀了贪官子产的民众，到了第三年转而歌颂贤相子产给他们带来的实惠。

　　第二，"侨不才，不能及子孙，吾以救世也"。子产爱民，使得他作出了一些超越自己政治信仰和阶级立场的举动。比如说，子产"铸刑书"改革之所以招致一向佩服他的叔向的激烈批评，就是叔向没有料到崇尚礼治的子产竟然会推出这样一项必然败坏礼治的政策；而孔子对于晋国铸刑书的分析进一步提示我们，子产这样做其实是在危及他自身所处的贵族阶级的统治基础。然而，子产的思路很直接：公布刑律能够使得民众更好地维护自身权益，使得官府更加公平公正地处理民众刑狱案件，民众要什么，我就给他们什么，先拯救了我治下这批民众再说。从叔向、孔子的角度看，子产的做法目光短浅，"欲速""欲见小利"，而没有看到长期的后患。从民众的角度看，子产的做法自然是真心爱民，务实惠民，这也就是为什么子产在去世之后，民众表现出来的哀痛比自己亲生父母去世还更加强烈。

　　第三，"苟利社稷，死生以之"。子产爱民，使得他在推进改革时表现出极大的勇气和决心,这也就是孔子所说的"仁者必有勇"。比如说,子产"作丘赋"改革的核心内容是直接向郊野地区的私邑野人征收军需物资和兵员,用于增强郑国的国防能力。这一政策损害了国人贵族的利益,因此被他们的"民意代表"浑罕定性为"贪婪";然而这一政策将使得郑国能更好地保护郑国全体民众的安全和利益,是对民众真正负责任的政治家在战略机遇期应该去啃的硬骨头,因此子产会不顾城里贵族的"民意",以"杀身以成仁"的决心和勇气推进改革。

子产当然也有"金刚怒目"的一面。回顾一下前五四〇年他乘驿站快车赶回国都,怒斥子晳逼他自尽的场面:"我旧伤复发,活不了多久了,上天对我的惩罚已经很重了,您不要再帮着上天来折磨我了!""人谁不会死? 凶人不得好死,这是天命。你做凶事,就是凶人。我不帮助上天,难道帮助凶人吗!"可见子产对恶人还真是够狠的。如果仔细揣摩他对子太叔所作的最后交代"只有德行很高的人能够用宽大的政策来使民众顺服,次一等的办法就没有比猛酷的政策更好的了。火猛酷,民众看到就害怕,所以被烧死的人少;水懦弱,民众轻视而戏玩,所以被淹死的人多。因此宽大不容易",以及子太叔继位后不忍行猛政而导致郑国社会治安形势恶化的情况,更可以体会子产的"狠心",其实还是源于对民众深沉的大爱。

二、维护领导班子团结,狠抓执行团队建设

子产上台前,郑国六卿领导班子一直不太平:前五六三年子驷、子国、子耳三卿在西宫朝堂上被乱党所杀,前五五四年子孔被国

人清算先前罪行所杀,前五五一年子明强夺他人新娘被新郎所杀,前五四四年伯有被子上率领国人所杀。然而,前五四三年子产担任执政之后,直到他在前五二二年去世,二十二年间,六卿领导班子再没有因为政治斗争而死过一个人。作为国氏的宗主,子产成功地争取到了罕氏(子皮、子蠆[cuó])、游氏(子太叔)、驷氏(子上、子游)、印氏(子石、子柳)的支持,对于自己所厌恶的丰氏宗主伯石,子产在防备、限制的同时也能以礼相待,直至伯石去世都没有发生公开的冲突。领导班子在整体上保持安定团结,这为子产推行改革提供了坚强的组织保障。

子产的“单打”能力已经是出类拔萃了,然而他之所以能在执政的二十二年里取得如此丰硕的成就,很重要的是依靠一支人尽其才的高水平执行团队。子产建设治国“梦之队”的成功经验在“子产成功法宝(一):知人善任”中已有详细描述,在此不再重复。不过,子产的团队要是与下面这支虚构的“先秦名臣一网打尽超级无敌梦之队”比起来,那还是望尘莫及:“以周、邵为丞相,孔丘为御史大夫,太公为将军,毕公高拾遗于后,弁严子为卫尉,皋陶为大理,后稷为司农,伊尹为少府,子贡使外国,颜、闵为博士,子夏为太常,益为右扶风,季路为执金吾,契为鸿胪,龙逢为宗正,伯夷为京兆,管仲为冯翊,鲁般为将作,仲山甫为光禄,申伯为太仆,延陵季子为水衡,百里奚为典属国,柳下惠为大长秋,史鱼为司直,蘧伯玉为太傅,孔父为詹事,孙叔敖为诸侯相,子产为郡守,王庆忌为期门,夏育为鼎官,羿为旄头,宋万为式道侯。”(《汉书·东方朔传》)。上面这段是东方朔对汉武帝说的一番玩笑话,但又何尝不是历代英主贤相的梦想?

三、虚心听取民意，坚定推进改革

一方面，改革往往没有先例可循，政策制定者的设想和实际执行的效果之间肯定会有差异，各种细节问题也会在执行中暴露出来。因此，畅通的意见反馈机制对于改革取得预期成效非常重要。子产上任执政卿之后，前五四二年开始推动第一轮综合改革，在此期间，他吸取西周晚期周厉王钳制言论导致改革失败、客死彘地的教训，非常注重广开言路听取意见和建议。面对然明提出的拆毁乡校建议，子产大度地表示："那些人早晚在乡校游玩聊天，议论我这个执政做得好还是不好。他们称赞的，我就继续坚持；他们厌恶的，我就想法改正。乡校里的议政民众是我的老师，为什么要毁掉它？"

另一方面，有实质性内容的改革必然会涉及既得利益的重大调整，必然会引起利益受损害者的反对，如果舆论中一有反对声浪就顺从，改革就会半途而废。实际上，对于设计改革政策时就能够预料到的、来自既得利益集团的"舆论"，子产采取的是和对待乡校舆论完全不同的态度。当前五三八年"作丘赋"改革引发既得利益集团对子产发出死亡威胁时，子产强硬地回应："怕什么？只要对国家有利，死生都由他去。而且我听说做正确事情的人不改变自己的法度，这样才能取得成功。民众的意见不能一味顺从，既定的法度不能随便改变。《诗》上说：'礼义上没有过错，为什么要担忧别人的议论？'我是不会改变的。"

民众的反对意见，哪些应该听从，哪些应该挡回去？这个尺度要把握好非常不容易，然而从子产改革所取得的成绩来看，他在这方面做得相当出色。

四、认真周密谋划，有条不紊执行

"为政就像种田。在筹划阶段，白天晚上地想，想清楚从开头到结尾的全过程；在实践阶段，起早摸黑地干，行动不要随便越过当初已经考虑清楚的计划，就像田地有田埂一样，这样就很少会出错。"子产是这样说的，也是这样做的。《左传·襄公三十一年》的记载（参见页123）让我们看到，令北宫文子眼前一亮、赞叹不已的高水平外事接待活动，经历了怎样一个周密的筹划和执行流程；《左传·昭公十八年》关于郑都大火的记载（参见页261）则让我们看到，子产所领导的郑国政府对于此次突发事件早就做好了周详预案，因此在事发时能迅速行动起来，有条不紊地做好各项救灾和维稳工作，确保将火灾造成的国家安全风险、民众生命财产损失和国际不利影响减低到最小程度。实际上，前五六三年父亲遇刺身亡后子产与子西截然不同的应对措施，说明年轻时的子产已经具备了谋事细致周全、遇事沉着冷静、行事有条不紊的过人心性和能力。

子产谋划政事的一个重要特点，就在于他善于"思其始而成其终"，也就是在事前把从如何开始到如何收尾的全过程都推演清楚，从而让整个事情的发展完全处在他的掌控之下。比如说，当笔者看到前五四八年郑国没有得到晋国许可就"擅自"出兵讨伐陈国，很自然地觉得郑人这次行动非常鲁莽冒险，然而当笔者看到同年晚些时候，子产在晋国淡定应对晋人质疑、最终得到晋人认可时，笔者才意识到，最有可能的情况是：子产在出兵之前就已经把仗该怎么打、攻入陈国都城之后该怎么"演"、到晋国进献军功时会遇到什么质疑、如何应对每一项可能的质疑全部想清楚了，形成了一个完整的方案提交六卿领导班子工作会议讨论，才最终说服了其他五卿，使得郑国发动了这次看似莽撞、实则精明的国家形象重建行动。同理，前五四二年子产拆毁晋国宾馆围墙那回，同样是以看似鲁莽冒险的行动开场，以晋人悦服结束，整个过程有惊无险，这也一定是因为子产在事先就已经对此次行动的全过程都进行了细致的盘算和安排。

五、既注重真抓实干，又注重表达沟通

子产不仅是一位政绩卓著的实干家，也是春秋时期最著名的政治演说家之一，他出众的表达沟通能力在内政外交领域得到了充分的运用：前五四八年与晋人论伐陈、侵小、戎服，前五四七年与外仆论不起土坛，前五四三年与郑大夫论陈将亡，前五四二年与士文伯论毁院墙、与然明论不毁乡校、与子皮论为学为政次序，前五四一年数落子南罪行、与叔向论晋平公病因，前五四〇年历数子晳死罪，前五三八年与楚灵王论申之盟参会诸侯，前五三五年与韩宣子再论晋平公病因，前五二九年平丘之会力争减免郑国贡赋，前五二六年与富子论孔张迟到责任、与韩宣子两论不献玉环，前五二三年与晋人论驷氏家乱，都出色地达到了阐明施政理念、捍卫国家利益、促进沟通理解的效果，因此孔子这样评论："《志》上这样说：'言辞是用来成就志向的，文采是用来成就言辞的。'不说出来，谁知道你的志向？说出来的话没有文采，就不会传播到远方。晋国称霸，郑国攻入陈国，如果不是因为关键人物的精彩陈词，就不可能成为后世尊仰的伟大功业。所以说要非常注重言辞啊！"

六、既敢于打破成规,又善于汲取经验

子产是一个非常敢于打破成规、开拓创新的人。墨守成规是容易的、也是安全的,但是子产无疑是一个追求卓越的政治家,因此他坚持"做正确的事,而不是容易的事",经常不按常理出牌、出奇制胜。仅以外交领域为例:前五四七年,他为了不破坏晋、楚即将和谈的大局,建议首卿子展对楚康王来讨伐郑国采取"不抵抗"政策;前五四五年,他为了确保郑简公在宋之盟后首次朝见楚王能达到讨好晋、楚两大国的目的,违背"先君之制",在帷宫里不除草、不起土坛;前五四二年,他为了逼晋平公尽快接见郑国使团,拆毁了下榻宾馆的院墙;前五四一年,他为了扼杀王子围和伯石勾结发动叛乱的可能性,把王子围这个不可一世的楚国"二把手"挡在城外住宿,还不允许他带亲兵进城迎亲。在这些"出奇制胜"的行为背后,是他所坚信的外交正道,那就是符合周礼原则的,以坦诚、双向、公平、可持续为原则的国家间关系。

子产治理内政、推进改革之所以很少有失败的时候,一个很重要的原因是,他的重要政策、谋略都不是"无本之木",而是建立在对前人经验教训的继承和反思上。他在执政后启动的"作封洫"改革,有鲁国"初税亩"改革的案例指路;他顶着巨大压力推动的"作丘赋"改革,有晋国"作州兵"、鲁国"作丘甲"改革的案例指路;即使是他所首创的"铸刑书"改革,那刑鼎上所铸的刑律也是在组织有关部门深入梳理夏、商、周三代已有刑律、并参照郑国长期刑狱实践经验的基础上制定出来的。他在推进改革期间不毁乡校虚心听取民众意见,是汲取了周厉王推行改革期间钳制言论导致暴动的历史教训;他采

取"养成其恶而后诛之"的谋略除掉子皙,更是直接沿用了郑桓公、郑庄公的"祖传秘方"。

从子产向叔向陈述连晋国太史都不知道的实沈、台骀故事,被晋平公称赞为"博物君子"来看,子产应该是当时诸侯国卿大夫中知识最为渊博的人。重要的是,子产渊博的知识体系不仅是他在外交场合使大国君臣折服的资本,更重要的是他汲取历史经验、指导政治实践的宝库,可以说是真正做到了"温故而知新","知识就是力量"。

七、既敢于小题大做,也善于大事化小

一方面,"小题大做"是政治家常用的手段,就是通过把一件本来不起眼的事情闹大,或者把一件本来不公开的事情弄得人尽皆知,从而释放政治信号,达到宣示为政理念、威慑反对势力的效果。子产是这方面的高手。前五四三年,子产刚做上执政,就跟伯石的儿子子张为卿大夫是否能用新鲜猎物做祭品这么件"小事"杠上了,刺激子张诉诸武力,然后自己出奔晋国把事情进一步闹大,逼子皮出面,驱逐子张,然后又帮子张管理家产并在三年后全部奉还,生动地诠释了自己的新理念,给后来的整肃大族、重振礼治的改革开了个好头。前五四二年,郑国使团的礼物车辆无法进入晋国的宾馆,子产抓住这件"小事"不放,通过拆毁宾馆围墙、迎来士文伯责问把事情闹大,然后又通过有理有据的回答对晋国提出严正抗议,维护了郑国和其他诸侯国的权益,为建立全新的晋郑关系开了个好头。前五二六年,韩宣子来访时求索一件玉环,满以为是打个招呼就能

搞定的"小事",不料子产两次义正词严地拒绝,弄到堂堂晋国执政空手而回,私下请子产吃饭,还给子产倒送礼物,让郑国的国际形象一下子变得高大无比。

另一方面,"大事化小"也是政治家常用的手段,就是故意在处理重大政治变故时采取息事宁人的原则,从而为更大、更远的政治利益和谋划服务。比如说,前五三五年"伯有鬼魂杀人事件"闹得满城风雨的时候,子产为了维护"铸刑书"改革的大局,并没有彻查此事,而是立了伯有和公孙泄的儿子为大夫,从而迅速平息了风波。又比如说,前五四一年子晰强行挤进六卿之盟,把自己立为卿官,对于如此公然僭越的行为,子产没有采取任何惩处行动,表面上息事宁人,实际上是为了让子晰进一步膨胀猖狂,从而为一年后逼死子晰打下了基础。

八、既敢于自主发力,又善于借力打力

在治国理政过程中,"自主发力"和"借力打力"是两种最基本的行为方式。比如说,在与丰氏博弈的过程中,子产抓住子张祭品问题大做文章就是自主发力,而子张作乱时子产出逃晋国、促使子皮出手驱逐子张就是借力打力;在与子晰斗争过程中,子产故意纵容子南、子晰争夺女人就是借力打力,而时机成熟后果断从边境地区赶回都城高调逼死子晰就是主动发力;首卿子皮在世时,子产长期借助子皮在卿族中的威势来为执政和改革保驾护航就是借力打力,子皮去世后,子产强势高调执掌国政,坚决击退多次反对势力进攻就是主动发力。可以说,子产对"自主发力"和"借力打力"两种手段

的运用都达到了非常娴熟的程度,使得他的做事方式呈现出一种"张弛有度""进退自如"的高超境界。

从先前各章节的详细论述,以及本节上文八条并不完备的总结中,我们已经可以领悟到:

第一,子产为政的核心价值观是"德仁爱",是"视民如子,见不仁者诛之"(参见页 61),"我有子弟,子产诲之;我有田畴,子产殖之"(参见页 117),"苟利社稷,死生以之"(参见页 191),也就是践行以"爱民"为宗旨的仁德。子产行仁德的方式非常务实,就是通过改革发展来给民众带来显著而且长久的实惠。孔子称赞子产是"古之遗爱也",是"惠人""惠主",为子产辩护说"人谓子产不仁,吾不信也",司马迁说子产"为人仁爱人",都是对子产为政核心价值观的准确把握。

第二,子产为政的基本方法论是"道中庸",就是"君子之中庸也,君子而时中"(参见页 140),"君子之于天下也,无适也,无莫也,义之与比"(参见页 196),"君子务本,本立而道生"(参见页 53),"日夜思之,思其始而成其终;朝夕而行之,行无越思"(参见页 60),"执其两端,用其中于民"(参见页 214),"宽以济猛,猛以济宽"(参见页 271),"言不必信,行不必果,惟义所在"(参见页 197),"临事而惧,好谋而成"(参见页 108),"无毁人以自成"(参见页 218),"克己复礼"(参见页 101),"礼所以制中也"(参见页 101),"文质彬彬"(参见页 122),"和而不流,中立而不倚"(参见页 101),"沉渐刚克,高明柔克"(参见页 38),也就是遵行中庸之道。

按照《中庸》的说法,践行中庸之道的人,"其为物不贰,则其生物不测"。也就是说，由于这种人一心一意恪守中道而不是根据常人的刻板教条，所以他所产生出来的事物是常人难以预测的。子产就是这样的一个人，他一心一意"极高明而道中庸"，对中庸之道的体认和践行已经达到了非常高的境界，所以他在处理政事时的做法才会经常出人意料、不落俗套，而又总是能够正中要害、收到很好的效果。不过，由于子产的水平高出常人太多，因此在谋划阶段经常会遭到其他卿大夫的质疑甚至反对，即使是最了解和支持他的子太叔也不例外，这就是所谓的"高处不胜寒"吧！

《中庸》又说，践行中庸之道，关键在于怀着最高的诚意来待人和做事。从本书讲述的事例中，无论是前五六五年莽撞发言挑明时局真相，还是前五四二年顶住"孰杀子产，吾其与之"的威胁推进综合改革，还是前五三八年面对国人贵族反对"作丘赋"时高调宣称"苟利社稷，死生以之"，还是前五二六年坚持原则拒绝晋国首卿韩宣子强买玉环，我们可以感受到子产对国家、对民众、对盟主的诚意，进而可以推知子产的确是一位"诚君子"。根据《中庸》的说法，诚君子有两个特征，第一个是"至诚之道，可以前知"，"至诚如神"，也就是说诚君子会具备超乎寻常的预知未来的能力，有如神灵一般，这就解释了为什么子产在参政执政过程中经常有"料事如神"的表现；第二个特征就是"至诚无息"，也就是说诚君子会一直奋斗到生命最后一刻，而子产在弥留之际仍然在尽力指导继任者子太叔该如何执政，正与《中庸》所描述的情态完全一致。

总而言之，心怀爱民仁德，使得子产没有沦落为被动应对时势变化的"等死"庸劣政客，而是主动出击寻找救世济民的机会和路径；而践行中庸之道，使得子产也没有成为"找死"的悲情人物，而是在政治、经济、军事、外交等各方面取得了卓著的功绩，并且寿终正寝，成为春秋时期救世贤相的突出代表。

反过来说，子产做事之所以能够随机应变、恰到好处、无往不胜，是因为他从不懈怠和退缩，一直坚持着中庸之道所要求的高标准，一直保持着践行高标准所必然导致的高强度工作模式；而子产之所以能够这样一直保持高标准、高强度、高诚意的工作状态，是因为他不是出于利益算计，而是出于"仁者安仁"的本心，真心热爱他所从事的振兴郑国的事业，真心热爱他所治理的郑国民众。孔子称赞子产是"君子之求乐者也"，描绘的就是子产本着爱民之心、乐此不疲地按照中庸之道的高标准做好每一件事的饱满精神状态。

总结以上两节的论述，我们可以清楚地看到，子产的为政之道，就是以"救世"为总体目标，以"崇礼与改革并重"为总体策略，以"德仁爱"为核心价值观，以"道中庸"为基本方法论，通过实施积极稳妥的内政改革，开展刚柔并济的新型外交，带领郑国抓住晋楚停止争霸后出现的"战略机遇期"，摆脱困境，实现中兴。

孔子心目中的子产：
弟子榜样，不完美改革者，义兄

本书所讲述的子产事迹，绝大部分来自儒家经典《春秋左传》。根据《史记·十二诸侯年表》序言的说法，《左传》是鲁君子左丘明根据孔子在《春秋》课上讲授的史事编纂而成的，其目的是为了防止孔子去世后弟子们在难以靠头脑准确记忆的基本史事上各执一词。那么，孔子到底是怎样看待子产这位与他同时代的政治人物呢？

首先，我们可以梳理一下先秦和汉代传世文献中的相关材料：

孔子说："《志》上这样说：'言辞是用来成就志向的，文采是用来成就言辞的。'不说出来，谁知道你的志向？说出来的话没有文采，就不会传播到远方。晋称霸，郑入陈，如果不是因为关键人物的精彩陈词，就不可能成为后世尊仰的伟大功业。所以说要非常注重言辞啊！"（《左传·襄公二十五年》，参见页 75。）

孔子听闻子产不毁乡校的言论后说："从不毁乡校这件事来看，有人说子产没有仁德，我是不信的。"（左传·襄公三十一年》，参见页 126。）

孔子说："子产从平丘这一趟的所作所为来评判，足以被称作国家的根基了。《诗》上说:'喜乐的君子,是国家的根基。'子产是那种追求喜乐的君子啊。"(《左传·昭公十三年》,参见页186。)

孔子说:"子产说得好啊! 政策宽大民众就轻慢,轻慢就要用猛酷的政策来纠正。政策猛酷民众就凋残,凋残就要用宽大的政策来施惠。用宽大来调剂猛酷,用猛酷来调剂宽大,政治就能够达到'和'的境界。《诗》上说'民众已经很辛劳,差不多可以稍稍安康。赐恩给中原各国,用以安定四方',就是说的用宽大的政策来施惠;'不要放纵盲从的人,以约束不良善的人。应当制止暴虐的人,他们从来不怕法度',就是说的用猛酷的政策来纠正;'柔抚远近邦国,来安定我王',就是说的用柔和的政策来平抚;又说'不急不缓,不刚不柔;施政平和宽裕,各种福禄齐聚',这就是最高境界的'和'。"

等到子产去世,孔子听说了消息后,流着眼泪说:"他真是古代遗留下来的仁爱之人啊。"(《左传·昭公二十年》,参见页271。)

孔子说:"郑国制定政令,裨谌起草,子太叔组织讨论,子羽修饰文句,住在东里的子产润色定稿。"(《论语·宪问》,参见页124。)

孔子说子产在四个方面都符合君子之道:自身行为谦恭,事奉上级诚敬,养护民众善施恩惠,役使民众合乎道义。[1](《论语·公冶长》)

---

[1] 《论语·公冶长》:子谓子产有君子之道四焉:其行己也恭,其事上也敬,其养民也惠,其使民也义。

有人问子产是怎样的人。孔子说："他是善施恩惠的人。"①（《论语·宪问》）

孔子说："子产就像是民众的慈母，能让他们吃饱，却不能教育他们。"（《礼记·仲尼燕居》）

孔子曾经路过郑国，和子产像兄弟那样相处（子产为兄，孔子为弟）。（《史记·郑世家》）

孔子恭敬事奉的六位君子：在周王室是老子，在卫国是蘧伯玉，在齐国是晏平仲，在楚国是老莱子，在郑国是子产，在鲁国是孟公绰。（《史记·仲尼弟子列传》）

子贡问孔子说："您对子产和晏子，可以说是推崇到极点了。请问两位大夫的所作所为，以及您之所以赞赏他们的原因。"孔子说："那子产在治理民众方面是善施恩惠的领导人，在学问方面是博学多知的君子；晏子在治理民众方面是尽心尽力的大臣，在行为方面是恭敬机敏的君子。因此我都以对待兄长的态度来事奉他们，而且比对待兄长还要更加爱慕和尊敬。"（《孔子家语·辩政》）

在笔者看来，孔子至少有三个身份，一个是兴办私学培养政治

---

① 《论语·宪问》：或问子产。子曰："惠人也。"

人才的教育者，一个是周游列国推销"复古崇礼"的改革者，一个是信仰周代礼乐文明的德行君子。下面我将从这三个层面来探讨孔子对子产的态度。

一、作为教育者的孔子

子产是孔子在他的《春秋》课以及平日弟子问对中重点讲述的"当代"政治人物，而且是作为鼓励弟子学习效仿的正面典型来讲述的。这个判断是基于如下两方面的证据：

（一）如上所述，《左传》是孔子《春秋》课讲史部分较为完整而可靠的记录。子产是《左传》中记载得最为详细的春秋时期卿大夫（其次是晏子），而且都是从正面角度记载他的嘉言善行。即使是最有争议的铸刑书事件，《左传》也保持了一种平衡的态度，完整地展现了"遗直"±叔向和"遗爱"子产之间的书信往来，对子产回信部分的记载仍然是正面的。

子产也是《左传》中得到孔子评语最多的一位春秋时期卿大夫。通观《左传》中记载孔子对同时代政治人物的评价，其他人物均为一人一条，评价有正面有负面；而子产一人独占五条，且均为正面评价。在讲述最有争议的子产铸刑书事件时，《左传》没有记载孔子或"君子"的任何评论，而后文讲述晋人铸刑书时则记载了孔子的大段批评。

（二）《论语》的主体是孔子授课和平日弟子问对的语录。子产是《论语》中得到孔子评语第二多的春秋时期卿大夫（三条），仅次于辅佐齐桓公成就霸业的管仲（四条）。重要的是，孔子对子产的评论全是正面的,而对管仲则是三条正面、一条负面。

孔子之所以重点讲述子产,而且鼓励弟子学习效仿他,与他所面临的人才培养现实状况有关。从孔子弟子的实际"就业数据"来看,他的弟子学有所成后的主要去向,要么是去鲁国或其他诸侯国担任大夫,要么是去各国卿大夫家族担任家臣。非常对路的是,子产正是诸侯国卿大夫,又是卿族宗主,而且是孔子同时代最成功的卿大夫、卿族宗主,在郑国内外都享有很高的美誉,就连霸主晋国的高层都非常敬畏他。特别重要的是,子产在治国理政过程中始终坚持遵循"德仁爱"的核心价值观和"道中庸"的基本方法论,而仁爱、中庸正是孔子所推崇的政治哲学的核心理念。也就是说,子产的成功证明孔子的这套学说不是中看不中用的摆设,而是真能产生实效。

一方面,子产是可选范围内最合孔子胃口的同时代成功政治家,另一方面,子产恐怕也是弟子最想听想学的明星政治家,因此孔子在《春秋》课上大讲、特讲、正面讲子产,也就不奇怪了。孔子讲唐尧、虞舜、夏禹,讲文王、武王、周公,是想要在弟子心目中塑造一批让他们终生仰慕和追寻的完美圣人;而孔子讲子产、晏子、管仲、狐偃、子文、华元、蘧(qú)伯玉等人,是想要在弟子心目中塑造一批可信、可学、可及的同时代榜样。可以这么说,孔子心目中的理想为政之道是尧舜之道,而孔子心目中的务实为政之道就是子产之道。

不过,正因为子产之道距离孔子的理想为政之道仍有距离,所以,在下面一节我们会看到,孔子对于子产的为政之道仍有不满意的地方。

二、作为改革者的孔子

根据李零先生在《丧家狗》中所考订的孔子年表,孔子在五十一岁至五十四岁期间在鲁定公朝廷做官,然后开始周游列国,在五十七岁至五十九岁期间在卫灵公朝廷做官,在六十一岁至六十三岁期间在陈湣公朝廷做官,在六十四岁至六十七岁时在卫出公朝廷做官。孔子事奉这些小国庸君的目的,当然不是为了官爵俸禄,而是为了在这些"国家治理洼地"推行自己以"复古崇礼"为核心理念的政治改革方案,在东方建立一个实行西周礼乐制度的理想国。孔子坚信自己的改革方案不仅是正确的,而且是可行的(参见页 213),他说"假如有肯用我主持国家政事的,一年便差不多了,三年就会很有成就"①。然而,每次到了三年,国家政事并没有发生他所夸口的根本性好转,因此他也只能离开再去寻找下一个愿意让他再试一次的小国庸君。

孔子在他活着的时候是一个失败的改革者,不是因为他迂腐不理解现实政治的真相,也不是因为他想不出小国高层更欢迎的"顺势"改革举措,而是因为他无论如何也不愿意在核心理念层面作出妥协。正如我们在前文所看到的那样,子产也是一个改革者,而且也是一个尊崇周礼的改革者。然而,子产的改革目标不是建立一个理想国,而是要挽救他所处世代的郑国,抓住来之不易的战略机遇期,采取切实可行的举措,整肃高层政治生态,缓和官民矛盾冲突,促进经济社会发展,提升郑国国际地位。因为如此,所以子产的施

---

① 《论语·子路》:子曰"苟有用我者,期月而已可也,三年有成"。

政方案中既有孔子非常认同的、"逆势"崇礼的举措,也有孔子不大赞同的、"顺势"改革的举措。

用孔子的话说,子产是做到了"用政令来引导民众,用刑罚来整顿民众,民众能够免于饥寒和犯罪,却没有廉耻之心",但是在他看来,子产还没有做到"用道德来引导他们,用礼教来整顿他们,民众不但有了廉耻之心,而且真心归服"。正因为孔子知道子产依靠"德仁爱"而"道中庸"已经取得了很大的成就,所以他就像叔向一样,对子产有更高的期待,希望他能够做到自己没有做成的"复古崇礼"改革,在郑国建设一个符合自己理念的礼乐理想国。因此,当孔子讲述子产"铸刑书"的时候,他虽然没有像叔向那样直接否定子产,而只是"客观"陈述了叔向和子产之间的信件往来,但是这种描述本身已经表明了孔子对此事的不认同,即使他完全理解子产这样做的"救世"本心。

正因为孔子对子产的政治理念和实践有所保留,所以他一方面肯定子产是"古代遗留下来的仁爱之人",反驳他人宣称子产没有仁德的言论;但另一方面他多次强调子产对民众的仁爱停留在为民众谋求现世福利、向民众施舍物质恩惠的水平,而没有进一步实施礼乐德行教化,没有致力于让民众变成更高尚的人,没有致力于用礼治将罪恶杜绝在萌芽状态,没有致力于将郑国建设成为礼乐理想国。正是基于这种观点,孔子称子产为"惠人""惠主",把子产比喻成一位照顾孩子无微不至、但是没有能力教育孩子向善的慈母,她对孩子的爱是真诚的、实在的,但也是肤浅的、有缺憾的。

比如说,从孔子的角度来看,子产没有下大力气教化民众主动遵守礼制，主动做到"父慈、子孝，兄爱、弟敬，夫和、妻柔，姑慈、妇听"，从而不至于触犯刑律，而是出于急功近利的"救世"理念，直接满足民众在已经犯罪之后想要依据刑律为自己最大限度地争取利益的诉求，擅自突破先君旧制将刑律公之于众，向民众让渡关乎周礼尊卑大义以及贵族阶层生死存亡的核心权力——刑律裁量权。这就像一个慈母溺爱自己的孩子，没有原则地满足孩子提出的非分要求，最终会导致孩子骑到父母头上为非作歹。这也就是他在批评晋人铸刑书时所说的，"民众去察看刑鼎就能知晓刑律了，还凭什么要尊敬贵族？贵族还能守住什么事业？尊贵和低贱的次序乱了，还凭什么去治理国家？"

三、作为德行君子的孔子

孔子非常清楚，自己和子产都是乱世中寥若晨星的德行君子。因此，孔子对子产部分政治实践的批评态度并不影响他对于子产这个人本身德行的崇敬，这其实也就是孔子自己所说的"君子和而不同"。从《史记·郑世家》和《孔子家语·辩政》的记载来看，孔子认为，子产的德行比他更高，子产和老子、蘧伯玉、晏子、老莱子、孟公绰一样，都是值得他恭敬地事奉的义兄。

总而言之，作为教育者，孔子心目中的子产是值得弟子学习效仿的现世榜样；作为改革者，孔子心目中的子产是已经非常难能可贵、但仍有缺憾的同道中人；作为德行君子，孔子心目中的子产是比自己德行更高尚、值得自己恭敬事奉的义兄。

出土文献中的子产：
屈居小国的稀世良臣

二〇〇八年七月，一批流散境外的战国竹简入藏清华大学（以下简称"清华简"），其数量（含残片）接近二千五百枚。从文本角度来说，清华简是战国时期的楚国写本书籍，初步估计有六十多篇文献，其内容多为经、史一类的典籍，具有极高的学术价值。①

二〇一二年出版的清华简第三辑中公布了一篇题为《良臣》的文章，这篇战国时期的文章记载了上古到春秋时期辅佐天子、诸侯、卿大夫的诸多贤良之臣，其中就包括子产。《良臣》为我们了解子产在战国人心目中的地位提供了非常宝贵的新材料，在这里根据本书定稿前能看到的最新研究成果，提供简体释文，供读者研读参考②：

黄帝之师：女和、瞫人、保侗。

尧之相舜。

舜有禹。

禹有伯夷，有益，有史皇，有咎囚。

①　参见刘国忠：《走近清华简》，高等教育出版社，2011年。
②　参见清华大学出土文献研究与保护中心：《清华大学藏战国竹简（叁）》，中西书局，2012年；杨蒙生：《清华简〈叁〉〈良臣〉篇管见》，《深圳大学学报（人文社会科学版）》，2014年第2期；郭丽：《清华简〈良臣〉文本结构和思路考略》，《山东理工大学学报（社会科学版）》，2015年第4期。

汤有伊尹,有伊陟,有臣扈。

武丁有傅说,有保衡。

文王有闳夭,有泰颠,有散宜生,有南宫适,有南宫天,有芮伯,有伯适,有师尚父,有虢叔。

武王有君奭,有君陈,有君牙,有周公旦,有召公,遂佐成王。

晋文公有子犯,有子余,有咎犯,后有叔向。

楚成王有令尹子文。

楚昭王有令尹子西,有司马子期,有叶公子高。

齐桓公有管夷吾,有宾须亡,有隰朋。

吴王光有伍之胥。

越王句践有大夫种,有范蠡。

秦穆公有羖大夫百里奚。

宋襄公有左师。

鲁哀公有季孙,有孔丘。

郑桓公与周之遗老史伯、宜仲、虢叔、杜伯后出邦。

郑定公之相有子皮,有子产,有子太叔。子产之师:王子伯愿、肥仲、杜逝、齗斤。子产之辅:子羽、子剌、蔑明、禆谌、富之虔、王子百。

楚共王有伯州犁,以为太宰。

和我们在《左传》《论语》等传世文献里看到的情形一样,子产可以说是《良臣》全篇的重点。其他人作为良臣都是出现一次,露个名字,而子产则出现三次,不仅说明了子产是郑定公的良臣,还详细列举了子产的"师",也就是顾问团队,和子产的"辅",也就是执行团队。由此可见,在写作和传抄这篇简文的战国学者和政治人物心目中,子产是不仅单打出众,还带出了一个顶级团队的稀世良臣,是他们重点学习和仿效的对象。

二〇一六年出版的清华简第六辑中公布了一篇题为《子产》的文章,这篇战国时期的文章论述了为君之道和子产的执政理念和功绩,全篇可分为十段,有较强的思想性。《子产》为我们深入理解和分析子产的执政理念提供了非常宝贵的新材料,在这里根据本书定稿前能看到的最新研究成果,提供白话译文,供读者参考[①]:

【一】昔日的圣明之君以身作则,努力为民谋福利,民众因此信任君主,君主如果自身没有诚信,就不能让民众信任。求取信任有道可循,用浅显的方式使民众相信艰深的政策,用深入的分析使民众相信浅显的政策。能相互信任,一国上下才能亲密。[②] 不良的君主仗恃君位、固守福禄,不惧怕失去民众。惧怕失去才会戒备,有戒备才能申明大命、稳固君位,君位稳固国家才能安全。国家安全民众安乐,国家危险民众离心,这就是所谓的"存亡的关键在于君主"。

【二】子产的个人嗜好和欲望没法知晓,收纳君子而不以私心加以分辨。官员和众吏谨慎对待职责,就晋升到更高岗位,没有个人的好恶,说"稳固身心、谨慎诚信最重要"。谨慎诚信有道可循,靠

---

① 参见清华大学出土文献研究与保护中心:《清华大学藏战国竹简(陆)》,中西书局,2016年;李学勤:《有关春秋史事的清华简五种综述》,《文物》2016年第3期;郝花萍:《〈清华大学藏战国竹简(陆)〉郑国三篇集释》,西南大学2017年硕士论文。
② 清华简六《子产》:求信有事,浅以信深,深以信浅。能信,上下乃周。

它战胜自己的私心而树立中正表率，这就是所谓的"没有出于私心的好恶"。

【三】完善政体、有利政事、稳固政权有道可循。整顿朝政关键在于从自身做起，文理和形体的状态，舒缓、恭俭、整齐都展现出来，专注地顺从仪节遵行礼制。① 遵行礼制处理政事有道可循，出言都能践行，这是知晓自己具有什么、缺乏什么。有道之人乐于存续，无道之人乐于败亡，这就是所谓的"固然之理"。

【四】子产不扩大住宅墓地，不扩建高观台寝宫，不装饰车马衣裘，说"不要奢侈浪费"。住宅大了内心就会膨胀，美化外部心态就会骄矜，导致自我丧失。君子知道惧怕才会忧虑，预先忧虑从而谨言慎行才会减少实质性的忧虑。② 减损祸难有道可循，增多祸难就接近灭亡。这就是所谓的"看轻安逸享乐"。

【五】做人君长、莅临民众有道可循，依据实情而考虑完备，得到君位命运稳固。做人臣子敬畏君主有道可循，知道敬畏就不会有罪过。③ 做人臣子，不是自己所能做好的就不要进任相应官职。做人君长没有什么别的事，一心从事于民生福祉之事。得到民众拥戴，天灾就不会到来，外部仇敌也不会有。为了自己的私事来役使民众，事情启动财货就会流行，财货流行罪孽就会兴起，罪孽兴起民众就会哀怨，民众哀怨君上就危险了，明明是自己的罪过，反而归罪给他人。这就是所谓的"不挑事就不会惹罪"。

---

① 清华简六《子产》：整政在身，文理、形体、啴缓、恭俭、整齐异现矣，漆漆所以从节行礼。
② 清华简六《子产》：君子知惧乃忧，忧乃少忧。
③ 清华简六《子产》：君人莅民有道，情以完，得位命固。臣人畏君有道，知畏无罪。

【六】有道的君主，能修治他的国家以使民众和谐。和谐民众有道可循，在大国能实现政事昌明，在小国能支撑现状；在大国可使国运久长，在小国可促进国家壮大。① 和谐民众就有功绩可以回答上天，能够沟通神明；就有依凭能召来民众，有依凭得到贤才，有依凭能抵御伤害，这是先代圣明君主通达成就邦国的正道。这就是所谓的"因循前代顺道"。

【七】以前的人能够事奉辅相国家、在天下成就美名的关键，就是以身作则。使用自身的道理是，不靠暗昧之事来提升自身福祉，不靠嗜好安逸来谋求不义所得，不靠利益来推行德政，不靠暴虐来逼迫民众出力。② 子产以六正为师傅，与善人来往，以诚恳对待不善，不导致对政事造成违阻。辛劳施惠国家政事，端正地出使四方邻国。那些轻慢急躁松懈迟缓的官员，如能改过自新就任用他，"善则为人"，勤勉地求取善人，来辅助君上牧养民众。民众有过失敖逸，轻易不行诛责，说："如果我本来就善，不是因为我怎能昏乱，因为我荒忽懈怠，民众都颓废萎靡。③"下民能以上级为榜样，这就是所谓的"民众信任并认同"。

【八】古代狂妄的君主，轻视先代善君的经验，认为自己很有智慧，民众没有可事奉的君上，任务重却没有好结果，国家因此败坏。善君必须详查昔日前任善王的法度戒律，求取先君留下来的贤良可用之人，以分担重任，以得到好的结果。子产选用老先生中的才俊，

① 清华简六《子产》：和民有道，在大能政，在小能支；在大可久，在小可大。
② 清华简六《子产》：用身之道，不以冥冥仰福，不以逸求得，不以利行德，不以虐出民力。
③ 清华简六《子产》：苟我固善，不我能乱，我是荒忌，民屯废然。

于是有桑丘仲文、杜逝、肥仲、王子伯愿；于是设立六辅，包括子羽、子剌、蒾明、卑登、佔之厔、王子百。于是禁止恶言、假话、空话没有实际内容等行为；于是禁止打架斗殴、相互冒犯、"斡乐"、装饰美化宫室衣裘、喜好饮食醇酒等行为，这样做是为了远离奢侈耗费的人。这就是所谓的"依据良善消除争斗"。

【九】子产已经依据良善采用圣明之人，选择美好物色出众，于是研习夏、商、周三朝的政令，制定郑都政令、郑野政令，用教化引导民众，于是寻求天地、逆顺、强柔的道理，来管控全局；研习夏、商、周三朝的刑律，制定郑都刑律、郑野刑律，推行它们来遵奉政令、丰裕礼义，"以释无教不辜"。这就是所谓的"张扬美好、抛弃丑恶"。

【十】子产为民众制定刑律规程，上下和睦。鄙野分为三部分，粮食分为三部分，兵器分为三部分，这就是所谓的"效法稳固"，以佐助政德的稳固。稳固以自守，不轻易派遣民众使用兵甲出征战斗，叫作"武的惠爱"，以成就政德的惠爱。子产效法先贤功勋，为人温和喜乐，可有大用却没能遇上在大国执政的机会，大国本来就愿意采用他的谋划。唯有能了解自身，才能知道自己能生发的事业。知道了自己能生发的事业，就能先为他人谋划，先为他人谋划来回到自身。自身、家室、国家、诸侯、天地都稳固不悖乱，因此能以成功告终。①

这篇文章最有意思的地方在于，它的一、三、五、六、八（前半）段

---

① 清华简六《子产》：惟能知其身，以能知其所生。知其所生，以先谋人，先谋人以复于身。身、室、邦国、诸侯、天地固用不悖，以能成卒。

是在阐述为君之道，而二、四、七、八（后半）、九、十段是在阐述子产的政绩，似乎文章作者是把子产当做一位贤明的国君进行颂扬。特别是第八段，前半段讲述善君应该求取贤人并委以重任，而后半段就讲子产如何求取贤人并委以重任，将子产视为国君的倾向非常明显。笔者怀疑，这篇文章是战国时期一个"子产学派"的学者所为。在这个学派的学者心目中，他们的宗师子产已经不仅仅是一位稀世良臣，而就是一位"无冕之君"。他们怀着极为崇敬的心情研究和传承"素君"子产的治国之道和执政艺术，而《子产》正是这个学派一篇提纲挈领的论文。

子产——孔子推崇的
稳健改革派能臣

意大利历史学家克罗齐说，"一切历史都是当代史"。在本书的末尾，如果笔者借用一些当代的概念和词汇，也许可以这样总结子产这位两千多年前的杰出政治家，以及他为了建设一个有实力、有尊严、有原则的郑国所进行的不懈探索：

他是一位具有高度使命感、责任感和家国情怀的世袭贵族后代，一方面对当时受到严重冲击和削弱的主流意识形态——"周礼"有坚定的信仰，另一方面又对当时的国际国内形势的变化大趋势有准确的把握。

他从官员思想作风问题入手，在郑国高层发起了一场"打虎行动"，打掉了子游、子晳两只"明虎"，管控住了伯石这只"暗虎"，重新确立了贵族阶层所应遵守的政治纪律和政治规矩——周礼的尊严。

他建立了一支能力上过硬、成分上多元的行政管理团队，做到了人尽其才，并建立了"中央顾问委员会"以备咨询；依靠这支团队，他梳理并优化了文件起草、外事接待、救灾维稳等重大工作的流程，显著提升了国家的行政管理水平和危机应对能力。

他从职官制度、土地制度、财税制度、城乡发展、国防建设、教育民生等方面推进综合改革，在改革过程中一方面坚持走"群众路线"，充分听取合理化、建设性的意见；一方面展现出极大的政治勇气和定力,坚决抵制既得利益集团的阻挠和诽谤。

他是"以法治国"的先驱,在中国历史上第一次将成文刑律公诸于众,打破官民之间长期存在的"信息不对称",极大地促进了司法公开化、统一化、规范化,同时努力处理好"礼治"与"刑治"、改革与稳定之间的关系。

他在国际上倡导和践行以"坦诚""信实""公平""可持续"为基本理念的新型国际关系准则,在以晋国为盟主的"北约体系"中高调维权,并与"南约体系"盟主楚国巧妙周旋,将郑国从一个曾经在两大国之间"倚门卖笑"的悲情小国转变成为一个守礼制、有尊严、有话语权的正常国家。

总而言之,子产抓住了晋、楚两个超级大国停止武力争霸的"战略机遇期",以"救世"为总体目标,以"崇礼与改革相结合"为总体策略,以"德仁爱"为核心价值观,以"道中庸"为基本方法论,通过实施积极稳妥的内政改革,开展刚柔并济的新型外交,取得了世人瞩目的成就,从而使得郑国在他执政期间摆脱困境,走向中兴。

在最后告别的时刻,笔者想用三个关键词来勾勒子产这位春秋晚期郑国执政卿的轮廓,那就是"稳健""改革""能臣"。尊崇礼治,反对冒进,慎用暴力,这体现了子产的"稳健"风格。整风打虎,丘赋刑鼎,重塑外交,这彰显了子产的"改革"本色。周密谋划,强力推进,成效显著,这表明了子产的"能臣"才干。鲁卿叔孙穆子有云,"'大上有立德,其次有立功,其次有立言',虽久不废,此之谓不朽"(《左传·襄公二十四年》)。子产立仁爱中庸之德、安内攘外之功、守正出奇之言,自去世后两千多年来,受人崇敬仰慕未曾断绝,谓之不朽先贤,宜哉!

附录

序　幕

列国

【晋国】姬姓诸侯国，侯爵。周成王灭唐之后，封周武王之子叔虞于唐，后改封唐叔虞之子燮父于晋。唐、晋应该都在山西曲沃县、翼城县一带。晋成侯时迁至曲沃（山西省闻喜县东二十里）。西周晚期晋穆侯时迁至绛（山西省翼城县东南故翼城）。到晋孝侯时，都城已改称"翼"。到晋献公时，又改回原名"绛"。也有学者认为，绛、翼并非改名，而是两个相距不远的地方。前五八五年迁至新田（山西省侯马市西北）。前四〇三年，周王室任命晋国三卿赵籍、魏斯、韩虔为诸侯，晋名存实亡。前三四九年，晋静公被杀，晋遂亡。

【郑国】姬姓诸侯国，伯爵。周宣王封周厉王之子友于郑，是为郑桓公。郑国本为宗周畿内小国，最初可能在陕西省凤翔县秦雍城遗址附近，后来迁到陕西省华县东北。西周末年至春秋初年，郑桓公、郑武公在中原溱水、洧水流域重建郑国，定都新郑，位于今河南省新郑市。前三七五年被韩国所灭。

【楚国】芈（mǐ）姓诸侯国，子爵（自称"王"）。楚人源自中原祝融部族，辗转向西南迁徙至"丹阳"（丹水以北地区），可能在河南省淅川县西南的丹江、淅川交汇处。周成王正式承认其首领熊绎为诸侯，定都丹阳。春秋时期楚郢都大体位置在睢水、漳水流域（湖北省蛮河流域），期间多次迁徙。前二七八年（楚顷襄王二十一年）秦军所拔之郢在湖北省江陵县北约五公里，楚都城随后迁至陈（河南省淮阳县），楚考烈王时暂迁至巨阳（安徽省太和县东北），终迁至寿春（安徽省寿县城南）。前二二三年，被秦所灭。

【陈国】妫（guī）姓诸侯国，侯爵。周武王始封虞舜之后胡公满于陈，都城在河南省淮阳县。前四七八年，被楚所灭。

【卫国】姬姓诸侯国，侯爵。周初"三监之乱"平定后，周成王始封周文王之子叔封于康，后迁于沫（即商末行都朝歌），在河南省淇县。春秋时期，前六六〇年都城迁至漕（河南省滑县西南故白马城），前六五八年迁至楚丘（河南省滑县东六十余里），前六二九年迁至帝丘（河南省濮阳县东南五星乡高城村南）。前二三九年，秦攻取濮阳，卫元君迁往野王，卫名存实亡。前二〇九年，卫君角被秦废为庶人，卫遂亡。

【许国】姜姓诸侯国，男爵。周成王初始封昌丁于许，在河南省许昌市东。前五七六年迁至叶（河南省叶县南稍西三十里），前五三三年迁至城父（安徽省亳州市东南七十里），前五二九年迁至叶，前五二四年迁至析（河南省西峡县），前五〇六年迁至容城（河南省鲁山县南稍东三十里），前五〇四年被郑所灭。哀元年已复国，应是楚人所封。战国时终被楚所灭。

【鲁国】姬姓诸侯国,侯爵。周武王始封其弟周公旦于鲁,周公旦留佐王室,而使其嫡长子伯禽就封,其实际就封时间可能在周成王之世、周公旦东征灭商奄之后,其封地即商奄旧地,都城在山东省曲阜市。前二五六年,被楚所灭。

【齐国】姜姓诸侯国,侯爵。周武王始封太师吕尚于齐,都营丘(山东省博兴县、淄博市临淄区一带),其实际就封时间应在周成王之世、周公旦东征灭薄姑之后。春秋时期都城在临淄(山东省淄博市齐都镇)。前三九一年,齐卿田和废齐康公,居君位。前三八六年,周元王策命田和为齐侯。前三七九年,齐康公去世,姜姓齐遂亡。前二二一年,田氏齐国被秦所灭。

【宋国】子姓诸侯国,公爵。周初"三监之乱"平定后,周成王始封商纣王庶兄微子启于宋,都城在河南省商丘市。前二八六年,被齐所灭。

人物

【郑僖公】姬姓,名髡顽,谥僖。郑成公之子。前五八一年曾被短暂立为国君,同年郑成公复位,髡顽复为太子。前五七○年正式即位,在位五年。前五六六年被弑。

【郑穆公】姬姓,名兰,谥穆。郑文公之子。曾被郑文公驱逐奔晋。前六三○年自晋归于郑,被立为太子。前六二七年即位,在位二十二年。前六○六年卒。

【子驷】公子騑。姬姓,名騑,字驷,谥武。郑穆公之子。郑卿,前五八一年作为人质前往晋国，前五七八年已回国。前五七一年已任执政。前五六四年已任当国（继公子喜［子罕］）。前五六三年被乱党所杀。其名（骓）、字（驷）有关联，"骓"为驾车四马中两旁之马，而"驷"是驾车四马统称。其后为"七穆"之一的驷氏。

【子国】公子发。姬姓，名发，字国，谥惠。郑穆公之子。郑卿。前五八六年被楚人所执，后获释归于郑。前五七一年已任司马。前五六三年被杀。其后为"七穆"之一的国氏。

【子孔】公子嘉。姬姓，名嘉，字孔。郑穆公之子。郑卿，前五六三年已任司徒，同年升任首卿当国（继公子骓［子驷］）。前五五四年被杀。

【子耳】公孙辄。姬姓，名辄，字耳。公子去疾（子良）之子。郑卿，前五六三年已任司空，同年被五族乱党所杀。其名（辄）、字（耳）相关联，"辄"本义为车厢左右两板，如同人之左右两耳。

【子蟜】公孙虿。姬姓，名虿，字蟜（jiǎo），谥桓。公子偃（子游）之子，郑穆公之孙。郑卿，前五五九年已任司马。前五五四年卒。其名（虿）、字（蟜）相关联，虿、蟜皆为毒虫之名。

【子展】公孙舍之。姬姓，名舍之，字展，谥桓。公子喜（子罕）之子，郑穆公之孙。郑卿，前五五四年任首卿当国（继公子嘉［子孔］）。前五四四年卒。

【子罕】公子喜。姬姓，名喜，字罕，谥成。郑穆公之子。郑卿。前五八一年已任首卿（继公子去疾［子良］），前五七一年已任当国。前五六六年前已卒。其后为"七穆"之一的罕氏。

【子良】公子去疾。姬姓，名去疾，字良。郑穆公之子。郑卿。

前五九七年为质于楚,前五九五年归于郑。前五八九年已任首卿（继公子归生［子家］）。其名（去疾）、字（良）相关联,人去疾则良。其后为"七穆"之一的良氏。

【子游】公子偃。姬姓,名偃,字游,谥宣。郑穆公之子。郑卿。其名（偃）、字（游）相关联,偃,《说文》作"㫃（yǎn）",旌旗之游㫃蹇之貌;游,旌旗飘带。其后为"七穆"之一的"游氏"。

【子印】公子。姬姓,名睔,字印。郑穆公之子。郑卿。其后为"七穆"之一的印氏。

【子丰】公子平。姬姓,名平,字丰。郑穆公之子。郑卿。其后为"七穆"之一的丰氏。

【郑成公】姬姓,名睔（gùn）,谥成。郑襄公之子,郑悼公之弟。前五八四年即位,在位十四年。其中,前五八二年被晋人所执,前五八一年归于郑。前五七一年卒。

【郑简公】姬姓,名嘉,谥简。郑僖公之子。前五七一年生。前五六五年即位,在位三十六年。前五三〇年卒。

【公孙申】姬姓,名申,排行叔。郑文公之孙。郑卿。前五八一年被郑成公所杀。

【公子班】姬姓,名班,字如。郑卿。前五八一年奔许。前五七八年自许复入于郑,被子驷帅国人所杀。

【晋景公】姬姓,名獳（nòu）,谥景。晋成公之子。前五九九年即位,在位十九年。前五八一年卒。

【太子州满】即位后为晋厉公。姬姓,名州满,谥厉。晋景公之子。前五八〇年即位,在位七年。前五七三年被栾武子、中行献子指使程滑所弑。

【子然】姬姓，字然。郑穆公之子。郑卿。前五六七年卒。

【元咺】元氏，名咺（xuān）。卫卿。前六三二年卫成公出奔楚，元咺奉夷叔为君。卫成公复位，夷叔被杀，元咺奔晋，诉卫成公。卫成公被晋人所执，元咺归于卫，立公子瑕。前六三〇年公子瑕、元咺被卫成公指使周歂、冶廑所杀。

【晋文公】姬姓，名重耳，单名重，谥文。晋献公庶子。前六七二年生。前六五五年自晋都奔蒲，同年奔狄。处狄十二年后行，经齐、曹、宋、郑、楚，至于秦。前六三六年在秦穆公护送下返国即位，在位九年。前六二八年卒。

【卫成公】姬姓，名郑，谥成。卫文公之子。前六三四年即位。前六三二年，卫成公奔楚，使元咺奉夷叔为君。同年归国复位，其前驱公子歂犬杀夷叔。元咺诉于晋，晋执卫成公，置于京师，卫立公子瑕。前六三〇年，卫成公杀元咺、公子瑕而复位。在位共三十五年。

【夷叔】姬姓，名武，谥夷，排行叔。卫文公之子，卫成公同母弟。前六三二年卫成公奔楚，使元咺奉夷叔为君。同年卫成公归国复位，夷叔被其前驱公子歂犬所杀。

【宁武子】姬姓，宁氏，名俞，谥武。宁庄子之子，卫武公之后。卫卿。

【公子瑕】姬姓，名瑕，字适。僖二十八年卫成公被晋人所执，元咺立公子瑕为君。前六三〇年，公子瑕、元咺被卫成公指使周歂、冶廑所杀。

【鲁僖公】姬姓，名申，谥僖。鲁庄公庶子。前六六〇年适莒，

340

同年归于鲁。前六五九年即位，在位三十三年。前六二七年卒。

【周襄王】姬姓，名郑，谥襄。周惠王嫡长子。前六五二年即位。前六三六年，甘昭公作乱，周襄王出居郑。前六三五年，晋文公护送周襄王返回京师，杀甘昭公。在位共三十四年。前六一九年卒。

制度

【姓、氏、名、字、谥】[①]

春秋时期的国君/卿大夫在世时的称谓有姓、氏、名、字，有的死后还有谥。

"**姓**"是具有统一远祖的血缘集团的称号。夏王族是姒姓，商王族是子姓，周王族是姬姓。西周分封诸侯，周王室宗亲封国都是姬姓，也就是所谓的"同姓国"，比如晋、郑、鲁、卫、曹、蔡等。周朝还有很多的"异姓国"，比如姜姓的齐、嬴姓的秦、芈姓的楚。周礼规定"同姓不婚"，因此国君必须从不同姓的国家娶妇。

"**氏**"是姓的分支，是宗族的称号。诸侯国君应该是以其国名为氏（有争议），但也有例外，例如楚国国君是熊氏。诸侯国君给卿大夫命氏，主要有三种方式：第一，以祖父之字为氏，在郑国卿族中较多见。公（国君）的儿子称"公子"，公子的儿子称"公孙"，公孙的儿子不能叫"公重孙"，而是要另命氏立族。比如说，郑公子去疾的字

---

① 参见刘勋：《春秋左传精读》，新世界出版社，2014年。

是"良",他的儿子是公孙辄,他的孙子是良霄,他的曾孙是良止,他们这一家被当时人称为"良氏"。第二,以官为氏,在晋国卿族中较多见。卿大夫担任某个官职有功,他的后代可以官名为氏,建立宗族。比如晋国的士氏、中行氏,"士"是理官,"中行"是军官。第三,以采邑为氏,在晋国卿族中较多见。国君分封采邑给卿大夫,他的后代可以邑名为氏,建立宗族。比如晋国的赵氏、魏氏、韩氏、知氏。此外,有以居住地的地名为氏的,比如鲁国的东门氏、卫国的北宫氏;有以所出先君的谥号为氏的,比如文氏(楚文王之后)、闵氏(鲁闵公之后);有以排行为氏的,比如鲁国的"三桓"季氏、孟氏、叔孙氏。女子不能成为宗族继承人,因此女子无氏。

"名""字" 除了标明渊源的姓,以及标明宗族的氏,春秋时代的国君、卿大夫在世时有两个称谓,即出生三月后举行命名礼时由其父命的"名",以及成年举行冠礼时由贵宾命的"字"。

根据《左传·桓公六年》的记载,春秋时命名的基本规则有五条,所谓"信"(出生时就带着名)、"义"(用祥瑞的字眼来命名)、"象"(根据与婴儿某方面相类似的事物命名)、"假"(借用万物的名称来命名)、"类"(用和父亲有关的字眼来命名)。比如说,孔子的儿子名鲤,就是根据"假"命名的。

西周、春秋之时,男子之"字"常为单个字,常在前面加上"伯、仲、叔、季"等排行,在后面加上男子美称"父"或"甫"。比如仲尼(排行+字)、尼父(字+父)。春秋时还常在字前面加上男子美称"子",如子产、子贡。"字"在意义上与"名"经常有联系。比如郑卿公子騑字驷,"騑"是驾车四马中两旁的马,而"驷"是驾车四马的统称。

春秋之时，贵族女子也有名有字。

"**谥**"是国君、卿大夫去世之后，下葬之前，由朝廷根据其生时事迹所拟的具有评判褒贬性质的称谓。如齐桓公的"桓"，谥法说"辟土服远曰桓"，这是美谥。郑厉公之"厉"，谥法曰"戮杀无辜曰厉"，此为恶谥。

【国野制】①

西周、春秋时期诸侯国的基本社会组织制度是国野制。诸侯国的都城及近郊区域称为"国"。"国"内居住的除了国君、卿大夫之外，主要是士人、手工业者和商人。广义的"国人"就是指国内居住的所有人，而先秦典籍中所说的"国人"往往是指除去国君卿大夫的、占"国"内人口主体的其他居民。"国"之外的广大远郊地区为"野"，其居民为"野人"，主要是从事农业生产的庶人。

国人和野人都被称为"民"，但性质很不相同。就西周至春秋早中期情况而言，国人具有公民性质：他们有缴纳军赋、服兵役和力役的义务，也享有一定的权利（如受教育、担任官职、议论政治），是国君和卿大夫在政治和军事上的支柱。国君的废立、卿大夫武斗的胜负，往往取决于国人的态度。野人的地位则低得多：他们是依附于公室、卿大夫家族的庶人，是农业生产的主要担当者，有缴纳田税、服力役、参与狩猎和出征的义务，却不能成为正式的士兵，也没有国人具有的其他权利。

---

① 参见张怀通：《先秦时期的基层组织——丘》，《天津师大学报》，2000 年第 1 期；杨宽：《西周史》，上海人民出版社，2003 年；王美凤、周苏平、田旭东：《春秋史与春秋文明》，上海社会科学文献出版社，2007 年。

国、野采用两套不同的行政系统。国中的组织系统从小到大是轨、里、邑、连、乡（齐国，据《国语·齐语》）或邻、里、乡、党、州（鲁国，据《论语》何晏注引郑玄语）；而野中的组织系统从小到大是邑、卒、乡、县、属（齐国，据《国语·齐语》）或井、邑、丘、甸、县、都（据《周礼·地官》）。

除此之外，诸侯国疆域之内还有一些大城邑，这些大邑及邑外的近郊为"都"，而其远郊为"鄙"，都鄙制实质上就是国野制在地方上的版本。

上面所说的国、野区别并非一成不变的。比如说，春秋中晚期，各国纷纷向野人征收军赋，同时征召野人当兵，逐渐打破了国人当兵的特权。到了战国初年，一系列的政治经济改革破坏了井田制度，打破了国、野界限，士、农、工、商之民杂居共处，"编户齐民"成为新的基层社会组织形式，原先存在于国、野中的两套社会组织系统混一，被由从小到大为里、乡、县、郡组成的新系统所代替。

晋楚争霸，郑国蒙难

列国

【蔡国】姬姓诸侯国，侯爵。周武王始封周文王之子叔度于蔡，都城在河南省上蔡县。前五二九年迁至河南省新蔡县城关镇西北，前四九三年迁至安徽省凤台县故下蔡城（有争议）。前四四七年，被楚所灭。

【秦国】嬴姓诸侯国，伯爵。秦人最早出自东方，周公旦东征灭商奄之后，将商奄之民迁到西方，到非子之时居于犬丘（甘肃省礼县一带）。非子在汧（qiān）水、渭水之间为周孝王养马有功，得封于秦，其地望有争议。春秋时期，秦文公时都城迁至汧水、渭水之会（可能在陕西省宝鸡市境），秦宁公时迁至平阳（陕西省宝鸡市陈仓区太公庙村），秦德公时迁至雍（陕西省凤翔县南），秦灵公时迁于泾阳（陕西省泾阳县西北），秦献公时迁于栎阳（陕西省临潼县武屯镇关庄和玉宝屯一带），秦孝公时迁于咸阳（陕西省咸阳市东）。前二二一年，秦灭齐，统一天下，建立秦朝。

人物

【子产】公孙侨。姬姓，名侨，字产，谥成。公子发（子国）之子。郑大夫，前五五四年升为卿，前五五〇年已任少正，前五四三年任执政（继良霄[伯有]）。前五二二年卒。

【晋悼公】姬姓，名周，谥悼。公孙谈之子，晋襄公曾孙。前五八七年生。前五七三年即位，在位十六年。前五五八年卒。

【公子燮】姬姓，名燮。蔡庄公之子。蔡卿，任司马。前五六五年被郑人所获，后归于蔡。前五五三年被杀。

【范武子】范武子。祁姓，范氏，又为随氏，出自士氏，名会，谥武，排行季。成伯之子，士蒍（wěi）之孙。起初封邑在随，后改为范。首现于《左传》时为晋大夫，前六三二年任戎右。前六二〇年奔秦，前六一四年自秦归于晋。后为晋卿，前五九七年已任上军帅，前五九三年任中军帅兼太傅（首卿，继中行桓子），前五九二年告老还家。

【范文子】祁姓，范氏，出自士氏，名燮，谥文，排行叔。范武子之子。晋卿，前五八九年已任上军佐，前五七八年已任上军帅，前五七五年已任中军佐。前五七四年卒。

【范宣子】祁姓，范氏，出自士氏，名丐，谥宣。范文子之子。晋卿，前五六〇年已任中军佐，前五五四年任中军帅（首卿，继中行献子）。

【王子贞】芈姓，名贞，字囊。楚庄王之子，楚共王之弟。楚卿，前五六八年任令尹（首卿，继王子壬夫[子辛]）。前五五九年卒。

【知武子】姬姓，知氏，出自荀氏，名䓨（yīng），字羽，谥武。知庄子之子。晋卿，前五七八年已任下军佐，前五六六年任中军帅（首卿，继韩献子）。前五六〇年前卒。

【士庄伯】祁姓，士氏，名弱，谥庄，排行伯。士贞伯之子。晋大夫，任大理。

【中行献子】姬姓，中行氏，出自荀氏，名偃，字游，谥献。中行宣子之子。晋卿，前五七五年已任上军佐，前五六〇年任中军帅（首卿，继知武子）。其名（偃）、字（游）相关联，偃，《说文》作"㫃"，旌旗之游㫃蹇之貌；游，旌旗飘带。

【楚共王】芈姓，名审，谥共。楚庄王之子。前六〇一年生，前五九〇年即位，在位三十一年。前五六〇年卒。

【王子罢戎】芈姓，名罢戎。楚大夫，前五五八年已任右尹。

制度

【冠礼】①

西周、春秋时，周王、诸侯国君十二岁、大夫十六岁、士人二十岁时要在宗庙举行"冠礼"。冠礼标志着成年，此后方可从政、从军、参加宗族祭祀、继承宗族以及结婚生子。《仪礼·士冠礼》所记乃为士人阶层所行冠礼。诸侯、卿大夫冠礼应是在士冠礼的基础上而更加繁复、隆重。士冠礼的主要礼节有：

一、**筮日、戒宾、筮宾、宿宾及赞者**。筮日：主人（即冠者之父）

---

① 参见钱玄、钱兴奇：《三礼辞典》，江苏古籍出版社，1998 年。

朝服,于庙门占筮行冠礼之吉日。戒宾:主人邀请众僚友参加冠礼。筮宾:占筮选定宾之贤者为子加冠。宿宾及赞者:行礼前二日,主人再次邀请宾及助宾之赞者。

二、陈设、迎宾。行礼之日,在房中陈设冠服及酒尊等物。主人服玄端,出门迎宾及赞者。冠者在房中采衣结发。

三、三加冠。冠礼在宗庙中举行。宾及赞者为冠者三次加冠,初加缁布冠,再加皮弁,三加爵弁。每次加冠,宾均有祝辞,如初次加冠之祝辞曰:"令月吉日,始加元服。弃尔幼志,顺尔成德。寿考惟祺,介尔景福。"

四、宾醴冠者。宾向冠者敬一觯酒。冠者拜,宾答拜。

五、宾字冠者。行冠礼时,宾为冠者取"字"。取字之法详见前"姓、氏、名、字、谥"专文。

六、醴宾、送宾、归俎。主人为答谢宾之辛劳,行一献之礼,并酬宾束帛俪皮(即五匹绸,两张鹿皮)。醴毕,主人送宾门外,并将俎上之肉送至宾家。

七、冠者见母、兄弟、姑姊。冠者服爵弁,取脯,出闱门拜母,母拜受。冠者又见兄弟、姑姊,均拜,兄弟、姑姊答拜。

八、冠者见君及卿大夫、乡先生。冠者易服,服玄冠、玄端,以雉为见面礼,往见君及卿大夫、乡中老人。

【盟礼】[1]

诸侯国君或卿大夫在约定地点聚会称为"会",会上用牺牲歃血

---

① 参见顾德融、朱顺龙:《春秋史》,上海人民出版社,2003年;王美凤、周苏平、田旭东:《春秋史与春秋文明》,上海社会科学文献出版社,2007年。

盟誓称为"盟"。春秋时代会盟频繁,仅《春秋》二百四十多年间就记载了大小会盟四百五十多次。根据传世文献记述和考古材料推断,诸侯之间盟礼大体有以下仪节:

一、书写盟辞。盟辞即盟誓之辞,有一定格式,具体内容因事而定。举行盟誓前,用朱砂或墨将拟定的盟辞写在简策、玉片、石片等材料上,一式数份,写好盟辞的策称为"盟书"或"载书"。

二、凿地为坎。在盟誓地点挖掘一个方坑,用来埋放牺牲和盟书。

三、用牲、取血。盟礼常用牺牲包括牛、马、羊、豕、犬、鸡等,具体选用何种牺牲根据参盟者的身份而定,高低贵贱有别。杀牲前先取血以备用,然后将牲杀死。以诸侯之盟为例,牺牲用牛,杀牲时先割牛耳取血,盛在盘中;割下的牛耳盛在另一盘中,由盟主手执(一说由地位较低者手执)。

四、读书、歃血。先由司盟昭告神明、宣读盟书。然后先由盟主微饮血(歃血),然后同盟者依照尊卑次序一一歃血,以示信守盟约。

五、加书、埋书。歃血之后,将所读盟书正本放在牲上,称为"载",故盟书又称为"载书"。接着把负载着盟书的牲体埋入坑里。

六、藏盟书于盟府。参盟者在盟礼结束后将盟书副本携带归国,收藏于盟府,作为存档,以备日后查证对质。

六卿更迭,子产入局

人物

【卫献公】姬姓,名衎(kàn),谥献。卫定公之子。前五七六年即位,在位十八年。前五五九年奔齐,卫人立卫殇公。前五四七年归国复位,同年被晋人所执,后归于卫。又在位三年。前五四四年卒。

【孟献子】姬姓,孟氏,名蔑,谥献。孟文伯之子。鲁卿,任司空(首卿,继季文子)。前五五四年卒。

【子西】公孙夏。姬姓,名夏,字西,谥襄。公子騑(子驷)之子。前五六三年继位为卿,前五五四年任听政。前五四六年至前五四四年间卒。其名(夏)、字(西)相关联,春秋时以西为夏。

【伯有】良霄。姬姓,良氏,名霄,字有,排行伯。公孙辄(子耳)之子。前五六三年继位为卿。前五六二年被楚人扣留。前五六〇年自楚归于郑。前五四六年已任执政(继公孙夏[子西])。前五四三年奔许,同年自许入于郑,被杀。

【伯张】公孙黑肱。姬姓，名黑肱，字张，排行伯。公子輼（gùn）（子印）之子。郑卿。前五九五年为质于楚，后归于郑。前五五一年卒。

【子晳】姬姓，名黑，字晳。公子騑（子驷）之子。郑大夫，前五五八年为质于宋，前五四四年前归于郑。前五四一年自求列于卿。前五四〇年自缢而死。其名（黑）、字（晳）相关联，黑与晳（白）正为反义词。

【子罕】乐喜。子姓，乐氏，名喜，字罕。乐士曹之子。宋卿，前五六七年已任司城（首卿，继华元）。与郑子罕（公子喜）不是一人。

【季武子】姬姓，季氏，名宿，谥武。季文子之子。鲁卿，任司徒，前五三八年后升为首卿（继叔孙穆子）。前五三五年卒。

【子明】游眅（pān）。姬姓，游氏，名眅，字明，谥昭。公孙虿（子蟜）之子。前五五四年继位为卿。前五五一年被杀。

【楚康王】芈姓，名昭，谥康。楚共王庶长子。前五五九年即位，在位十五年。前五四五年卒。

【王子午】芈姓，名午，字庚。楚庄王之子。楚卿，前五六一年已任司马，前五五八年已任令尹（首卿，继王子贞）。前五五二年卒。其名（午）、字（庚）相关联，午为地支第七位，庚为天干第七位。

【子革】然丹。姬姓，然氏，名丹，字革。子然之子。前五五四年奔楚，官至右尹。

【子良】姬姓，字良。公子志（士子孔）之子。前五五四年奔楚。

【士子孔】公子志。姬姓，名志，字孔。郑穆公之子。郑大夫，任士官。前五六五年卒。为了与子孔（公子嘉）相区别，当时人称其为"士子孔"。

【子太叔】游吉。姬姓,游氏,名吉。公孙虿(子蟜[jiǎo])之子,游昭子(子明)太弟。前五五一年继位为卿,前五四七年已任令正,前五二二年任执政(继公孙侨[子产])。前五〇六年卒。

【子石】印段。姬姓,印氏,名段,字石,谥献。公孙黑肱(伯张)之子。前五五一年继位为卿。前五二六年前卒。其名(段)、字(石)相关联。《说文》石部:"碫(xiá),厉石也。《春秋传》曰:郑公孙碫字子石。"则许慎所见古本《左传》"段"很可能作"碫",为磨砺岩石之意。

【然明】鬷(zōng)蔑。董姓,鬷氏,名蔑,字然明。郑大夫。

【晋平公】姬姓,名彪,谥平。晋悼公之子。前五五七年即位,在位二十六年。前五三二年卒。

【程郑】姬姓,程氏,出自荀氏,名郑,程季之子。晋大夫,前五七三年任乘马御。后为晋卿,前五四九年任下军佐。前五四八年卒。

跟定晋国，迎来机遇

列国

【吴国】姬姓诸侯国，子爵（自称"王"）。商朝末年，周太王之子太伯与其弟仲雍奔"荆蛮"（分布于陕西省东南部至湖北省西北部的蛮夷），初创基业。周灭商之后，周武王封仲雍四世孙周章于吴，在江苏省无锡市新区梅村（有争议）。吴王诸樊时已南迁至江苏省苏州市（有争议）。前四七三年被越所灭。

人物

【向戌】子姓，向氏，名戌。公孙訾守之子。宋卿，前五七六年任左师（首卿，继乐喜［子罕］）。

【赵文子】嬴姓，赵氏，名武，谥文。赵庄子之子。晋卿，前五七三年任新军佐，前五六四年已任新军帅，前五六〇年已任上军帅，前五四八年已任中军帅（首卿，继范宣子）。前五四〇年卒。

【陈哀公】妫（guī）姓，名溺，谥哀。陈成公之子。前五六八年即位，在位三十五年。前五三四年自缢而死。

【袁桓子】妫姓，袁氏，名侨，谥桓。袁宣仲四世孙。陈卿，任司马。

【周武王】姬姓，名发，号武。周文王之子。周朝开国之君。

【陈桓公】妫姓，名鲍，谥桓。陈文公之子。前七四四年即位，在位三十八年。前七〇七年卒。

【郑庄公】姬姓，名寤生，谥庄。郑武公嫡长子。前七五七年生。前七四三年即位，在位四十三年。前七〇一年卒。

【陈厉公】妫姓，名跃，谥厉。陈桓公之子，太子免之弟。前七〇六年，蔡人杀公子佗而立陈厉公，在位七年。前七〇〇年卒。

【陈庄公】妫姓，名林，谥庄。陈桓公之子，太子免、陈厉公之弟。前六九九年即位，在位七年。前六九三年卒。

【陈宣公】妫姓，名杵臼，谥宣。陈桓公之子，太子免、陈厉公、陈庄公之弟。前六九二年即位，在位四十五年。前六四八年卒。

【陈成公】妫姓，名午，谥成。陈灵公之子。前五九九年奔晋。前五九八年即位，在位三十年。前五六九年卒。

【郑武公】姬姓，名掘突，谥武。郑桓公之子。前七七〇年即位，在位二十七年。前七四四年卒。

【周平王】姬姓，名宜臼，谥平。周幽王之子。前七七〇年即位（有争议），在位五十一年。前七二〇年卒。

【周桓王】姬姓，名林，谥桓。太子泄父之子，周平王之孙。前七一九年即位，在位二十三年。前六九七年卒。

【晋文公】姬姓，名重耳，单名重，谥文。晋献公之子。前六五五年自晋都奔蒲，同年奔狄。处狄十二年后行，经卫、齐、曹、宋、郑、楚，至于秦（据《左传》）。前六三六年在秦穆公护送下返国即位，在位九年。前六二八年卒。

【郑文公】郑文公。姬姓，名捷，谥文。郑厉公之子。前六七二年即位，在位四十五年。前六二八年卒。

【周襄王】姬姓，名郑，谥襄。周惠王之子。前六五一年即位。前六三六年甘昭公作乱，周襄王出居郑。前六三五年晋文公护送周襄王返回京师，杀甘昭公。在位共三十三年。前六一九年卒。

【孔子】子姓，孔氏，名丘，字尼，排行仲。鲁大夫孔纥之子，宋卿孔父嘉之后。前五五二年生。前五三七年（十五岁）"有志于学"。前五二二年（三十岁）"立"，指"立于礼"。前五一八年至前五一七年（三十四岁至三十五岁）至周王室，问礼于老子；至齐，求仕于齐景公不成，前五一六年（三十六岁）自齐归鲁。前五一二年（四十岁）"不惑"。前五〇二年（五十岁）"知天命"。前五〇一年（五十一岁）任中都宰。前五〇〇年（五十二岁）任少司空，同年任司寇。前四九七年（五十五岁）至卫。前四九六年（五十六岁）试图离卫至晋，过匡被围，经蒲返卫。前四九五年（五十七岁）至前四九三年（五十九岁）事卫灵公。前四九三年卫灵公卒，孔子离卫，前四九二年（六十岁）"耳顺"，是年经曹、宋、郑至陈，途中险遭宋司马向魋（tuí）杀害。前四九一年（六十一岁）至前四八九年（六十三岁）事陈闵公。前四八九年离陈适蔡，在陈、蔡之间遭绝粮之困，至楚叶县，见叶公，求仕于楚昭王不成，自叶至卫。前四八八年（六十四岁）至前四八四年（六十七岁)事卫出公。前四八四年(六十七岁)自卫归鲁。前四八二年(七十岁)"从心所欲,不逾矩"。前四八一年(七十一岁)鲁人西狩获麟,孔子闻之出涕,绝笔《春秋》。前四七九年(七十三岁)卒。

【子羽】公孙挥。姬姓,名挥,字羽。郑穆公之孙。郑大夫,任行人。其名(挥)、字(羽)相关联,挥通翚,翚本义为鸟振羽疾飞。

【许灵公】姜姓,名宁,谥灵。许昭公之子。前五九一年即位,在位四十五年。前五四七年卒。

制度

【拜礼】①

春秋时拜礼分拜手(空首)、稽首、顿首(稽颡[sǎng])。

古人席地而坐,类似于现在的跪。跪坐之后,拱手,头俯至于手,与心平,称为"拜手",简称为"拜"。也称为"空首",因为手不着地,头悬空。这是常拜,通于尊卑。

拜手之后,拱手着地,头也跟着往下贴近地面,手不分散,头低,腰高,臀更高,称为"稽首"。稽首是吉拜中最敬的礼。臣见君行礼,常需行稽首礼两次,也就是"再拜稽首"。

拜手之后,拱手着地,头也跟着往下贴近地面,手分散,额头扣触地面,称为"顿首",又称"稽颡"。稽颡是居丧时行的凶礼,作为吉礼仅在有非常重大请求时使用。

---

① 参见钱玄、钱兴奇:《三礼辞典》。

【享礼】①

享礼,亦作"飨礼",是西周、春秋时周王、诸侯、卿大夫招待贵宾的一种隆重礼仪。享礼重在行礼,所谓"享以训共俭",因此虽然陈设食物而并不食用,爵中倒满醴却只啐不饮,陈设几案却不倚靠。一般享礼结束后举行宴礼,宴礼重在饮宴,所谓"宴以示慈惠"。据传世文献和金文记载推测,周王大享礼有如下几项主要内容:

一、**乐舞**。大享开始,如果是周王招待诸侯,则"金奏"(用钟鼓演奏)"《肆夏》之三"(《樊》《遏》《渠》三部乐章)迎接客人的到来。客人入门升堂之后,要先后进行"升歌""间歌""合乐"表演。"升歌"是客人升堂后主人用醴进献客人期间演奏的音乐。"升歌"结束,堂下的音乐响起,并与堂上的音乐交替演奏,称为"间歌"。"间歌"结束,堂上和堂下的音乐一齐演奏,声势十分浩大,称为"合乐"。在演奏"间歌"和"合乐"的同时都有舞蹈表演。乐舞表演完毕,宾出奏《肆夏》以送之。

二、**体荐**。宣十六年周定王云:"王享有体荐,宴有折俎"。古代祭祀、宴会,杀牲置于俎上曰"烝"。如果将整个牲体置于俎上,并不煮熟,曰"全烝",只有在祭天时使用。如果将半个牲体置于俎上,不煮熟,曰"房烝",亦曰"体荐"。如果将牲体肢解,煮熟,连肉带骨置于俎上,曰"殽烝",亦曰"折俎"。"体荐"只是形式,并不真正食用;"折俎"则可以食用。

三、**享醴**。醴是一种用麦芽酿成的浑浊的甜白酒,糖化度大而

---

① 参见景红艳:《〈春秋左传〉所见周代重大礼制问题研究》,中国社会科学出版社,2015年。

酒化度小,而且连酒糟在一起,类似于今天的酒酿。享礼中酒用醴,只饮至齿而不入口,重在行礼。在宾迎入之后,先由主人取酒爵到宾席前进敬宾酒,称为"献";然后宾取酒爵到主人席前还敬主人酒,称为"酢";再由主人先酌酒自饮,再劝宾随饮,称为"酬"。献、酢、酬合称"一献"。献的次数视宾的尊贵程度而定,最尊者有九献。

四、赏赐。酬时主人要给宾物质赏赐,称为"酬币"。周王大享时作为酬币赏赐给臣下的礼物包括礼玉、车马、礼服、弓矢等,丰厚的还包括土田。

五、赋诗。在享礼进行期间,宾主通过赋诗来表达心意,沟通交流。

诸侯享礼全程也有乐舞,肉食用"折俎"(比周王大享礼低一个档次),也有享醴、赏赐、赋诗等环节。

伯有横死，子产上位

人物

【子皮】罕虎。姬姓，罕氏，名虎，字皮。公孙舍之（子展）之子。前五四四年继位为卿，任当国。前五二九年卒。其名（虎）、字（皮）相关联，虎之文采在其毛皮。

【子上】驷带。姬姓，驷氏，名带，字上，谥定。公孙夏（子西）之子。前五四六年至前五四四年间继位为卿。前五三六年卒。

【伯石】公孙段。姬姓，名段，字石，谥景，排行伯。公子平（子丰）之子。郑大夫，前五四三年任卿。前五三五年卒。其名（段）、字（石）相关联。《说文》石部："碬(xiá)，厉石也。《春秋传》曰：郑公孙碬字子石。"则许慎所见古本《左传》"段"作"碬"，为磨砺石头之意。

【叔向】羊舌肸(xī)。姬姓，羊舌氏，名肸，字向，排行叔。羊舌职之子。晋大夫，前五五七年已任太傅。其名（肸）、字（向）相关联，《说文》："肸，响布也。"又古语有"肸蠁(xiǎng)"，散布之意。响、蠁皆与向通。

【王子札】姬姓，名札，排行季。吴王寿梦之子，吴王诸樊、吴王戴吴、吴王夷末同母弟。吴大夫。

【公孙归父】姬姓，名归，字家。东门襄仲（名遂）之子。鲁卿。前五九一年出奔齐。其名（归）、字（家）相关联，家为人回归之所。

【叔孙宣伯】姬姓，叔孙氏，名侨如，谥宣，排行伯。叔孙庄叔之子。鲁卿，任司马。前五七五年出奔齐，遂奔卫。

【羽颉】姬姓，羽氏，名颉。公子挥（子羽）之孙，郑穆公曾孙。郑大夫，任马师。前五四三年奔晋，为任邑大夫。

启动改革，全面破局

人物

【子张】丰卷。姬姓，丰氏，名卷，字张。公孙段（伯石）之子。前五四三年奔晋，五四〇年前后自晋归于郑。其名（卷）、字（张）相关联，卷起、舒张正相反。

【鲁襄公】姬姓，名午，谥襄。鲁成公之子。前五七五年生。前五七二年即位，在位三十一年。前五四二年卒。

【士文伯】祁姓，士氏，名丐，字瑕，谥文，排行伯。士庄伯之子。晋大夫，任大理。其名（丐）、字（瑕）相关联，瑕通假，假，借也；丐，乞也，意义相近。

【北宫文子】姬姓，北宫氏，名佗，谥文。北宫懿子之子。卫卿。

【卫襄公】姬姓，名恶，谥襄。卫献公之子。前五四三年即位，在位九年。前五三五年卒。

【周厉王】姬姓，名胡，谥厉。周夷王之子。前八六四年即位。前八四一年国人暴动，厉王奔于彘，共伯和入主周室摄政，史称"共

361

和"，为中国历史有明确纪年的开始。前八二八年卒。

【宋平公】子姓，名成，谥平。宋共公之子。前五七五年即位，在位四十四年。前五三二年卒。

【子路】子姓，仲氏，名由，字路，排行季。鲁人，孔子弟子，比孔子小九岁。前四九八年已为季氏家宰。前四八八年已为孔氏蒲邑宰。前四八〇年被卫太子蒯聩（kuǎi kuì）之徒所杀。其名（由）、字（路）相关联，路为人行所由，参考成语"必由之路"。

【子羔】姜姓，高氏，名柴，字羔，排行季。齐文公之后。齐人，孔子弟子，比孔子小三十岁（一说为四十岁）。曾任鲁季氏费邑宰、武城宰、孟氏成邑宰。前四八〇年已至卫，任士师。同年自卫归于鲁。

制度

【聘礼】[①]

西周、春秋时代，周王与诸侯、诸侯之间派卿大夫互相访问称为"聘"，所用礼仪称为"聘礼"。诸侯之间访问，有大聘、小聘之分，两者礼仪基本相同，只是使者身份（大聘使卿，小聘使大夫）、礼物多少有所不同。据《仪礼·聘礼》，大聘的主要仪节有：

一、命使：**出使国君任命使团成员。**国君任命使者一人，由卿担任；上介一人，由大夫担任。司马任命众介四人，由士担任。

---

① 参见钱玄、钱兴奇：《三礼辞典》。

二、授币：**出使国准备聘时所用礼品**。出使国冢宰开列礼单（如玉、帛、皮、马等），交各部门备办。出使前夕，使者帅上介、众介朝见出使国君，在寝门外展示礼品，史官读礼单，并核验实物。

三、释币：**使者、上介告祖先、路神，埋束帛**。授币次日，使者、上介各自前往自家祢庙（父庙）祝告祖先，献帛一束，埋于东、西阶之间。此后，使者、上介又前往路神处释币。

四、受命：**使团启程前接受君命**。使者帅上介、众介到达治朝。冢宰以圭（聘国君用）授使者。出使国君命使者，使者复述国君之命。冢宰又将璧（聘国君用）、璋（聘国君夫人用）、琮（享国君夫人用）授予使者，礼节与授圭相同。使团启程。

五、假道：**使团向途经国借道**。如途中经过他国，使者命次介向所过国借道，致送束帛，并请所过国派人引路。使团入所过国境之前，要宣誓绝不扰民。所过国依礼制馈赠过境人员，然后派一位士引路，直到走出国境。

六、预习、入境、展币：**使团预演礼仪、进入受聘国境、展陈礼品**。未入受聘国境之前，要画地预演一次聘问礼仪。到达受聘国边境时，要宣誓不违反受聘国礼法，然后谒见关人，得以入境。使团入境之后，再次展陈、核验礼品。

七、郊劳、致馆、设飧：**受聘国慰劳使团、引导进入馆舍、陈设膳食**。使团到达受聘国都近郊，受聘国君派卿带束帛前往慰劳，宾（即使者，以下改称宾）用皮、束锦酬谢。受聘国君夫人派大夫用枣、栗慰劳宾，宾又用皮、束锦酬谢大夫。大夫随后引导使团进入国都，在外朝与受聘国君对答之后，前往馆舍。受聘国卿代表国君致辞，宰夫设飧(宾客初至时所供膳食)。

八、聘受聘国君：使者与受聘国君相见，授圭、受圭。次日，下大夫奉命到馆舍迎接使团。使团到达治朝，在庙门外陈列礼品。受聘国君任命卿为上摈，大夫为承摈，士为绍摈。摈出请事，宾答对，摈入告受聘国君。受聘国君在大门内迎宾，上摈引宾进入。宾向受聘国君授圭，国君受之。宾出。

九、享受聘国君：使者向受聘国君进献束帛、璧、兽皮等礼品。行聘礼之后，宾在门外奉束帛加璧，庭中陈列兽皮。宾入门后与受聘国君互相揖让，宾致命，受聘国君再拜，受币帛。

十、聘、享受聘国君夫人。宾出，又用璋聘受聘国君夫人，用琮享夫人。夫人不亲受，由受聘国君代受。

十一、私觌：宾以个人名义拜见受聘国君。先由受聘国君礼宾，拜送醴，设庭实乘马，并致束帛。宾再拜受。然后行私觌，宾奉束锦，牵乘马入。揖让升，宾授币，受聘国君受。宾出。上介、士介亦行私觌礼，均有币。

十二、馈饔饩：受聘国提供使团聘期中膳食。受聘国君使卿馈宾饔饩五牢、饪一牢、腥二牢、饩二牢、醯醢百瓮、米百筥(jǔ)，又米三十车、禾三十车、薪刍六十车。馈上介三牢，馈士介四人各一牢。夫人亦有馈礼。受聘国卿亦馈饩于宾介。

十三、请观。受聘国请宾、介游观宗庙宫室，由掌讶引导。

十四、飨宾介：受聘国君、卿为宾、介行飨、食、燕之礼。宾受飨礼二次、食礼一次、燕礼数不定。上介受一飨、一食。飨礼、食礼均用大牢。受聘国卿亦为宾行一飨、一食，为上介或飨或食一次。

364

十五、**问卿大夫：宾、介以币问候受聘国卿**、**大夫**。宾以出使国君之币问受聘国三卿，又以私人之币面见三卿，均有束帛庭实。上介、众介以私人之币面见受聘国三卿。

十六、**还玉**。使团将返，受聘国君使卿至宾馆送还宾聘君之圭，及聘夫人之璋。

十七、**贿、礼**。受聘国君以束纺赠予出使国君，谓之"贿"；以玉、束帛、乘马、皮报答使团进献之礼品，谓之"礼"。

十八、**送宾，君臣赠送**。受聘国君至宾馆，宾避。摈者代受聘国君致谢。宾行，受聘国君使卿、大夫赠宾、介玉帛皮马，卿亦亲赠宾、介，其数均与前行觌礼时相同。

十九、**返国复命**。使团回到出使国，陈币于朝，公币、私币均陈。冢宰受圭、璋。出使国君劳之，使者再拜稽首。

二十、**释币、奠祢**。使者至自家祢庙行释币礼，上介亦如之。

整肃大族，丰氏驷氏

人物

【郏敖】楚王。芈（mǐ）姓，名麇（jūn），号郏敖。楚康王之子。前五四四年即位，在位四年。前五四一年被弑。

【王子围】后为楚灵王。芈姓，名围，即位后改名虔，谥灵。楚共王之子，楚康王之弟。前五四七年已任令尹（首卿，继屈建［子木］），前五四〇年弑郏敖即位，在位十二年。前五二九年自杀而死。

【蒍（wěi）掩】芈姓，蒍氏，名掩。蒍子冯之子。楚大夫，前五四八年任司马。前五四三年被王子围所杀。

【伯州犁】姬姓，伯氏，名州犁。伯宗之子。晋人，前五七六年奔楚，任太宰。前五四一年被王子围所杀。

【子南】公孙楚。姬姓，名楚，字南。公子偃（子游）之子。前五四一年被放逐至吴。其名（楚）、字（南）相关联，楚为南方之国。

【祭足】姬姓，祭氏，名足，排行仲。此时为郑大夫，任祭封人。

后为郑卿，任执政。前七〇一年被宋人所执，同年归于郑。

【周宣王】姬姓，名静，谥宣。周厉王之子。前八二七年即位，在位四十六年。前七八二年卒。

【周幽王】姬姓，名宫湦，谥幽。周宣王之子。前七八一年即位，在位十一年。前七七一年被犬戎所杀。

【韩宣子】姬姓，韩氏，名起，谥宣。韩献子之子。晋卿，前五六四年已任上军佐，前五五四年已任上军帅，前五四八年已任中军佐，前五四〇年已任中军帅（首卿，继赵文子）。前五一四年卒。

【赵景子】嬴姓，赵氏，名成，谥景。赵文子之子。晋卿，前五四〇年已任中军佐。

【范献子】祁姓，范氏，名鞅，谥献，排行叔。范宣子之子。晋卿，前五四八年可能已任下军帅，前五〇九年任中军帅。

【子旗】丰施。姬姓，丰氏，名施，字旗。公孙段（伯石）之子。前五三五年继位为卿。

【乐大心】子姓，乐氏，名大心。乐婴齐之后。宋卿，前五二〇年任右师（首卿，继华亥）。前五〇〇年被宋人所逐奔曹。前四九九年自曹入于萧。

制度

【昏礼】[1]

春秋时娶妻行"合卺（jǐn）同牢"礼时必在阴阳交接的黄昏，故称

---

[1]　参见钱玄、钱兴奇：《三礼辞典》。

"昏礼"。今所谓"婚礼",即本于此。周王、诸侯婚礼具体仪节今不存,不过,应是在《仪礼》中所记载"士昏礼"的基础上更加繁复、隆重。士昏礼的主要礼节是:

一、**下达**。六礼之前,男方通过媒人向女方表示通婚之意。

二、**纳采**。六礼之一。采,是采择之意。经女方同意,男方派使者至女方行纳采之礼。纳采时用雁作为礼物。

三、**问名**。六礼之二。男方派使者至女方问女之名,以备占卜吉凶。女方主人醴使者,敬觯(zhì)酒,荐脯醢(hǎi)。

四、**纳吉**。六礼之三。男方卜于庙而吉,派使者告知女方。

五、**纳征**。六礼之四。又作"纳币"。男方派使者向女方送财礼以定婚,财礼为玄色和纁(xūn)色的帛共五匹、鹿皮两张。

六、**请期**。六礼之五。男方派使者向女方告知迎娶日期,征求同意。

七、**亲迎**。六礼之六。婚礼之日,初昏,新郎服爵弁服、乘车,从车二乘,以及新妇之车,至女方亲迎。新郎执雁拜见岳父。新妇登车后,新郎驾车先导,回到男方家中。

八、**合卺同牢**。新夫妇对席坐,酳(yìn)(饮酒)用卺,食同牢。卺,破匏为二,各用其半,故称"合卺"。同食一牲,载同俎,故称"同牢"。

九、**妇见舅姑**。婚礼次日早晨,新妇执枣栗、腶(duàn)修,拜见舅(公公)、姑(婆婆)。

十、**舅姑醴妇**。舅姑由赞者代酌醴,醴新妇,新妇拜受。

十一、**妇馈舅姑,舅姑飨妇**。新妇以特豚(一只猪)飨舅姑,舅姑以一献之礼飨新妇。

十二、飨送者。舅姑分别飨送新妇前来的男女使者,各酬五匹锦。

新妇过门三月之后,婚姻已稳定,开始在男方宗庙辅助丈夫行祭祀。

重塑外交，晋国楚国

列国

【曹国】姬姓诸侯国，伯爵。周武王始封周文王之子叔振铎于曹，都城在山东省定陶县西南七里。前四八七年被宋所灭。

【邾国】曹姓诸侯国。周武王始封颛顼（zhuān xū）之后挟于邾（zhū），在山东省曲阜市东稍南。初为鲁附庸国，后从齐桓公尊周有功，前六七八年已进封为子爵诸侯国。前六一四年迁于绎（山东省邹城市东南）。战国时被楚所灭。

【徐国】嬴姓诸侯国，子爵（自称“王”）。始封在夏代，始封君为伯益后代若木。周代时都城在江苏省泗洪县南（有争议）。前五一二年被吴所灭。

【滕国】姬姓诸侯国，侯爵，后又为子爵。周初始封周文王之子叔绣于滕，都城在山东省滕州市西南七公里。战国时被宋所灭。

【顿国】姬姓诸侯国，子爵。都城原在河南省商水县平店乡李岗村，前六三七年南迁至河南省项城市南顿镇。前四九六年被楚所灭。

【胡国】归姓诸侯国,子爵。始封君为虞舜乐正夔之后。都城在安徽省阜阳市。前四九五年被楚所灭。

【沈国】姬姓诸侯国,子爵。始封君为周公旦之孙。都城在安徽省平舆县北故沈亭。前五〇六年被蔡所灭。

【小邾国】曹姓诸侯国。邾君颜始封其小子邾友父于郳(ní),都城在山东省滕州市东五里（地望有争议）,本为附庸国。后跟从齐桓公尊周有功,进封为子爵,改国号为"小邾"。战国时被楚所灭。

【赖国】姬姓诸侯国,子爵。都城在河南省息县包信镇东南。前五三八年被楚所灭。

【莒国】己姓诸侯国,子爵。周武王始封少暤之后兹舆期于莒,都城在山东省胶州市西南故计斤城。两周之际迁于山东省莒县。前四三一年被楚所灭。

人物

【周成王】姬姓,名诵,号成。周武王之子。在位二十二年。

【晏子】晏平仲。姜姓,晏氏,名婴,谥平,排行仲。晏桓子之子。齐卿。

【王子黑肱】芈(mǐ)姓,名黑肱,字皙。楚共王之子,楚康王、楚灵王、王子比之弟。楚大夫,前五四一年已任宫厩尹。同年奔郑。前五二九年归于楚,同年自杀而死。其名(黑肱)、字(皙)相关联,黑与皙(白)正为反义词。

【伍举】芈姓,伍氏,名举。伍参之子。楚大夫。前五四七年前奔郑,遂奔晋。同年归于楚。

【王子比】后为訾敖。芈姓,名比,字干。楚共王之子,楚康王、楚灵王之弟。此时为楚大夫,任右尹。前五四一年奔晋。前五二九年自晋归于楚,即位为君(訾敖),同年自杀。王子比名(比)、字(干)相关联,二者相合恰为商朝贤臣比干。

【许悼公】许悼公。姜姓,名买,谥悼。许灵公之子。前五四六年即位,在位二十四年。前五二三年疾,饮太子止之药而卒。

【女齐】女氏,名齐,字侯,排行叔。晋大夫,前五四四年已任司马,前五四三年已任太保。

【鲁昭公】姬姓,名裯,谥昭。鲁襄公之子。前五四一年即位。前五一七年逊于齐,寄居于齐、晋八年。在位共三十二年。前五一〇年卒于晋乾侯。

【太子佐】后为宋元公。子姓,名佐,谥元。宋平公之子。前五三一年即位,在位十五年。前五一七年卒。

【周康王】姬姓,名钊,号康。周成王之子。在位二十五年。

【周穆王】姬姓,名满,号穆。周昭王之子。在位五十五年。

【齐桓公】姜姓,名小白,谥桓。齐僖公之子。前六八五年即位,在位四十三年。前六四三年卒。

【宋襄公】子姓,名或字兹,谥襄。宋桓公嫡长子。前六五〇年即位,在位十四年。前六三九年被楚人所执,同年释放。前六三七年因战伤发作而卒。

【晋昭公】晋昭公。姬姓,名夷,谥昭。晋平公之子。前五三一年即位,在位六年。前五二六年卒。

深化改革，丘赋刑书

人物

【季康子】姬姓，季氏，名肥，谥康。季桓子之子。前四九二年继位为卿，任司徒（执政，继季桓子）。前四六八年卒。

【冉求】冉氏，名求，字有。鲁人，孔子弟子，比孔子小二十九岁。前四九二年已为季氏家宰。其名（求）、字（有）相关联，求取方能拥有。

【子尾】公孙虿。姜姓，名虿，字尾。公子祁之子。齐卿。前五三四年卒。其名（虿）、字（尾）相关联，虿（蝎子）之毒萃于其尾。

【陈桓子】妫姓，陈氏，名无宇，谥桓。陈文子之子。齐卿。前五四〇年被晋人所执，同年归于齐。

【驷歂（chuán）】姬姓，驷氏，名歂，字然，谥庄。驷乞（子瑕）之子。郑卿，前五〇二年任执政（继游吉［子太叔］）。

【赵简子】嬴姓，赵氏，名鞅，字志，谥简。赵景子之子。晋卿，官至中军帅（首卿，继范献子）。前四九七年入于晋阳以叛，同年归于晋都。前四七六年卒。

【中行文子】姬姓，中行氏，出自荀氏，名寅，谥文。中行穆子之子。晋卿。前四九七年奔朝歌以叛。前四九二年奔邯郸。前四九一年奔鲜虞，同年入于柏人。前四九〇年奔齐。

独掌国政，鞠躬尽瘁

人物

【子鸁（cuó）】罕婴齐。姬姓，罕氏，名婴齐，字鸁。罕虎（子皮）之子。郑卿，前五二九年任当国（首卿，继罕虎）。

【子游】驷偃。姬姓，驷氏，名偃，字游。驷带（子上）之子。前五三六年继任郑卿。前五二三年卒。其名（偃）、字（游）相关联，偃，《说文》作"㲽（yǎn）"，旌旗之游㲽蹇之貌；游，旌旗飘带。

【子柳】印癸。姬姓，印氏，名癸，字柳。印段（子石）之子。郑卿。

【郑定公】姬姓，名宁，谥定。郑简公之子。前五二九年即位，在位十六年。前五一四年卒。

【孔张】姬姓，孔氏，字张。公孙泄之子，公子嘉（子孔）之孙。郑大夫。

【子宽】游速。姬姓，游氏，名速，字宽。游吉之子。郑大夫，前五〇四年已为郑卿。

【子上】字上。郑大夫。与前文驷带（子上）不是同一人。

【子瑕】驷乞。姬姓，驷氏，名乞，字瑕，谥献。公孙夏（子西）之子，驷带（子上）之弟，驷偃（子游）叔父。其名（乞）、字（瑕）相关联，瑕通假，假，借也，与乞意义相近。

评　　说

人物

【齐景公】姜姓，名杵臼，谥景。齐灵公之子，齐后庄公之弟。前五四七年立，在位五十八年。前四九〇年卒。

其他

【六气】阴、阳、风、雨、晦、明。

【五行】金、木、水、火、土。

【五味】辛、酸、咸、苦、甘。

【五色】青、黄、赤、白、黑。

【五声】指古代音阶，按音高从低到高为宫、商、角、徵、羽，相当于现代音乐简谱上的 1(do)、2(re)、3(mi)、5(sol)、6(la)。五声相对音高是固定不变的，而其绝对音高要根据律制来确定。

【六畜】马、牛、羊、豕、犬、鸡。家养谓之"畜"，野生谓之"兽"。

【五牲】牛、羊、豕、犬、鸡，始养之谓之"畜"，将用于祭祀谓之"牲"。

【三牺】牛、羊、豕，祭天地、宗庙所用牲谓之"牺"。

【九文】九种用于衣裳上的文饰。龙、山、华（花）虫、火（半圆形似火）、宗彝（虎与蜼［一种长尾猴］），此五种文饰都画在衣上。藻（水草）、粉米（白米）、黼（fǔ，形如两"己"相向，半黑半白）、黻（fú，形如两"弓"相背，半黑半青），此四种文饰都画在裳上。

【六采】天地四方之色，青（东）、白（西）、赤（南）、黑（北）、玄（天）、黄（地）。

【五章】五色的五种搭配方式。青与赤为"文"，赤与白为"章"，白与黑为"黼"，黑与青为"黻"，五色俱备为"绣"。

【九歌】九功之德都可歌颂，称为"九歌"。六府、三事，称为"九功"。水、火、金、木、土、谷，称为"六府"；正德、利用、厚生，称为"三事"。

【八风】八方之风。有多种说法，一说为东方谷风、东南清明风、南方凯风、西南凉风、西方阊阖风、西北不周风、北方广莫风、东北融风。

【七音】中国最古音阶只有五声。春秋时已发展成七音音阶，从低到高为宫、商、角、变徵、徵、羽、变宫，相当于现代音乐简谱上的1(do)、2(re)、3(mi)、升4(fa)、5(sol)、6(la)、7(si)。

【六律】中国古代律制（乐音音高体系），按音高从低到高为黄钟、大吕、太簇、夹钟、姑洗、仲吕、蕤宾、林钟、夷则、南吕、无射、应钟。其中，奇数各律称"六律"，偶数各律称"六吕"，总称"六律、六吕"。

参考文献

春秋左传

沈玉成：《左传译文》，中华书局，1981年。

左丘明、杜预、孔颖达：《春秋左传正义》（繁体版），北京大学出版社，2000年。

杨伯峻：《春秋左传注》，中华书局，2009年。

其他典籍

金启华：《诗经全译》，江苏古籍出版社，1984年。

程俊英：《诗经译注》，上海古籍出版社，1985年。

江灏、钱宗武、周秉钧：《今古文尚书全译》，贵州人民出版社，1990年。

黄永堂：《国语全译》，贵州人民出版社，1995年。

蒋南华、罗书勤、杨寒清：《荀子全译》，贵州人民出版社，1995年。

关贤柱、廖进碧、钟雪丽：《吕氏春秋全译》，贵州人民出版社，1997年。

白本松：《春秋穀梁传全译》，贵州人民出版社，1998年。

顾颉刚、刘起釪：《尚书校释译论》，中华书局，2005年。

黄怀信、张懋镕、田旭东：《逸周书汇校集注（修订本）》，上海古籍出版社，
    2007年。

李零：《丧家狗——我读〈论语〉》，陕西人民出版社，2007年。

潜苗金：《礼记译注》，浙江古籍出版社，2007 年。

韩兆琦：《史记笺证》，江苏人民出版社，2009 年。

杨伯峻：《论语译注》，中华书局，2009 年。

姚春鹏：《中华经典名著全本全注全译丛书——黄帝内经》，中华书局，2010 年。

王国轩、王秀梅：《中华经典名著全本全注全译丛书——孔子家语》，中华书局，2016 年。

研究专著

陈戍国：《中国礼制史（先秦卷）》，湖南教育出版社，1991 年。

晁福林：《霸权迭兴——春秋霸主论》，生活·读书·新知三联书店，1992 年。

钱玄、钱兴奇：《三礼辞典》，江苏古籍出版社，1998 年。

曾宪义：《中国法制史》，北京大学出版社，2000 年。

马骕：《绎史》，中华书局，2002 年。

杨宽：《西周史》，上海人民出版社，2003 年。

顾德融、朱顺龙：《春秋史》，上海人民出版社，2003 年。

任伟：《西周封国考疑》，社会科学文献出版社，2004 年。

葛志毅：《周代分封制度研究（修订本）》，黑龙江人民出版社，2005 年。

吕文郁：《周代的采邑制度（增订版）》，社会科学文献出版社，2006 年。

许倬云：《中国古代社会史论：春秋战国时期的社会流动》，广西师范大学出版社，2006 年。

陈美东：《中国古代天文学思想》，中国科学技术出版社，2007 年。

李峰：《西周的灭亡：中国早期国家的地理和政治危机》，上海古籍出版社，2007 年。

卢央：《中国古代星占学》，中国科学技术出版社，2007 年。

王美凤、周苏平、田旭东：《春秋史与春秋文明》，上海社会科学文献出版社，
　　2007 年。

晁福林：《春秋战国的社会变迁》，商务印书馆，2011 年。

刘国忠：《走近清华简》，高等教育出版社，2011 年。

清华大学出土文献研究与保护中心：《清华大学藏战国竹简（叁）》，中西书局，
　　2012 年。

童书业：《春秋史（校订本）》，中华书局，2012 年。

王瑜桢、黄泽钧、李雅萍、金宇祥：《〈清华大学藏战国竹简（壹）〉读本》，艺文印
　　书馆，2013 年。

董英哲：《先秦名家四子研究》，上海古籍出版社，2014 年。

景红艳：《〈春秋左传〉所见周代重大礼制问题研究》，中国社会科学出版社，
　　2015 年。

清华大学出土文献研究与保护中心：《清华大学藏战国竹简（陆）》，中西书局，
　　2016 年。

学位论文

李慧芬：《子产治郑的策略研究》，陕西师范大学 2006 年硕士论文。

辛田：《春秋战国时期社会转型研究》，山西师范大学 2006 年博士论文。

赵晓斌：《春秋官制研究》，浙江大学 2009 年博士论文。

苏勇：《周代郑国史研究》，吉林大学 2010 年博士论文。

王秋月：《传承与变革：春秋子产事功述论》，东北师范大学 2011 年硕士论文。

李杰：《试论春秋时期的晋郑关系》，山西师范大学 2013 年硕士论文。

谢伟峰：《从血缘到地缘：春秋战国制度大变革研究》，陕西师范大学 2013 年
　　博士论文。

郝花萍：《〈清华大学藏战国竹简（陆）〉郑国三篇集释》，西南大学 2017 年硕士
　　论文。

期刊论文

吴树平：《从临沂汉墓竹简〈吴问〉看孙武的法家思想》，《文物》，1975 年第
　　4 期。

沙宪如：《子产的"使田有封洫"和"作丘赋"》，《辽宁师院学报》，1983 年第
　　2 期。

李宝金：《论子产及其改革》，《兰州学刊》，1984 年第 6 期。

朱新华：《邓析及其〈竹刑〉》，《中南政法学院学报》，1987 年第 3 期。

王守民：《论〈左传〉中的郑国子产》，《陕西师大学报（哲学社会科学版）》，1989
　　年第 2 期。

李元：《论春秋时期的军赋制度》，《求是学刊》，1995 年第 3 期。

陈泳超：《关于子产天道鬼神观的误解与探正》，《湖南师范大学社会科学学
　　报》，1998 年第 5 期。

杨皑：《子产有否杀邓析疑案分析》，《华南师范大学学报（社会科学版）》，1998
　　年第 4 期。

徐杰令：《"当国"考释》，《古籍整理研究学刊》，1999 年第 4 期。

张怀通：《先秦时期的基层组织——丘》，《天津师大学报》，2000 年第 1 期。

薛柏成：《〈左传〉中所表现的春秋时期井田制的衰变》，《吉林师范大学学报（人
　　文社会科学版）》，2003 年第 3 期。

郝铁川：《从多元立法权和司法权到一元立法权和司法权的转折——春秋时期
　　"铸刑书""铸刑鼎"辨析》，《华东政法学院学报》，2005 年第 5 期。

赵小雷：《法家对刑名之学的批判继承》，《西北大学学报（哲学社会科学版）》，

2007 年第 2 期。

陈桐生：《从出土文献看孔子刑罚思想》，《郑州大学学报（哲学社会科学版）》
　　2008 年第 2 期。

刘剑：《子产生卒年考》，《经济研究导刊》，2009 年第 14 期。

于明：《法律规则、社会规范与转型社会中的司法——〈叔向使诒子产书〉的法
　　理学解读》，《北大法律评论》，2009 年第 2 辑。

曹嫄：《异说纷纭的"瘼生"》，《安徽文学》，2011 年第 5 期。

桑东辉：《苟利社稷 死生以之——子产"救世"政治伦理思想的合理内核》，《管
　　子学刊》，2012 年第 1 期。

曹芳芳：《周公"制礼作乐"与西周青铜文化的转型》，《求索》，2013 年第 6 期。

桑东辉：《子产思想的内在冲突与超越》，《石河子大学学报（哲学社会科学
　　版）》，2014 年第 2 期。

杨蒙生：《清华简（叁）〈良臣〉篇管见》，《深圳大学学报（人文社会科学版）》，
　　2014 年第 2 期。

郭丽：《清华简〈良臣〉文本结构和思路考略》，《山东理工大学学报（社会科学
　　版）》，2015 年第 4 期。

黄圣松：《〈左传〉"著范宣子所为刑书"考》，《厦大中文学报》，2016 年第 3 辑。

李学勤：《有关春秋史事的清华简五种综述》，《文物》，2016 年第 3 期。

清华大学出土文献读书会：《清华六整理报告补正》，清华大学出土文献研究与
　　保护中心网站，2016 年 4 月 16 日。

赵平安：《〈清华简（陆）〉文字补释（六则）》，清华大学出土文献研究与保护中心
　　网站，2016 年 4 月 16 日。

王宁：《清华简六〈子产〉释文校读》，复旦大学出土文献与古文字研究中心网
　　站，2016 年 7 月 4 日。

后 记

中华传统文化的主体是儒家文化。儒家文化的核心典籍是《诗》《书》《礼》《易》《春秋》五经。五经之中，孔子最重视的是《春秋》，所以他说："知我者其惟《春秋》乎！罪我者其惟《春秋》乎！"《春秋》三传中，《左氏传》以阐明史事为主，代表了先秦史学的最高成就，贺循所谓"左氏之传，史之极也，文采若云月，高深若山海"，是非常中肯的评价。《左传》为主体，辅以《国语》《史记》等其他传世文献以及出土文献里的补充史料，构成了叙述春秋时期历史的基本文献依据。

但是，《左传》又不只是一本史书。《左传》作为孔子"《春秋》培训班"史事部分的讲义（根据《史记·十二国诸侯年表》的说法），记载了大量阐明孔子政治理念的天下各国内政外交案例，虽然不像《公羊传》《穀梁传》那样细致地分析每一句、每一字的微言大义，但是其取舍、详略、倾向是明显地体现"春秋大义"的。如果套用当代的说法，《左传》不仅是一本讲事实、讲内幕、讲真相的书，更是一本讲政治、讲正气、讲大局的书。作为科举制下古代士子的必读书，《左传》里的许多故事已经不仅仅是春秋时期的具体历史记载，而成为了具有永恒借鉴和警示功能的"政治寓言"，在古典政治教化中起着任何其他史书所不能替代的作用。

目前，关于春秋史的普及白话文读本主要有两大类，一类是配白话译文的《左传》全文或选段读本，一类是以贾志刚《说春秋》、龙镇《其实我们一直活在春秋战国》为代表的"戏说"类作品。讲春秋史，还有没有第三条路？这是我一直在考虑的问题。我从小嗜好文史，专业却选择了理科，中山大学生物化学本科，加拿大渥太华大学生物化学硕士，英国牛津大学生物化学博士，二〇〇八年回国后先后在中科院上海生命科学研究院担任科研项目主管、中科院上海生科院生物化学与细胞生物学研究所担任所长秘书、上海科技大学校长办公室担任文宣主管，现在供职于上海科技大学人文科学研究院，担任教学助理教授，主要讲授"中华文明通论"和"中华文明经典导读"课程。回国之后，我在一套称为"Landmark（地标）"的国外古希腊史学经典现代读本的启发下，设计编纂了一套《左传》全文注解读本——《春秋左传精读》，试图营造一种全新的阅读体验（详见《文汇报》报道《当牛津理工男遇上〈左传〉》），于二〇一四年正式出版。与此同时，从二〇一〇年起，我成为上海国学新知传统文化学习中心"正说春秋"《左传》读书会的领读，秉持"帮助普通人读先秦大书"的理念，带领以城市白领为主体的学友一字不漏地细读《左传》，至二〇一六年完成第三轮。目前，我正在复旦大学和多个民间机构的读书会里讲解《左传》，并从二〇一六年起在上海科技大学为本科生开设《左传》导读课。

　　在将近十年围绕《左传》的研读、讲习和写作过程中，我有了这样一些发现和认识：

　　一、《左传》中最能引起学友共鸣、让他们觉得受益匪浅的，并不是那几大战役的打打杀杀，而是国家之间、君臣之间、卿大夫之间的政治博弈和斗争，王室、诸侯国和卿大夫家族的内部治理，以及像齐桓公、晋文公、楚灵王、秦穆公、子产、晏婴、夏姬这样记载较多、形象较为丰满的历史人物。

二、学友普遍认同这样一种叙述方式：充分尊重文本，不做无根据的虚构和意淫，而是根据合理的分析把碎片化的史事衔接起来，运用合理的想象补足中间的一些缺失，从而客观、清晰地揭示出历史发展的脉络和走向，从中总结国家兴衰和个人成败的经验教训。实际上，这种"正说"的方式在西方普及史学读物中是相当普遍的，我们所熟知的黄仁宇、史景迁的很多作品就是这样做的。

三、从《左传》（辅以其他文献）中可以剥离出几大块内容丰满、脉络清晰、学友反响好的"故事群"，包括齐桓晋文称霸、郑国子产改革、晋国卿族政争、三桓专擅鲁政、南方楚国崛起等。这几个故事群集中了读书会三轮通读实践总结的大多数精彩"段子"，同时也覆盖了春秋时期各国内政外交的几个重要命题。

为了将《左传》及相关文献中所蕴含的中国古典政治经验和智慧介绍给更广泛的读者，我下决心做一种不同于白话译文和"戏说"的普及尝试，依循我在国学新知读书会讲解《左传》过程中逐渐形成的"正说"风格，把上面所提到的这几个故事群写成一套小书，叙述力求端正而不乏味、深入而不晦涩，每种书讲清楚一个方面，合起来又能呈现出春秋时期政治理念和实践的全貌。孔子说："政者，正也。"本丛书取名"政说春秋"，一方面点明它脱胎于国学新知"正说春秋"《左传》读书会，另一方面强调本书"讲政治"的内容特色。

《救世：子产的为政之道》是这套丛书的第二种。本书围绕"救世"这一春秋中晚期政治的关键词，讲述春秋能臣子产的成长经历、政治作为，并从中凝练出子产的为政之道。第一章"序幕"讲述了子产出场前的郑国政局，以及春秋时期"君弱臣强"的整体历史背景。第二章"参政"讲述子产执政前郑国内政外交的发展脉络，以及子产历练、成长、上位的过程。第三章"执政"讲述子产执掌郑国政事之后，在管控卿族势力、推进全面改革、开展新型外交方面所做出的努力，以及所取得的成就。第四章"评说"从子产关于周礼的论述谈起，总结子产"崇礼与改革并重"的为政策略，以及"德仁爱""道中庸"的为政理念，并探讨子产在孔子和其他春秋战国时期学者和政治人士心目中的形象。除了这条主线，本书还将穿插讲述春秋时期诸侯国在政治、经济等方面的重大变革，包括君权衰微和卿权强盛、礼治衰弱和刑治兴起、土地和赋税制度变迁等。

　　在本书写作过程中，我得到了原上海图书有限公司但诚先生、中华书局上海公司贾雪飞女士、同济大学中文系徐渊先生、上海博物馆葛亮先生等师友的大力帮助，以及夫人朴玲玲的全力支持，借此机会向各位亲人和师友表示最诚挚的感谢。

　　本书的研究和出版得到复旦大学政治学上海市高峰学科二期建设项目的经费资助。

刘　勋

二〇二一年二月于上海

政者，正也。子率以正，孰敢不正？

——孔子